大展好書　好書大展
品嘗好書　冠群可期

大展好書　好書大展
品嘗好書　冠群可期

易學智慧21

周易注解

趙安民 編注

大展出版社有限公司

內容介紹

本書是注釋與解讀《周易》經傳的專書，內容有二：

上篇《周易經傳淺注》是對《周易》六十四卦和「十翼」的詳細淺近注釋，主要從義理方面進行注釋，必要處也結合象數來闡釋義理；

下篇《歷代名家解讀》特別精選（魏）王弼、（唐）孔穎達、（明）張介賓、（清）李光地、（清）紀曉嵐、（清）章學誠以及近現代錢基博、章太炎、呂思勉、朱自清等大師解讀《周易》經傳的篇章。

作者簡介

趙安民　籍貫江西，一九六五年九月生於湖南，現居北京。醫古文碩士，中醫師。編審。從事國學類圖書編輯十八年，審稿、編輯的圖書主要有易學哲學、文物鑒賞、書法篆刻、文學歷史等品類，現任某出版社編輯室主任。兼任國際易學聯合會理事，中國自然辯證法研究會易學與科學委員會理事兼副秘書長；中國閱讀學研究會閱讀文化史研究部專員，中國編輯學會會員，中華詩詞學會會員。

有詩文作品刊載於《中國圖書評論》《倫理學研究》《詩刊》《書品》《開卷》《出版史料》《中國醫藥報》《光明日報》《中國圖書商報》《中華讀書報》《中華詩詞》等報刊。曾參與（或主持）的古籍整理圖書有《黃帝內經》《醫心方》《易經》《小兒藥證直訣》《千家詩》等；主編有《家常食物巧治病》《自我調養巧治病》等書。

冰復山重歲月稠
花明柳暗景清幽
前行不必疑無路
看取東方有遠謀
舊作雨中入詠之四一首
靖安民詩書

萬物人靈我有緣
先民避患創卜占
字符文獻由茲始
人事彰明道在天
寫作西山八詠之五首
趙安民詩書

前言

據古代文獻記載，《易》書原有幾種，但留傳至今的只有《周易》。《周易》是中國古代最重要的經典之一。在兩千多年封建社會中，它一直居於群經之首。從漢代的《五經》，到宋代的《十三經》，直至清朝的《四庫全書》，《周易》（又稱《易經》）都是位列第一。在歷代史書中大都有關於圖書的專篇，有的稱「藝文志」，如《漢書・藝文志》；有的稱為「經籍志」，如《隋書・經籍志》。《漢書・藝文志》將書目分為六類，依次為六藝（六經）、諸子、詩賦、兵書、術數、方技，排在首位的「六藝」，已將「易十三家」放在最前面。

自隋代始直到清朝，歷代正史中的圖書專篇，均將書目按經、史、子、集四部分類法進行依序排列，排在四部首位的經部圖書，一律又將各種版本的《周易》書目放在最前面，可見我國自古以來特別重視《周易》這部書。如其書名「周易」二字所示，它原本是周代的卜筮之書；它又是中國古代唯一由符號系統（卦畫）和文字系統（漢字）共同構成的典籍，其內容和結構獨特而神秘。

《周易》原本內容就是六十四卦。這六十四卦又分為前後兩篇：前三十卦為上篇，後三十四卦為下篇。這種分法至少從戰國時候就出現了，西晉初年從戰國時魏襄王墓中發現的《周易》就是這樣分法。

《周易》由六十四卦組成，而六十四卦的基礎則是八卦。《周禮》一書稱八卦為經卦，稱六十四卦為別卦。八卦卦名及其卦符是乾☰、坤☷、震☳、巽☴、坎☵、離☲、艮☶、兌☱。由此看出，構成八卦的基本符號只有兩種：陽爻⚊和陰爻⚋。這兩個符號也是六十四卦卦符的基本單元。八卦是三畫卦，將八卦兩個一組相重疊組合成六畫卦，能得出六十四種卦符，即六十四卦。六十四卦的每一卦都可區分下卦和上卦（亦稱內卦和外卦）。

《周易》六十四卦，每卦組成包含四個部分：卦象（即卦符）、卦名、卦辭、爻辭。舉第一卦為例，「䷀」是卦象，「乾」是卦名，「元亨利貞」是卦辭，其他從「初九」到「用九」這幾行文字內容都是爻辭。（詳見《乾》卦卦爻辭注釋）

《周易》一書的形成經歷了久遠的時間，根據《漢書・藝文志》的總結，即是「人更三聖，世歷三古」。其意是說，上古時有聖人伏羲創立了八卦，中古時有聖人周文王排演出六十四卦並整理了卦爻辭，下古時有聖人孔子撰寫了解釋發揮六十四卦《周易》原典的《易傳》（即下面說的「十翼」，狹義的「易傳」）。《易傳》「十翼」的撰成，標誌著《周易》由卜筮之書向義理之書的飛躍；其意義之大，使《周易》不但成為中國文字、文獻與文化之源，而且成為中國哲學思想的祖典。

《周易》流傳至今，得到無數往哲時賢的注釋和闡發。漢代開始，對先秦儒學重要典籍尊稱為「經」，將解釋「經」書的著作稱為「傳」，將研究經書的學問稱為「（經）學」。由此，《周易》又稱為《易經》，解釋《易經》的著作稱為「易傳」（此指廣義的「易傳」，後來《易傳》成為孔子所作「十翼」的專稱），研究《易經》《易傳》的學問稱為「易學」。這樣，易學著作也就分成了「經」（指《周易》本經）、「傳」（指「十翼」的《易傳》）、「學」（指《易經》、《易傳》以外的所有易學著作以及其他文獻中有關易學的內容）三個部分。如南宋朱熹（一一三〇—一二〇〇）注解《周易》的著作《周易本義》一書，就由此三部分組成。其前為「六十四卦」經文，其後為「十翼」傳文，朱熹對經文、傳文所作的隨文注解內容則屬於易學。

現在通常所說的《周易》（或曰《易經》）是包括「經」和「傳」兩部分內容的。其中「經」即上述原本《周易》六十四卦的內容，「傳」由《彖傳》（上、下篇）《象傳》（上、下篇）《繫辭傳》（上、下篇）《文言傳》《序卦傳》《說卦傳》《雜卦傳》共七種十篇構成，這就是上述狹義的《易傳》，即「十翼」。

現在通行的《周易》（或曰《易經》）版本，為清阮元校刻《十三經注疏》中所收唐孔穎達《周易正義》，它不同于《周易本義》經、傳截然分開的形式，而是將《易傳》中《彖傳》《象傳》《文言傳》三種內容分散附在六十四卦每條經文之後（《文言傳》只闡釋《乾》《坤》二卦，其餘六十二卦無《文言傳》），另四種傳文獨立成篇置於書

後。（據悉這是漢代鄭玄康成先生所為，詳參本書下篇《歷代名家解讀》）

一、關於上篇《周易經傳淺注》

㈠原文。本次整理，原文採用中華書局影印清阮元校刻本《十三經注疏》所收唐孔穎達《周易正義》的原文。該本原文含經、傳全文，其《易傳》中《彖傳》（上下）、《象傳》（上下）、《文言傳》三種已分置於經文各卦之中，《繫辭傳》（上下）、《說卦傳》、《序卦傳》、《雜卦傳》四種則獨立成篇。此即今天通行本《周易》經傳序列模式，本次注釋仍依其式。參校本有二，一是中國書店影印九江吳革刻本《周易本義》。（該本經、傳各自獨立，即《易經》六十四卦卦爻符號及其卦爻辭在前，而《易傳》「十翼」完全獨立於後。）二是長沙馬王堆出土帛書《周易》。（依據《帛易說略》，版本見書後參考書目。）

㈡標點。採用現行新式標點符號對原文進行斷句標點。對於個別含義有異議的卦爻辭，則依據注者折中採用的注釋含義予以標點。如《乾》卦九三爻辭「君子終日乾乾夕惕若厲無咎」的標點，按吳革刻本《周易本義》的句逗為：「君子終日乾乾。夕惕若厲。無咎。」而採用的注釋對「厲」字釋義為「危險」（詳見書中注釋），故在「厲」字前補充標點「，」，以與注釋含義、語氣相符。

㈢注釋。⑴注重對疑難字詞的注音釋義。⑵偶爾對句義加以串講。⑶個別含義有異議處則注釋同時加以校勘，如《坤》卦初六爻《象》傳中「履霜堅冰」，朱熹《周易本義》注曰：「按《魏志》作『初六履霜』，今當從之。」即認為「堅冰」二字為衍文，當刪，十分在理，故將此校勘文字引錄注中；利用帛書《周易》的校勘尤多，總之校勘是為注釋服務。(4)對前後重複出現的難字予以注釋，必要時即重複注之，這樣費事不多，便於閱讀；而一般不用後注參見前注的方式。

二、關於下篇《歷代名家解讀》

我國有無數古哲先賢、智慧學者對《周易》一書傾注心力，進行注釋與發揮的解讀。民國以前，有關易學的專著，存目者達三千多種，存書者有兩千多種，這反應出我國歷代學界對《周易》一書的重視情況。而易學的智慧、易學的思維，猶如縷縷清泉，幾千年來，滲透浸潤到我國社會的各個角落——一方面，或者「百姓日用而不知」，或者以風水堪輿和占卜算卦等術數形式為廣大百姓長期習用；另一方面，我國人文與科技的思想學術發展，始終受到其源源不斷的滋潤。

如果把中國古代科學文化比喻成一株大樹，《周易》就是此樹的原初之根。易學文化又恰似中華文化的源頭活水，正是賴此活水之滋潤，才使得中國古代人文與科學之樹葉茂枝繁，生生不息。

本書從國學傳播普及角度出發，搜集精選十種解讀《周易》的最精練而又最淺近的篇章，包括古代易學詮釋學者的最有代表性的通介性文字和近現代國學大師介紹易學經傳的精要篇章兩個方面內容。前者如（魏）王弼《周易略例》、（唐）孔穎達《周易正義》卷首八論、（明）張介賓《醫易義》、（清）李光地《周易折中》卷首三綱、（清）紀昀《四庫全書總目·經部·易類》序言、（清）章學城《文史通義·易教》等；後者有錢基博、章太炎、呂思勉、朱自清等人的解讀文章。其中既有簡短的文字，如經常為學者引用的《四庫全書總目提要》的幾百字短評，其對於古代易學兩派六宗的概括，可謂精練之極；又有古代易學與科學結合的最典型代表——易學與醫學結合的代表篇章《醫易義》，這篇明代醫學家洋洋萬言的精彩駢體文，誦讀讓人含英咀華、香頰沁心。

本書是編注者十幾年編輯、研讀《周易》類圖書的結晶。希望它的出版，對易學、國學的學習有一定的參考作用，對於當今國學文化的傳播普及產生有益影響。

目錄

下篇：歷代名家解讀

上篇

周易經傳淺注

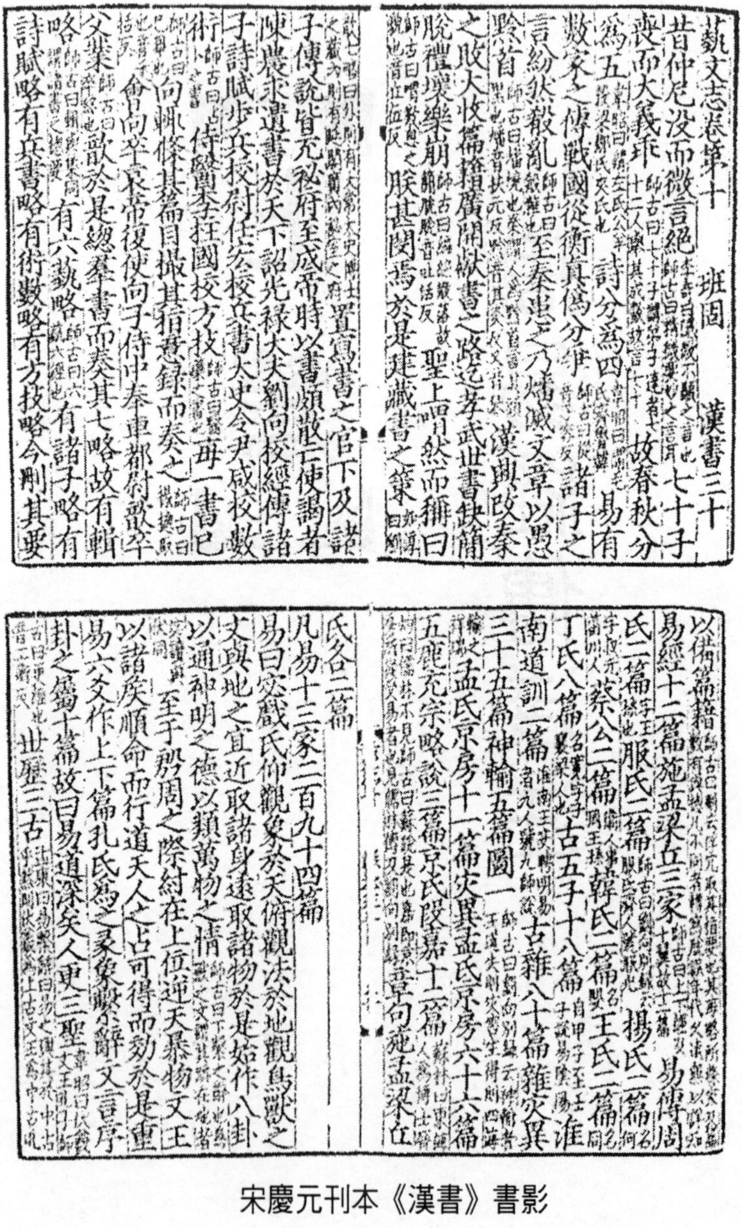
藝文志卷第十　班固　漢書三十

昔仲尼沒而微言絕，七十子喪而大義乖。故春秋分為五，詩分為四，易有數家之傳。戰國從衡，真偽分爭，諸子之言紛然殽亂。至秦患之，乃燔滅文章，以愚黔首。漢興，改秦之敗，大收篇籍，廣開獻書之路。迄孝武世，書缺簡脫，禮壞樂崩，聖上喟然而稱曰：朕甚閔焉！於是建藏書之策，置寫書之官，下及諸子傳說，皆充祕府。至成帝時，以書頗散亡，使謁者陳農求遺書於天下。詔光祿大夫劉向校經傳諸子詩賦，步兵校尉任宏校兵書，太史令尹咸校數術，侍醫李柱國校方技。每一書已，向輒條其篇目，撮其指意，錄而奏之。會向卒，哀帝復使向子侍中奉車都尉歆卒父業。歆於是總羣書而奏其七略，故有輯略，有六藝略，有諸子略，有詩賦略，有兵書略，有術數略，有方技略。今刪其要，以備篇籍。

易經十二篇，施、孟、梁丘三家。易傳周氏二篇。服氏二篇。揚氏二篇。蔡公二篇。韓氏二篇。王氏二篇。丁氏八篇。古五子十八篇。淮南道訓二篇。古雜八十篇，雜災異三十五篇，神輸五篇，圖一。孟氏京房十一篇，災異孟氏京房六十六篇，五鹿充宗略說三篇，京氏段嘉十二篇。章句施、孟、梁丘氏各二篇。

凡易十三家，二百九十四篇。

易曰：宓戲氏仰觀象於天，俯觀法於地，觀鳥獸之文，與地之宜，近取諸身，遠取諸物，於是始作八卦，以通神明之德，以類萬物之情。至於殷、周之際，紂在上位，逆天暴物，文王以諸侯順命而行道，天人之占可得而效，於是重易六爻，作上下篇。孔氏為之彖、象、繫辭、文言、序卦之屬十篇。故曰易道深矣，人更三聖，世歷三古。

宋慶元刊本《漢書》書影

上經（三十卦）

乾（卦一）

䷀（乾下乾上）

乾：元亨，利貞。

初九：潛龍，勿用。

九二：見龍在田，利見大人。

九三：君子終日乾乾，夕惕若。厲，無咎。

九四：或躍在淵，無咎。

九五：飛龍在天，利見大人。

上九：亢龍，有悔。

用九：見群龍無首，吉。

【注】本卦以龍的形象為比喻，講述乾性（陽性）事物的特性與發展規律。 乾：卦的名字。䷀為卦符，由六條爻（ㄧㄠˊ）符上下重疊而成。又是由八經卦（每卦由三條爻符上下重疊組成）中乾卦（☰）上下相重而成。爻符有兩種，⚊是一條線段

為奇數，奇數為陽，故稱為陽爻；⚋是兩條線段為偶數，偶數為陰，故稱為陰爻。這兩種爻符三畫相重疊則得出八種卦符稱為八卦（又稱為八經卦），六畫相重疊（亦即三畫經卦上下相重疊）則得出六十四種卦符，稱為六十四卦。乾：元亨，利貞。這是卦辭，是全卦的主題。乾，天也，健也，動也，其性為純陽。元，開始。亨，通達。利貞，利於占問。　初九，爻的名稱；初指下面第一爻；九為老陽，代指陽爻。勿用，不要勉強用事，不要強行作為。　九二，指由下往上數第二爻為陽爻。爻的名稱由此類推。初二三四五上指爻位，九、六代指爻性（陽、陰）。本卦爻辭中四個「見」字：讀音為ㄒㄧㄢˋ，都作「出現」解。　終日乾乾：整天兢兢業業，剛健有為。　夕惕：清夜捫心，警惕自省。　若：如，語氣詞。厲：危險。　無咎：沒有過失，沒有災禍。　亢龍：飛騰過高的龍。有悔，會有悔恨，會有小災小過。　用九：乾卦和坤卦兩卦的爻辭比其他卦的爻辭各多一條，坤卦第七爻辭為「用六」。用：帛書本《周易》寫作「迵」，迵即通字的異體字。用九即通九，意指通用陽爻，亦即全都為陽爻。用六即通用陰爻，亦即全都為陰爻。　見群龍無首：六爻皆為陽爻，猶如群龍沒有特異出群的首領。

《彖》曰：大哉乾元，萬物資始，乃統天。雲行雨施，品物流形。大明終始，六位時成，時乘六龍以御天。乾道變化，各正性命，保合大和，乃利貞。首出庶物，萬國咸寧。

【注】《彖》即《彖傳》，彖（ㄊㄨㄢˋ），斷也，判斷。《彖傳》用來解釋卦辭，說明一卦的卦名、卦象、卦義。　乾卦《彖傳》闡述其卦辭「元亨利貞」四字。前四句依序解釋這四個字。　大明終始：日落日出。大明：日，太陽。《周易集解》引侯果曰：「大明，日也。」　六位時成：方位得到確定。六位：東西南北四方加上下兩方，合稱六位。　大和：即太和，指事物最高的自然和諧狀態。末句總結並落實到人事方面。　首出庶物：乾卦為眾卦之首，引申到產生、影響萬物及人類的首要因素。庶：眾也。　咸：都，全。

《象》曰：天行健，君子以自強不息。「潛龍勿用」，陽在下也。「見龍在田」，德施普也。「終日乾乾」，反覆道也。「或躍在淵」，進無咎也。「飛龍在天」，大人造也。「亢龍有悔」，盈不可久也。「用九」，天德不可為首也。

【注】《象》即《易傳》中的《象傳》，習慣上把放在《彖》後解釋卦象的稱為《大象》，而把放在爻辭之後的稱為《小象》，兩者都用「《象》曰」來表示。唯獨乾卦的大小《象》合在一起，自坤卦起，《小象》放在爻辭之後。　第一句為乾卦《大象》，以自然之天為象徵，認為君子應當取法天的運行不止的健旺之性，自我進取，奮發圖強。其後內容為各爻的《小象》。　反覆道：朱熹《周易本義》曰：「反覆、重複踐行之意」。　大人造：大人有所作為。造：作也。　天德不可為首：單靠乾陽剛健之性不能保持首領地位。

《文言》曰：「元」者善之長也，「亨」者嘉之會也，「利」者義之和也，「貞」者事之幹也。君子體仁足以長人，嘉會足以合禮，利物足以和義，貞固足以幹事。君子行此四德者，故曰：「乾，元、亨、利、貞。」

【注】《文言》為《易傳》中的一篇，又稱《文言傳》。是對乾卦和坤卦之卦爻辭的理論闡釋。這是《乾》卦《文言傳》的第一段，闡釋卦辭含義。　善之長：長音ㄓㄤˇ，首位。　嘉之會：嘉，善也，美也。會，會集，聚合。　義之和：義，宜也，各得其所也。各得其所，故相和諧。　事之幹：事物的主體，根本。　體仁：體於仁，即踐行仁德。　長人：長音ㄓㄤˇ，為人之首長。　利物：造福於人物。

初九曰「潛龍勿用」，何謂也？子曰：「龍德而隱者也。不易世，不成名，遁世無悶，不見是而無悶。樂則行之，憂則違之，確乎其不可拔，潛龍也。」

【注】《文言傳》這節文字釋初九爻辭蘊義。　子：孔子。　龍德而隱：《周易本義》：「龍德，聖人之德也，在下故隱。」　不易世：不改變其潛隱的處世狀態。遁世無悶：隱遁於世而（通達事理、心中豁亮）無鬱悶。　不見是而無悶：不被人肯定認可而無鬱悶。有《論語》「人不知而不慍」之義。　確：堅定。　拔：動搖。

九二曰「見龍在田，利見大人」，何謂也？子曰：「龍，德而正中者也。庸言之信，庸行之謹，閑邪存其誠，善世而不伐，德博而化。《易》曰：『見龍在田，利見大人』，君德也。」

【注】《文言傳》這節文字釋九二爻辭蘊義。庸：常也。《周易本義》：「常言亦信，常行亦謹，盛德之至也。」閑邪：防制邪惡。伐：自誇。化：感化。君德：（上述的表現已經是）君主的德行（但是並未擁有君主之位）。

九三曰「君子終日乾乾，夕惕若。厲，無咎」，何謂也？子曰：「君子進德修業。忠信所以進德也，修辭立其誠，所以居業也。知至至之，可與言幾也。知終終之，可與存義也。是故居上位而不驕，在下位而不憂，故乾乾因其時而惕，雖危無咎矣。」

【注】《文言傳》這節文字釋初九三爻辭蘊義。忠信：忠誠與守信。知至至之：前「至」為名詞，即至善，最高境界，目標；後「至」為動詞，達到。幾：事物發展細微的徵兆。徐芹庭《細說易經六十四卦》：「有先見之明曰見幾。修辭立其成，講究言辭修飾以體現忠誠。」存義：保持適度。

九四曰「或躍在淵，無咎」，何謂也？子曰：「上下無常，非為邪也。進退無恒，非離群也。君子進德修業，欲及時也，故無咎。」

【注】《文言傳》這節文字釋九四爻辭蘊義。上下無常：或上或下不確定。非為邪：不要做邪惡之事。進退無恒：或進或退不確定。非離群：不要脫離群眾。

九五曰「飛龍在天，利見大人」，何謂也？子曰：「同聲相應，同氣相求。水流濕，火就燥，雲從龍，風從虎，聖人作而萬物睹。本乎天者親上，本乎地者親下，則各從其類也。」

【注】《文言傳》這節文字釋九五爻辭蘊義。 濕：潮濕，低濕。 燥：乾燥。從：隨從，伴隨。 作：起，興起，出現。 本乎天句：《周易本義》：「本乎天者謂動物，本乎地者謂植物，物各從其類。聖人，人類之首也，故興起於上則人皆見之。」

上九曰「亢龍有悔」，何謂也?子曰：「貴而無位，高而無民，賢人在下位而無輔，是以動而有悔也。」

【注】《文言傳》這節文字釋上九爻辭蘊義。 貴而無位：尊貴高傲而沒有職位。高而無民：高高在上而脫離民眾。 無輔：得不到幫助。

「潛龍勿用」，下也。「見龍在田」，時舍也。「終日乾乾」，行事也。「或躍在淵」，自試也。「飛龍在天」，上治也。「亢龍有悔」，窮之災也。乾元「用九」，天下治也。

【注】《文言傳》這節文字列述七條爻辭蘊義。 下也：由於地處下位。 時舍也：及時地解脫潛隱，發啟騰飛之歷程。《說文》：「捨，釋也。」段玉裁注：「釋者，解也。按經傳多假舍為之。」《周易尚氏學》：「舍，發也。」 上治：

居上位而治理天下。　窮之災：窮途末路之災。窮：極也，盡也。

「潛龍勿用」，陽氣潛藏。「見龍在田」，天下文明。「終日乾乾」，與時偕行。「或躍在淵」，乾道乃革。「飛龍在天」，乃位乎天德。「亢龍有悔」，與時偕極。乾元「用九」，乃見天則。

【注】《文言傳》這節文字列述七條爻辭蘊義。　文明：萬物紛然雜陳，有序而光明。《說文》：「文，錯畫也。」段玉裁注：「錯當作逪，逪畫者，这逪之畫也。」　與時偕行：行為隨時剛健變化而自強不息，即與時俱進。　乾道乃革：乾陽剛健之性將有變化而大發展。　乃位乎天德：於是達到了剛健之德的最高境界。　與時偕極：行為隨時間變化而達到極點。　天則：天道變化、剛健不息的法則。

《乾》「元」者，始而亨者也。「利貞」者，性情也。乾始能以美利利天下，不言所利，大矣哉！大哉乾乎，剛健中正，純粹精也。六爻發揮，旁通情也。「時乘六龍」，以「御天」也。「雲行雨施」，天下平也。

【注】《文言傳》的這節文字以及下面幾節文字從不同角度闡釋本卦蘊義。　始而亨者也：《周易本義》：「始則必亨，理勢然也。」　利貞：周振甫《周易譯注》：「釋《乾》卦的『利貞』，認為天的化生萬物，有利於使萬物得性情之正。《周易集解》曰：『乾寶曰：以施化利萬物之性，以純一正萬物之情。』」　以美

利利天下句：以美好的利益造福天下，無所不利，卻不表功，真偉大啊！ 剛健中正句：剛健中正四德是乾卦純粹的精華。 六爻發揮句：六爻時位之蘊義得以發揮，可以曲盡連通萬物情性。 御天：駕馭宇宙自然的運行變化。

君子以成德為行，日可見之行也。「潛」之為言也，隱而未見，行而未成，是以君子「弗用」也。

君子學以聚之，問以辯之，寬以居之，仁以行之。《易》曰「見龍在田，利見大人」，君德也。

【注】以成德為行：以成就品德為行動。 學以聚之：透過學習積累品德。之，代指品德。 問以辯之：經由提問來辯明品德。 寬以居之：用寬廣心胸容納品德。 仁以行之：用仁愛為標準踐行品德。 君德：君主的品德。

九三重剛而不中，上不在天，下不在田，故乾乾因其時而惕，雖危無咎矣。

九四重剛而不中，上不在天，下不在田，中不在人，故「或」之。「或」之者，疑之也，故「無咎」。

【注】重剛而不中：朱熹《周易本義》：「重剛謂陽爻陽位。」唐李鼎祚《周易集解》：「虞翻曰：以乾接乾，故『重剛』，位非二五，故『不中』也。」 疑：疑慮不定，時機不成熟。朱熹《周易本義》：「『或』者，隨時而未定也。」

夫「大人」者與天地合其德，與日月合其明，與四時合其序，與鬼神合其吉凶，先天而天弗違，後天而奉天時。天且弗違，而況於人乎？況於鬼神乎？「亢」之為言也，知進而不知退，知存而不知亡，知得而不知喪。其唯聖人乎！知進退存亡而不失其正者，其唯聖人乎！

【注】與天地合其德：即與天地自然的規律相符合。合：符合一致。　先天而天弗違：其行為走在天時之前而自然、規律不與之相違背。　後天而奉天時：其行為走在天時之後而遵守自然規律。　「亢」之為言：即「亢」的意思、含義。「之為言」是古人解釋詞義的常用術語。　其唯聖人乎：只有聖人吧！其，發語詞。

坤（卦二）

䷁（坤下坤上）

坤：元亨。利牝馬之貞。君子有攸往，先迷後得主。利西南得朋，東北喪朋。安貞吉。

【注】本卦講坤性（陰性）事物的特性與發展規律。這一段為坤卦卦辭。　牝馬：母馬。牝（ㄆㄧㄣˋ）：雌性（動物）。　有攸往：即有所往。攸（ㄧㄡ）：指示代

詞，所。　先迷後得主：先迷失道路，後找到主人。　朋：朋友。　安貞吉：安于守正，吉利。

《彖》曰：至哉坤「元」，萬物資生，乃順承天。坤厚載物，德合無疆。含弘光大，品物咸「亨」。「牝馬」地類，行地無疆，柔順「利貞」。「君子」攸行，「先迷」失道，「後」順「得」常。「西南得朋」，乃與類行。「東北喪朋」，乃終有慶。「安貞」之「吉」，應地無疆。

【注】這一段是坤卦的《彖傳》，依序闡釋坤卦卦辭含義。　至哉坤「元」：坤是最純的陰性，是純陰之始，是元陰。　坤厚載物：坤性寬厚承載萬物。　德合無疆：它的功德廣大無邊。疆，邊界。　含弘光大：它包容廣闊而光明正大。　品物咸「亨」：各類物種都生長順利而發展暢達。

《象》曰：地勢坤。君子以厚德載物。

【注】此為坤卦的《大象傳》，總釋坤卦卦象。　地勢坤：大地形象廣大，性格寬厚，承載包容萬物，是坤卦的象徵。

初六：履霜，堅冰至。

《象》曰：「履霜堅冰」，陰始凝也。馴致其道，至「堅冰」也。

【注】履霜，堅冰至：腳下踩著霜了，堅冰到來的時期就不遠了。對此《小象傳》文中的「履霜堅冰」，朱熹《周易本義》注曰：「按《魏志》作『初六履霜』，今當從之。」即「堅冰」兩字有的版本沒有，當是衍文應刪去，合理可從。履（ㄌㄩˇ）：踩也，踏也。馴致其道：即順著季節規律發展。馴：臺灣徐芹庭《細說易經六十四卦》：「馴（ㄒㄩㄣˊ），順也，積漸而至也。」

六二：直、方、大，不習，無不利。

《象》曰：六二之動，「直」以「方」也。「不習無不利」，地道光也。

【注】直、方、大：正直、端方、廣大。不習：不多次，不反覆。《說文》：「習，數飛也。」 六二之動：六二爻的運動。

六三：含章，可貞，或從王事，無成有終。

《象》曰：「含章可貞」，以時發也。「或從王事」，知光大也。

【注】含章：蘊含文采。 可貞：可以堅貞。 無成有終：沒有成功而有好結果。以時發也：等待時機而採取行動。 知光大也：應懂得顯示與發揮才智。

六四：括囊，無咎無譽。

《象》曰：「括囊無咎」，慎不害也。

【注】括囊：紮緊口袋，即謹慎防備。 無咎無譽：不受責備也沒有讚譽。

六五：黃裳，元吉。

《象》曰：「黃裳元吉」，文在中也。

【注】黃裳：黃色的裙服。古代男女都穿裙服。 元吉：大吉利。 文在中：文采內蘊於中。

上六：龍戰於野，其血玄黃。

《象》曰：「龍戰於野」，其道窮也。

【注】龍：上六陰爻，位置最高，陰極變陽，乾陽始至，其象為龍。 戰：交戰。指乾陽與坤陰交接（之時之位）。 玄：青黑色。 其道窮也：它的路已走到盡頭了。

用六：利永貞。

《象》曰：「用六永貞」，以大終也。

【注】用六：即通六，即坤卦全都為陰爻。用：帛書本寫作「迵」，即「通」字。參見《乾》卦注釋。 利永貞：占問永遠吉利。 大終：偉大的結局。

《文言》曰：《坤》至柔而動也剛，至靜而德方，後得主而有常，含萬物而化光。坤道其順乎，承天而時行。

【注】此乃《坤》卦《文言傳》第一段，總括、讚美、闡釋坤卦的德性。德方：品行端正。常：規則，規律。化光：（使萬物）化育和光大。順：陰柔和順。承天：稟承上天，按自然規律。時行：依時行動。

積善之家必有餘慶，積不善之家必有餘殃。臣弒其君，子弒其父，非一朝一夕之故，其所由來漸矣，由辯之不早辯也。《易》曰：「履霜，堅冰至」，蓋言順也。

【注】《文言傳》這節文字釋初六爻辭的蘊義。餘慶：享受不盡的喜慶。餘殃：沒完沒了的災禍。弒（ㄕˋ）：殺。漸：逐漸，漸漸（積累形成）。辯：吳革刻本《周易本義》寫作「辨」，辨別，分辨，判斷。順：《周易本義》曰：「古字『順』『慎』通用，按此當作『慎』，言當辨之於微也。」

「直」，其正也；「方」，其義也。君子敬以直內，義以方外，敬義立而德不孤。「直、方、大，不習無不利」，則不疑其所行也。

【注】《文言傳》這節文字釋六二爻辭的蘊義。正：正確。義：宜也，合宜。其，語氣助詞。直內：使內心正直。方外：使對外方正。直和方二字皆為古漢語中使動用法。所行：所作所為。行：行為，行動。

陰雖有美，「含」之以從王事，弗敢成也。地道也，妻道也，臣道也，地道「無成」而代「有終」也。

【注】《文言傳》這節文字釋坤卦六三爻辭的蘊義。　美：美德。　「含」：即六三爻辭「含章」，含蓄，內含。　地道：大地之道。妻道，為妻之道。臣道，為臣之道。　代「有終」：代天化育萬物，代陽而成事。

天地變化，草木蕃。天地閉，賢人隱。《易》曰：「括囊，無咎無譽」，蓋言謹也。

【注】《文言傳》這節文字釋六四爻辭的蘊義。　蕃：茂盛，繁榮。　閉：閉塞。「天地閉」指天地陰陽之氣閉塞不通。　賢人隱：謂賢人（居陰陽不和諧的亂世時）隱逸而獨善其身。　謹：謹慎。

君子「黃」中通理，正位居體，美在其中而暢于四支，發於事業，美之至也。

【注】《文言傳》這節文字釋六五爻辭的蘊義。　黄中：《周易本義》：「黃中，言中德在內，釋黃字之義也。」　通理：通曉事理。　正位居體：《周易本義》：「雖在尊位而居下體，釋裳字之義也。」四支，即四肢。　發於事業：發展到事業上，表現於事業上。

陰疑於陽必「戰」，為其嫌於無陽也，故稱「龍」焉。猶未離其類也，故稱「血」焉。夫「玄黃」者，天地之雜也。天玄而地黃。

【注】《文言傳》這節文字釋上六爻辭的蘊義。 陰疑於陽：大意是陰對陽的尚未出現表示疑惑不定。《說文解字》：「疑，惑也。」「惑，亂也。」 嫌：嫌疑，疑惑。 天地之雜：指天地之顏色的混雜。

屯（卦三）

䷂（震下坎上）

屯：元亨，利貞。勿用有攸往。利建侯。

【注】本卦講事物發展初始艱難，力量有待積蓄的問題。 屯（ㄔㄨㄣˊ）：《說文解字》：「屯，難也。屯象草木之初生，屯然而難。」另也有聚積、儲存的意思。 勿用：不要。 利建侯：有利於封建諸侯。

《彖》曰：《屯》，剛柔始交而難生。動乎險中，大亨貞。雷雨之動滿盈，天造草昧。宜「建侯」而不寧。

【注】剛柔始交：六十四卦的首兩卦乾和坤為純剛或純柔之卦，第三卦屯則為剛（陽）爻與柔（陰）爻相雜的第一卦，故說剛柔始交。 難生：陰陽交感化育生

新，開始時是艱難的。　動乎險中：新物始生，前途未卜，行進在危險之中。　大亨貞：大通順而堅貞。　天造草昧：上天創造伊始，好比小草萌動，旭日未明。　不寧：不安定，不停步。

《象》曰：雲雷，屯。君子以經綸。

【注】下卦震為雷，上卦坎為水為雲，這是屯卦的卦象。　經綸：整理編織繩線，引申為處理大事。

初九：磐桓。利居貞。利建侯。

《象》曰：雖「磐桓」，志行正也。以貴下賤，大得民也。

【注】磐桓：同盤桓，意為徘徊。　利居貞：宜於行為處事有堅貞之志。　志行正：志向行為正確。

六二：屯如邅如，乘馬班如。匪寇，婚媾。女子貞不字，十年乃字。

《象》曰：六二之難，乘剛也。「十年乃字」，反常也。

【注】邅（ㄓㄢ）：回轉，回頭。　如：語氣詞。　班：通「般」，盤旋。　匪：通「非」，不是。　字：生孩子。《說文解字》：「字，乳也。」段玉裁注：「人及鳥生子曰乳。」　乘剛：屯卦第二爻為陰爻，居陽爻之上，故說「乘剛」。

六三：即鹿無虞，惟入于林中，君子幾，不如舍，往吝。

《象》曰：「即鹿無虞」，以從禽也。「君子舍」之，「往吝」窮也。

【注】即鹿：追獵野鹿。即，接近。　虞：古代掌管山澤的官，西周始置。春秋、戰國時或稱虞人。　幾：事物變化的細微徵兆。　舍：放棄。　往吝：前往追獵會有危險。　從禽：放走野獸。從，縱也。　窮：無路可走。

六四：乘馬班如，求婚媾。往吉，無不利。

《象》曰：「求」而「往」，明也。

【注】往吉：前往會吉利。　明：探明；明確。

九五：屯其膏，小貞吉，大貞凶。

《象》曰：「屯其膏」，施未光也。

【注】屯其膏：存儲油脂。膏，泛指貴重物品。　小貞吉：卜問小事則吉。　大貞凶：卜問大事則凶。　施未光：佈施不廣。

上六：乘馬班如，泣血漣如。

《象》曰：「泣血漣如」，何可長也？

【注】泣血：哭泣至於流血。　漣如：淚流不止的樣子。　何可長：怎麼可以長久。

蒙（卦四）

䷃（坎下艮上）

蒙：亨。匪我求童蒙，童蒙求我。初筮告，再三瀆，瀆則不告。利貞。

【注】本卦講對待幼稚和蒙昧的事理。　蒙：《序卦傳》曰：「蒙者，蒙也，物之稚也。」卦中蒙字有蒙昧、幼稚之義，意指事物的幼小、起始階段有待啟蒙。　匪：非，不是。　童蒙：童幼無知。　初筮：初次占卜。　告：告訴，告知。　再三瀆：二次、三次占卜，就是褻瀆（神靈）。

《彖》曰：《蒙》，山下有險，險而止，《蒙》。《蒙》「亨」，以亨行時中也。「匪我求童蒙，童蒙求我」，志應也。「初筮告」，以剛中也。「再三瀆，瀆則不告」，瀆蒙也。蒙以養正，聖功也。

【注】險而止：有危險還停止不動。　以亨行時中：用通達的方式行動，合乎時宜而不偏不倚。　志應：心願相應，心願一致。　剛中：剛直于中道，剛毅中正。　蒙以養正：幼小時即教養正確。　聖功：成為聖人的功夫。

《象》曰：山下出泉，《蒙》。君子以果行育德。

【注】山下句：山下流出泉水，是蒙卦的形象。　君子句：君子以果斷的行動培養品德。

初六：發蒙，利用刑人，用說桎梏，以往吝。

《象》曰：「利用刑人」，以正法也。

【注】發蒙：啟發蒙昧。　利用刑人：宜於用刑罰來治理人們。　說：即脫。桎梏（ㄓˋ ㄍㄨˋ）：枷鎖。桎為腳鐐，梏為手銬。　以往吝：由此前往，會後悔的（會有困難的）。　正法：端正法紀。

九二：包蒙，吉。納婦，吉。子克家。

《象》曰：「子克家」，剛柔接也。

【注】包蒙：包容蒙昧。　納婦：娶媳婦。　子克家：兒子能夠當家。　剛柔接：陽剛與陰柔相交接，相配合。剛指九二陽爻，柔指六五陰爻。

六三：勿用取女，見金夫，不有躬。無攸利。

《象》曰：「勿用取女」，行不順也。

【注】勿用取女：不要娶那女子，取，娶也。　見金夫：看見有錢的男人。　無有

躬：沒有了自己。　無攸利：沒有什麼好處，攸，所也。　行不順：行為不守規矩。

六四：困蒙，吝。

《象》曰：「困蒙」之「吝」，獨遠實也。

【注】困蒙：困於蒙昧，為蒙昧所困。　獨遠實：唯獨因為遠離實際。

六五：童蒙，吉。

《象》曰：「童蒙」之「吉」，順以巽也。

【注】順以巽：順從而聽話。巽（ㄒㄩㄣˋ）：恭順的樣子。

上九：擊蒙，不利為寇，利禦寇。

《象》曰：「利」用「禦寇」，上下順也。

【注】擊蒙：除去蒙昧。擊：攻擊，擊退。不利為寇：不宜做強盜（侵犯他人）。　利禦寇：宜於抵禦強盜。　上下順：上下順從，上下一心。

需（卦五）

䷄（乾下坎上）

需：有孚，光亨。貞吉。利涉大川。

【注】本卦講述的是需要和期待的各種問題。　需：需要，等待。　有孚：有信用，使人信服。　光亨：大通順。　貞吉：占問，吉祥。　利涉大川：宜於渡過大河。涉：渡水。

《彖》曰：《需》，須也。險在前也，剛健而不陷，其義不困窮矣。《需》，「有孚，光亨，貞吉」，位乎天位，以正中也。「利涉大川」，往有功也。

【注】須：等待。　不陷：不陷入（危險）。　其義不困窮：本來不應該受困而無路可走。義：宜也。　位乎天位：處在天的位置。天位：指九五陽爻。　正中：指第二、第五爻都是陽爻。　往有功：前往（行動）會取得成功。

《象》曰：雲上於天，《需》。君子以飲食宴樂。

【注】前一句大意：《大象傳》說，雲上升到天空，是需卦的象徵。上卦坎為水為

雲，下卦乾為天，故說「雲上於天」。　宴樂：宴會娛樂（以等待時機）。

初九：需于郊，利用恒，無咎。

《象》曰：「需於郊」，不犯難行也。「利用恒無咎」，未失常也。

【注】需於郊：在郊野等待。　利用恒：宜於遵守常規。　不犯難行：不冒著危險去行動。　未失常：沒有失去常態，沒有違反常規。

九二：需于沙，小有言，終吉。

《象》曰：「需于沙」，衍在中也。雖「小有言」，以「吉」「終」也。

【注】需于沙：在沙灘上等待。　小有言：小有非議言論。　衍在中：水匯集到中間。衍：原意為水流匯集的樣子。

九三：需於泥，致寇至。

《象》曰：「需於泥」，災在外也。自我「致寇」，敬慎不敗也。

【注】需於泥：在泥中等待。　災在外：災禍在外面（指從外面招來強盜）。敬慎：小心謹慎。

六四：需於血，出自穴。

《象》曰：「需於血」，順以聽也。

【注】需於血：在血泊中等待。　出自穴：從洞穴中出來。　順以聽：恭順地聽從。

九五：需于酒食，貞吉。

《象》曰：「酒食貞吉」，以中正也。

【注】需於酒食：在喝酒吃飯中等待（意即休養生息以待時機）。　中正：居中不倚，安守正道。

上六：入於穴，有不速之客三人來，敬之終吉。

《象》曰：「不速之客來，敬之終吉」，雖不當位，未大失也。

【注】入於穴：進入洞穴中。　速：召請。　雖不當位：雖然（上六）不在（九五）適當的尊位。　未大失：沒有大的失誤。

訟（卦六）

䷅（坎下乾上）

訟：有孚，窒惕，中吉，終凶。利見大人。不利涉大川。

【注】本卦講述訴訟問題。　訟：爭辯是非曲直，訴訟。　有孚：有信用，講誠

信；或曰有信物，能用作證據。　窒惕：消除恐懼。窒（ㄓˋ），堵塞；惕，恐懼。

《象》曰：《訟》，上剛下險，險而健，訟。《訟》：「有孚，窒惕，中吉」，剛來而得中也。「終凶」，訟不可成也。「利見大人」，尚中正也。「不利涉大川」，入於淵也。

【注】上剛下險：本卦組成為上卦乾，下卦坎；乾為健為剛，坎為水為險，故云。　剛來而得中：指本卦陽爻居於中位，象徵剛健而處事中正。　尚中正：崇尚中庸正直（品德）。　入於淵：指（涉大川）將會陷入深淵。

《象》曰：天與水違行，《訟》。君子以作事謀始。

【注】天與水違行：天和水各行其道（水本在地上）。　作事謀始：做事情在開始時就要謀劃（周密）。

初六：不永所事，小有言，終吉。

《象》曰：「不永所事」，訟不可長也。雖「小有言」，其辯明也。

【注】不永所事：不能將所做的事堅持下去，即半途而廢。永：長久。　小有言：小有非議（責難）。　訟不可長：訴訟不要拖延。　其辯明：可以辯解明白。

九二：不克訟，歸而逋其邑人三百戶，無眚。

《象》曰：「不克訟」，「歸逋」竄也。自下訟上，患至掇也。

【注】不克訟：訴訟沒有結束。克：完成。　歸而逋：回去躲避。逋（ㄅㄨˇ）：逃避。　其邑人：他所在埰地的人。邑（ㄧˋ）：埰地，古代卿大夫封邑之地。　無眚：沒有禍患。眚（ㄕㄥˇ）：眼病，泛指禍患。　患至掇：災禍來臨就像揀拾（東西一樣容易）。掇（ㄉㄨㄛ）：揀拾。

六三：食舊德，貞厲，終吉。或從王事，無成。

《象》曰：「食舊德」，從上「吉」也。

【注】食舊德：享用祖上遺留的恩德（如職位、俸祿等）。　貞厲：占問，危險。　或：如果，假如。　無成：不要自居成功，即不要自表己功。　從上：順從上位者。

九四：不克訟，復即命渝。安貞吉。

《象》曰：「復即命渝」，「安貞」不失也。

【注】不克訟：沒完成訴訟，即沒有勝訴。　復：復返，返回。　命：當初起訴的決定。　渝：改變，這裏指改變初衷。　「安貞」不失：安於守正就會不出過失。

九五：訟元吉。

《象》曰：「訟元吉」，以中正也。

【注】訟元吉：訴訟本來就吉祥。

上九：或錫之鞶帶，終朝三褫之。

《象》曰：以訟受服，亦不足敬也。

【注】或錫之鞶帶：假如賜之以大腰帶。錫：古與賜字通。鞶（ㄆㄢˊ）：大皮帶。鞶帶指當時依官品頒賜的腰帶。終朝：整天，一天之內。褫（ㄔˇ）：剝去衣服，引申為剝去，奪去。以訟受服：因為訴訟而獲得官服。足：值得，可以。

師（卦七）

䷆（坎下坤上）

師：貞丈人吉，無咎。

【注】本卦講與軍隊、作戰及大眾管理方面有關的問題。師：軍隊，大眾。貞：堅貞正固。丈人：長老，有威嚴的人，一說即指大人。

《彖》曰：《師》，眾也。「貞」，正也。能以眾正，可以王矣。剛中而應，行險而順，以此毒天下，而民從之，「吉」又何咎矣。

【注】能以眾正：能夠使大眾歸向正道。 王（ㄨㄤˋ）：當統帥，統治天下。 剛中而應：指九二居中位，六五響應。 行險而順：在危險中行動卻能順利。 毒：《說文解字》：「毒，厚也。」毒天下，指使天下富裕豐厚。

《象》曰：地中有水，《師》。君子以容民畜眾。

【注】地中句：地中有水是「師」卦的象徵。 君子容民畜眾：君子據此來容納和養育民眾。

初六：師出以律，否臧凶。

《象》曰：「師出以律」，失律「凶」也。

【注】師出以律：軍隊行動要有紀律，要有法則。 否臧凶：否則就會有兇險。《周易本義》：「律，法也。否臧，不善也。」 臧（ㄗㄤ）：良善。 失律：失去約束，沒有紀律、法則。

九二：在師中吉，無咎，王三錫命。

《象》曰：「在師中吉」，承天寵也。「王三錫命」，懷萬邦也。

【注】在師中：在軍隊做中堅（做主帥）。 三錫命：接連多次頒賜任命。《細說易經六十四卦》記載《周禮》有三命之說：「一命受職，再命受服，三命受位。」懷萬邦：安撫萬邦。

六三：師或輿屍，凶。

《象》曰：「師或輿屍」，大無功也。

【注】或輿屍：假如用車載運（戰士的）屍體（回來）。輿（ㄩˋ）：用車載運。

六四：師左次，無咎。

《象》曰：「左次無咎」，未失常也。

【注】左次：退卻，退守。左，退後。次，停止，停駐。

六五：田有禽。利執言，無咎。長子帥師，弟子輿屍，貞凶。

《象》曰：「長子帥師」，以中行也。「弟子輿屍」，使不當也。

【注】田有禽：田野裏有禽獸。　利執言：宜於捕捉起來。言，語助詞。　弟子：次子，小兒子。　中行：奉行中正之道。　使不當：用人不當。

上六：大君有命，開國承家，小人勿用。

《象》曰：「大君有命」，以正功也。「小人勿用」，必亂邦也。

【注】大君有命：天子有命令。　開國承家：開創建立國家、繼承家業。　小人勿用：不要任用小人。　正功：正確論功（封賞）。　必亂邦：肯定會禍亂國家。

比（卦八）

䷇（坤下坎上）

比：吉。原筮元，永貞無咎。不寧方來，後夫凶。

【注】本卦講依附、輔佐的對象、方法諸事象。比：親近，依附。《說文解字》：「比，密也。」段玉裁注：「其本義謂相親密也。」《周易本義》：「比，親輔也。」原筮元：探究占問的根源。原：探究（其原理）。元：原始根底，根本原因。永貞：永遠堅貞守正。不寧方來：不安定的正前來（依附）。後夫凶：後到者，凶。

《彖》曰：《比》，「吉」也；《比》，輔也，下順從也。「原筮元。永貞無咎」，以剛中也。「不寧方來」，上下應也。「後夫凶」，其道窮也。

【注】輔：輔佐。下順從，居下位順從上位。剛中：陽剛居中位。上下應：上位與下位均與九五陽剛相呼應。其道窮：其路走到了盡頭，即已無路可走了。

《象》曰：地上有水，《比》。先王以建萬國，親諸侯。

【注】前句大意：地上有水是《比》卦的象徵。　以建萬國：據以建立萬國。　親諸侯：使諸侯親附。

初六：有孚，比之無咎。有孚盈缶，終來有它吉。

《象》曰：《比》之初六，「有它吉」也。

【注】有孚：有誠信。　比之：依附他。　盈缶（ㄈㄡ）：像盛滿東西的瓦罐。它吉：其他的（另外的）吉祥。

六二：比之自內，貞吉。

《象》曰：「比之自內」，不自失也。

【注】比之自內：內部有人依附輔佐。內，內部。　貞：占問。　不自失：不失去自我，自己沒失誤。

六三：比之匪人。

《象》曰：「比之匪人」，不亦傷乎？

【注】比之匪人：依附、輔佐不適當的人。匪：非。　傷：（受）傷害。

六四：外比之，貞吉。

《象》曰：「外比」於賢，以從上也。

【注】外比之：向外去親近、依附。　「外比」於賢：向外去親近賢者。　以從上：由此順從上位（九五）。

九五：顯比，王用三驅，失前禽，邑人不誡，吉。

《象》曰：「顯比」之「吉」，位正中也。舍逆取順，「失前禽」也。「邑人不誡」，上使中也。

【注】顯比：光明正大地依附。　王用三驅：天子用三面追捕（禽獸）方法。三驅，古代圍獵的一種方法，三面包圍、前方空出（所謂網開一面）以追捕禽獸。失前禽：失去向前跑的禽獸。　邑人不誡：當地百姓沒有怨言。　位正中：九五之位是正中之位。　舍逆取順：捨棄迎面跑來的，捕取（向三面）逃去的。　上使中：天子行使的是中正之道。

上六：比之無首，凶。

《象》曰：「比之無首」，無所終也。

【注】比之無首：欲親近依附而無首領。即無首領可以依附。　無所終：沒有好的結局。

小畜（卦九）

（乾下巽上）

小畜：亨。密雲不雨，自我西郊。

【注】本卦講小規模積聚的事象。　小畜：小的聚集。畜（ㄔㄨˋ）：積儲。　密雲不雨：烏雲密佈而不下雨。　自我西郊：來自我的西郊。古代農諺說：「雲向東，雨無蹤。」雲由西向東飄移多不會下雨。

《彖》曰：《小畜》，柔得位而上下應之，曰《小畜》。健而巽，剛中而志行，乃「亨」。「密雲不雨」，尚往也。「自我西郊」，施未行也。

【注】柔得位：本卦六四陰爻居陰位，居位得當。　上下應之：上上下下都回應之。　健而巽：剛健而又謙遜。　剛中而志行：堅定信心而又篤志實踐。　尚往：向上飄著。尚：上。　施未行：雲行雨施尚未出現。

《象》曰：風行天上，《小畜》。君子以懿文德。

【注】風行天上句：風在天上運行，這是《小畜》卦的象徵。　以懿文德：據此來

美化改善（自己的）文采與道德。懿（ㄧˋ），美好。

初九：複自道，何其咎？吉。

《象》曰：「複自道」，其義「吉」也。

【注】複自道：返回走的是正道。複，返回，《周易本義》和帛書本《周易》該字均寫作「復」，重複返回之意。　義：宜也，應當。

九二：牽複，吉。

《象》曰：「牽複」在中，亦不自失也。

【注】牽複：牽引而複歸正道。　在中：位置居中，謂九二居下卦之中爻。　不自失：不會自我迷失，不會失去自我立場。

九三：輿說輻。夫妻反目。

《象》曰：「夫妻反目」，不能正室也。

【注】輿說輻：車子脫落了車輪上的輻條。輿，車。說，脫。　反目：怒目相視。反，翻。　正室：使家庭關係正常。

六四：有孚，血去，惕出，無咎。

《象》曰：「有孚惕出」，上合志也。

【注】有孚：有誠信。　血去：消除憂慮。血，陸德明《經典釋文》引馬融曰：「當作恤，憂也。」　惕出：擺脫恐懼。惕，《廣雅·釋詁》：「惕，懼也。」　上合志：與上位者心志相應合。

九五：有孚攣如，富以其鄰。

《象》曰：「有孚攣如」，不獨富也。

【注】攣如：維繫不斷。如，語氣助詞。　富以其鄰：使其鄰居都致富。

上九：既雨既處，尚德載。婦貞厲。月幾望，君子征凶。

《象》曰：「既雨既處」，「德」積「載」也。「君子征凶」，有所疑也。

【注】既雨既處：已經下過雨，又已經停雨了。既，已經。處，停止，《說文解字》：「處，止也。」　尚德載：注重厚德的積累以承載萬物。《周易本義》：「尊尚陰德至於積滿。」　婦貞厲：婦女占問有危險。　月幾望：月亮接近圓滿。幾，幾乎，接近。望，農曆每月十五日為望日，是月亮圓滿的時候。　征：外出，遠行。　有所疑：有疑慮之處。

履（卦十）

䷉（兌下乾上）

履：履虎尾，不咥人。亨。

【注】本卦專講小心行走實踐的事。 履：鞋子。引申為踩、踏之義。 咥（ㄉㄧㄝˊ）：咬。

《彖》曰：《履》，柔履剛也。說而應乎乾，是以「履虎尾，不咥人。」「亨」。剛中正，履帝位而不疚，光明也。

【注】柔履剛：陰柔踩踏陽剛（行走）。指六三陰爻在九二陽爻之上。 說而應乎乾：兌卦之悅上與乾卦相應。說，通「悅」。 剛中正：指九五陽爻居上卦中位，剛健而得位於中正。 履帝位而不疚：踏在至高無上的理想之路上而（能居安思危）無愧疚。 光明：（前途）光明燦爛。

《象》曰：上天下澤，《履》。君子以辨上下，定民志。

【注】上天下澤：上面是天，下面是水澤。 辨上下：（依據「履卦」的象徵以）

分辨上下秩序。　定民志：安定民心。

初九：素履往，無咎。

《象》曰：「素履」之「往」，獨行願也。

【注】素履往：穿著平常的鞋子前行。比喻行為樸素大方。　獨行願：一心實踐自己的志願。

九二：履道坦坦，幽人貞吉。

《象》曰：「幽人貞吉」，中不自亂也。

【注】履道坦坦：行走在平坦的路上。　幽人貞吉：隱士占問吉祥。　中不自亂：（行走大道）中間而不自我擾亂。

六三：眇能視，跛能履，履虎尾，咥人，凶。武人為于大君。

《象》曰：「眇能視」，不足以有明也。「跛能履」，不足以與行也。「咥人」之「凶」，位不當也。「武人為于大君」，志剛也。

【注】眇能視：瞎了一隻眼還能看見。眇（ㄇㄧㄠˇ），一隻眼瞎，偏盲。　跛能履：殘了一條腿還能走路。跛（ㄅㄛˇ），一條腿殘，偏廢。　武人為于大君：殘暴的人做了天子。武人，尚武好鬥的人。大君，大國的君王。　位不當：位置不適當。

志剛：意志剛強。

九四：履虎尾，愬愬，終吉。

《象》曰：「愬愬終吉」，志行也。

【注】愬愬：恐懼哆嗦。愬（ㄕㄨㄛˋ），恐懼。　志行：志向得到實施。

九五：夬履，貞厲。

《象》曰：「夬履貞厲」，位正當也。

【注】夬履：果敢前行。夬（ㄍㄨㄞˋ），堅決果斷。　貞厲：占問有危險。　位正當：正處在（危險的）位置。

上九：視履考祥，其旋元吉。

《象》曰：「元吉」在上，大有慶也。

【注】視履考祥：觀察其行為，推測其吉凶。祥，泛指吉凶禍福。　其旋元吉：其結果最吉祥。旋，回還，歸來，指結局。　在上：居上位。　大有慶：有重大喜慶。

泰（卦十一）

䷊（乾下坤上）

泰：小往大來，吉，亨。

【注】本卦講相交流而通達的事象。泰：交通，通順，通達。《周易本義》：「泰，通也。」小往大來：小的過去，大的過來。《周易本義》：「小謂陰，大為陽。言坤往居外，乾來居內。」謂陰陽二氣相流通。

《彖》曰：「《泰》：小往大來。吉，亨。」則是天地交而萬物通也，上下交而其志同也。內陽而外陰，內健而外順，內君子而外小人，君子道長，小人道消也。

【注】天地交：天地二氣互相交流。上下交：上位者和下位者相互交流。其志同：（通過交流而）上下意見一致。君子道長：君子之道增長。小人道消：小人之道消滅。

《象》曰：天地交，《泰》。后以財成天地之道，輔相天地之宜，以左右民。

【注】后：君主，天子。財成：即裁成，制定。輔相：輔助，輔佐。天地之

宜：天地萬物相互適應的狀態。　左右民：支配百姓。

初九：拔茅茹以其匯。征吉。

《象》曰：「拔茅征吉」，志在外也。

【注】拔茅茹：拔茜草。茅茹，茜草。　以其匯：連同其同類。（指拔草連根帶出草叢）　征吉：預兆吉祥。　志在外：其跡象標誌顯露在外，即十分明顯。

九二：包荒，用馮河，不遐遺。朋亡，得尚於中行。

《象》曰：「包荒，得尚於中行」，以光大也。

【注】包荒：包容寬廣。荒，廣大。　用馮河：以此渡河。馮河，徒步渡河。馮（ㄆㄥˊ），通「淜」，涉水過河。　不遐遺：不會遺失很遠。　朋亡：朋黨消除。謂不結黨營私。　得尚於中行：能夠崇尚中道直行的美德。

九三：無平不陂，無往不復。艱貞無咎。勿恤其孚，於食有福。

《象》曰：「無往不復」，天地際也。

【注】無平不陂：沒有只是平坦而不傾斜的。陂（ㄅㄟ），山坡，傾斜。　無往不復：沒有只是前往而不返回的。這兩句講事物變化的道理。　艱貞：困難時堅貞正固。　勿恤其孚：不要擔心其一定會有效果。恤，憂慮擔心。孚，信實，指如期的效果。　於食有福：有福可享。食，享用。　天地際：（是講的）天地之氣的交

流。際，際會，交流。

六四：翩翩，不富以其鄰，不戒以孚。

《象》曰：「翩翩不富」，皆失實也。「不戒以孚」，中心願也。

【注】翩翩：鳥羽翻飛之貌。比喻輕鬆瀟灑。　不富以其鄰：不使他的鄰居富裕。　不戒以孚：不用誠信互相告誡。　失實：不紮實，不誠信。　中心願：心裏願意（這樣）。

六五：帝乙歸妹，以祉元吉。

《象》曰：「以祉元吉」，中以行願也。

【注】帝乙歸妹：帝乙嫁妹。指商代末期天子帝乙將其妹妹嫁給周部落的首領西伯姬昌的事。歸，女子出嫁。　以祉元吉：有福氣，最吉祥。祉，福。　中以行願：堅守中正之道而實現了願望。

上六：城復於隍，勿用師，自邑告命。貞吝。

《象》曰：「城復於隍」，其命亂也。

【注】城復於隍：城牆倒塌掉在護城河裏。復，覆。隍（ㄏㄨㄤˊ），沒有水的護城壕。　勿用師：不要出動軍隊（去打仗）。　自邑告命：從邑裏傳來命令（勿出兵）。　其命亂：這命令亂套了。

否（卦十二）

䷋（坤下乾上）

否：否之匪人。不利君子貞。大往小來。

【注】本卦講不交流諸事象。否（ㄆㄧˇ）：閉塞，不交流。否之匪人：否塞對人不合適。匪，非。大往小來：大的去小的來。

《彖》曰：「否之匪人。不利君子貞，大往小來。」則是，天地不交而萬物不通也，上下不交而天下無邦也；內陰而外陽，內柔而外剛，內小人而外君子，小人道長，君子道消也。

【注】則是：以此為準。則，準則，這裏名詞用作動詞，為意動用法：以……為準則。天地不交而萬物不通：天地之氣不交流就會萬物閉塞不通。上下不交而天下無邦：上下不交流天下就不會有國家。內陰而外陽：其後幾句的含義都從坤下乾上的內外卦象生發出來。參看泰卦的注釋。

《象》曰：天地不交，《否》。君子以儉德辟難，不可榮以祿。

【注】儉德辟難：以節儉的品德免除災難。辟（ㄅㄧˋ），免除。　榮以祿：以加官進爵為榮耀。

初六：拔茅茹以其匯。貞吉，亨。

《象》曰：「拔茅貞吉」，志在君也。

【注】拔茅如以其匯：參看泰卦的注釋。　志在君：立志于成為君主。

六二：包承，小人吉，大人否。亨。

《象》曰：「大人否亨」，不亂群也。

【注】包承：忍受承載（重擔）。　亨：要溝通。

六三：包羞。

《象》曰：「包羞」，位不當也。

【注】包羞：忍受羞辱。　位不當：位置不相稱、不適當。（六二爻位時尚可）

九四：有命，無咎，疇離祉。

《象》曰：「有命無咎」，志行也。

【注】有命：有天命。　疇離祉：眾人依附而得福。疇，同類。離，附麗，依附。祉，福祉。

九五：休否，大人吉。其亡其亡，繫于苞桑。

《象》曰：「大人」之「吉」，位正當也。

【注】休否：停止閉塞。休，停止。　其亡：（當心）會滅亡。其，語氣助詞。繫于苞桑：維繫在苞草桑枝上（不可靠）。「其亡其亡，繫于苞桑」是時刻提醒告誡當心將要滅亡（的危險）。　位正當：位置正合適。（指九五陽爻居尊位）

上九：傾否，先否後喜。

《象》曰：「否」終則「傾」，何可長也。

【注】傾否：否塞結束。傾，竭盡。「否」終則「傾」，閉塞之時結束故說「傾」。　何可長也：怎麼會長久呢。

同人（卦十三）

䷌（離下乾上）

同人：同人於野，亨。利涉大川。利君子貞。

【注】本卦講和同於人、與人一致的諸般情況。　同人：和同於人，與人步調一

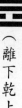

致。《周易本義》：「同人謂和同於人。」　於野：在野外。　利涉大川：有利於渡過大河。　利君子貞：對君子占問有利。

《彖》曰：《同人》，柔得位得中，而應乎乾，曰《同人》。《同人》曰：「同人於野，亨。利涉大川」，乾行也。文明以健，中正而應，「君子」正也。唯君子為能通天下之志。

【注】柔得位得中：指陰爻得到適當位置並且是（下卦）居中的位置。　而應乎乾：因而與在上之乾卦的剛健之性相應對。　乾行也：是剛健的行為。　文明以健：文明而剛健（下卦離為火為文明，上卦乾為剛健）。　中正而應：六二陰爻與九五陽爻分別居上下二卦之中，陰陽相應和。　君子正：君子位正（行端）。　通天下之志：與天下人的志願相通。

《象》曰：天與火，同人。君子以類族辨物。

【注】天與火句：上卦乾為天，下卦離為火，這是同人卦的基本象徵。　類族辨物：區分宗族，分辨物類。

初九，同人於門，無咎。

《象》曰：「出門同人」，又誰「咎」也。

【注】同人於門：在門前與人和同一致。　出門同人：出門即與人和同一致。

六二，同人于宗，吝。

《象》曰：「同人于宗」，「吝」道也。

【注】同人于宗：在宗廟內與人和同。（謂有局限）《說文》：「宗，祖宗廟也。」　吝道也：是（招來）羞辱的做法。

九三：伏戎於莽，升其高陵，三歲不興。

《象》曰：「伏戎於莽」，敵剛也。「三歲不興」，安行也。

【注】九三爻辭大意為：讓軍人埋伏在叢林中，並登上高山（偵察），三年不可出兵。　興：興師動眾，指出動軍隊。　敵剛：敵人強大。　安行：安靜地行動，指悄悄地埋伏以待時機。

九四：乘其墉，弗克攻，吉。

《象》曰：「乘其墉」，義「弗克」也。其「吉」則困而反則也。

【注】乘其墉：登上城牆。墉，城牆。《說文》：「墉，城垣也。」　弗克攻：不能進攻取勝。　義弗克：本不會攻克。義，宜也。　困而反則：處於困境就撤退。則，助詞，猶「之」。

九五：同人先號咷而後笑，大師克相遇。

《象》曰：「同人」之「先」以中直也。「大師相遇」，言相「克」也。

【注】號咷：號啕大哭。咷（ㄊㄠˊ），大哭。 大師克相遇：大軍相戰而能得勝。同人之先：與人步調一致，開始哭號（而後笑）。 相克：戰勝。

上九：同人於郊，無悔。

《象》曰：「同人於郊」，志未得也。

【注】同人於郊：在郊野與人和同、步調一致。 志未得：尚未得志。

大有（卦十四）

䷍（乾下離上）

大有：元亨。

【注】本卦講擁有大東西的情況。 大有：大擁有，擁有大東西。 元亨：最為通達。

《象》曰：《大有》，柔得尊位大中，而上下應之，曰《大有》。其德剛健而文明，應乎天而時行，是以「元亨」。

【注】柔得尊位大中：（六五陰爻）柔順者得處上卦之中的尊位而得以大行中道。上下應之：（指六五陰爻上下皆陽爻）上下全都與之相感應。其德剛健而文明：其品德剛健而又文采光明（下卦乾象剛健，上卦離象文明）。應乎天而時行：順應天道而按時行動。

《象》曰：火在天上，《大有》。君子以遏惡揚善，順天休命。

【注】火在天上：大有卦卦象為火在天上（光明無所不照）。遏惡揚善：抑止壞的（意識與行為），發揚好的（意識與行為）。順天休命：順從天道，養護生命。休，休養（生息），養護（生命）。

初九：無交害，匪咎。艱則無咎。

《象》曰：《大有》初九，無交害也。

【注】無交害：不要互相損害。無，毋，不要。匪咎：沒有災禍。艱則無咎：處境艱難而沒有災禍。則，連詞，猶「而」。

九二：大車以載，有攸往，無咎。

《象》曰：「大車以載」，積中不敗也。

【注】大車以載：用大車來運載。　有攸往：有所往，有去處，有明確方向和目的。　積中不敗：（貨物）碼放在中間不會毀壞。

九三：公用亨于天子，小人弗克。

《象》曰：「公用亨于天子」，「小人」害也。

【注】公用亨于天子：公侯將貢品獻于天子。公，公侯，指大臣；亨，享，貢獻，《周易本義》：「亨，《春秋傳》作享，朝獻也。古者亨通之亨、享獻之享、烹飪之烹皆作亨字。」　小人弗克：小人不能（用亨于天子）。　「小人」害：小人妨害、陷害。

九四：匪其尪，無咎。

《象》曰：「匪其尪，無咎。」明辨晰也。

【注】匪其尪：不是衰弱瘠病的人。尪（ㄨㄤ），瘠病的人，衰弱的人。　明辨晰：明智於分析辨別（事物）。

六五：厥孚交如威如，吉。

《象》曰：「厥孚交如」，信以發志也。「威如」之「吉」，易而無備也。

【注】厥孚交如威如，其誠信昭著而有尊嚴。厥，其；孚，誠信；交，通皎

（ㄐㄧㄠˇ）；威，尊嚴；如，語氣助詞。　信以發志：以誠信表達志向。　易而無備：平易而不戒備。《說文》：「備，慎也。」

上九：自天祐之，吉，無不利。

《象》曰：《大有》上「吉」，「自天祐」也。

【注】自天祐之：有上天保祐。

謙（卦十五）

䷎（艮下坤上）

謙：亨。君子有終。

【注】本卦講謙虛的諸般情況。　謙：謙虛。　有終：有好的結局、歸宿。終，結局，歸宿。

《彖》曰：《謙》，「亨」。天道下濟而光明，地道卑而上行。天道虧盈而益謙，地道變盈而流謙，鬼神害盈而福謙，人道惡盈而好謙。謙，尊而光，卑而不可逾，「君子」之「終」也。

【注】天道下濟而光明：天的法則是恩澤下施而日月普照大放光明。　地道卑而上行：地的法則是萬物位處低賤而向上生長。　虧盈而益謙：減損盈滿處的而彌補謙虛處。　變盈而流謙：改變盈滿處而流入謙卑處。　害盈而福謙：損害盈滿者而福佑謙虛者。　惡盈而好謙：憎惡盈滿者而喜好謙虛者。　尊而光：（使人）尊貴而光榮。逾，超越。

《象》曰：地中有山，《謙》。君子以裒多益寡，稱物平施。

【注】裒多益寡：減取多的以補益少的。裒（ㄆㄡˊ），取。　稱物平施：權衡事物以平均分配。

初六：謙謙君子，用涉大川，吉。

《象》曰：「謙謙君子」，卑以自牧也。

【注】謙謙君子：謙虛而又謙虛的君子。　用涉大川：以此去渡大河。　卑以自牧：以謙卑態度來自我管束。牧，管束。

六二：鳴謙，貞吉。

《象》曰：「鳴謙貞吉」，中心得也。

【注】鳴謙：有名聲而謙虛。鳴，名聲。　中心得：心中從容自得（的謙虛）。

九三：勞謙君子，有終，吉。

《象》曰：「勞謙君子」，萬民服也。

【注】勞謙：勤勞而謙虛。　萬民服：廣大百姓心悅誠服。

六四：無不利，撝謙。

《象》曰：「無不利，撝謙」，不違則也。

【注】撝謙：發揚謙虛（美德）。撝（ㄏㄨㄟ），發揮，發揚。六四爻辭「無不利，撝謙」，是古漢語中否定句主語後置的現象。　不違則：不違背法則。

六五：不富以其鄰，利用侵伐，無不利。

《象》曰：「利用侵伐」，征不服也。

【注】不富以其鄰：沒有讓鄰居富裕。　利用侵伐：應當進行征戰。　征不服：征服那些不服者。

上六：鳴謙，利用行師征邑國。

《象》曰：「鳴謙」，志未得也。可「用行師」，征邑國也。

【注】利用行師征邑國：適宜派遣部隊出征以討伐城邦國家。　志未得：志向沒有實現。

豫（卦十六）

䷏（坤下震上）

豫：利建侯行師。

【注】本卦講愉悅之事。 豫：①預先，②歡樂，愉悅。 利建侯行師：宜於封建諸侯，出動軍隊（征戰）。

《彖》曰：《豫》，剛應而志行，順以動，《豫》。《豫》順以動，故天地如之，而況「建侯行師」乎？天地以順動，故日月不過，而四時不忒。聖人以順動，則刑罰清而民服，《豫》之時義大矣哉！

【注】剛應而志行：剛強者回應而志向得到實行。 順以動：順勢行動，順應規律來行動。 天地如之：天地自然與之一致。如之，如此。 不過：沒有過失。不忒：沒有差錯。忒（ㄊㄜˋ），差錯，偏差。 刑罰清：刑罰清明，司法公正。《豫》之時義大：《豫》卦依時順勢的意義巨大。

《象》曰：雷出地奮，《豫》。先王以作樂崇德，殷薦之上帝，以配祖考。

【注】雷出地奮：雷聲響起，大地震動。作樂崇德：演奏音樂，頌揚功德。殷薦：隆重地敬獻。薦，祭獻。以配祖考：並分配給祖先（享用）。祖考，祖先。

初六：鳴豫，凶。

《象》曰：「初六鳴豫」，志窮「凶」也。

【注】鳴豫：愉悅太過。鳴，聞名，著稱。志窮：心志（滿足到）極點。

六二：介於石，不終日，貞吉。

《象》曰：「不終日貞吉」，以中正也。

【注】介於石：比石頭還堅固。介，堅固。不終日：不過一天。

六三：盱豫，悔遲，有悔。

《象》曰：「盱豫有悔」，位不當也。

【注】盱豫：極大地愉悅。盱（ㄒㄩ），大。《漢書・穀永傳》：「廣盱營表。」顏師古注引晉灼曰：「盱，大也。」悔遲：覺悟得晚。位不當：位置不恰當。

九四：由豫，大有得，勿疑。朋盍簪。

《象》曰：「由豫大有得」，志大行也。

【注】由豫：由於愉悅。朋盍簪：朋友聚集得快。盍（ㄏㄜˊ），集合。簪

（ㄗㄢ），迅速，快捷。《周易正義》引王弼注：「盍，合也；簪，疾也。」孔穎達疏：「群朋合聚而疾來也。」後人常用「盍簪」指朋友相聚。

六五：貞疾，恒不死。

《象》曰：「六五貞疾」，乘剛也。「恒不死」，中未亡也。

【注】貞疾：占問疾病（預後）。　恒不死：很久不會死去，離死還遠著。恒，久遠。　乘剛：指六五陰爻在九四陽爻之上，有凌駕放肆之不利。　中未亡：位置居中（六五在上卦之中）不會死亡。

上六：冥豫，成有渝。無咎。

《象》曰：「冥豫」在「上」，何可長也？

【注】冥豫：沉迷於享樂愉悅。冥，幽深，引申為深入、沉迷。　成有渝：成事又有改變。　在上：在上位，指上六爻的位置。意指到達極點。

隨（卦十七）

䷐（震下兌上）

隨：元亨，利貞，無咎。

【注】本卦講追隨、隨從之事象。　隨：隨從，追隨。

《彖》曰：《隨》，剛來而下柔，動而說，《隨》。大「亨貞無咎」，而天下隨之，隨之時義大矣哉！

【注】剛來而下柔：陽剛到來而居於陰柔之下（指震卦在兌卦之下）。　動而說：震動而悅澤。　天下隨時：謂天下萬物都隨時勢而動。　隨時之義大：跟隨時勢的意義是偉大的。

《象》曰：澤中有雷，《隨》。君子以向晦入宴息。

【注】澤中有雷：上卦兌為澤，下卦震為雷，故云。　向晦入宴息：天趨向黑夜時而入室安睡休息。

初九：官有渝，貞吉，出門交有功。

《象》曰：「官有渝」，從正「吉」也。「出門交有功」，不失也。

【注】官有渝：官員有變動，或謂官員有變通。渝（ㄩˋ），改變。　出門交有功：出門交接有功績，出門交往有收穫。　從正「吉」：遵從正道就會吉利。　不失：沒有損失。

六二：繫小子，失丈夫。

《象》曰：「繫小子」，弗兼與也。

【注】繫小子：追隨小人。失丈夫，失去君子。　弗兼與：不能兼顧，不可兼得。

六三：繫丈夫，失小子，隨有求，得。利居貞。

《象》曰：「繫丈夫」，志捨下也。

【注】隨有求：追隨而有所求。　志捨下：立志於拋棄卑下的小人。

九四：隨有獲，貞凶。有孚在道，以明，何咎?

《象》曰：「隨有獲」，其義「凶」也。「有孚在道」，「明」功也。

【注】隨有獲：追隨別人而自己意欲有收穫。　有孚在道：具有誠信，合乎正道。以明，而明，而有光明。　明功：卓著的功績。

九五：孚於嘉，吉。

《象》曰：「孚於嘉吉」，位正中也。

【注】孚於嘉：對於美善（追求）有誠信。即矢志追求美善。 位正中：指九五爻陽爻居陽位，位居尊位。

上六：拘繫之，乃從維之，王用亨於西山。

《象》曰：「拘繫之」，上窮也。

【注】拘繫之：拘捕抓住他（指俘虜）。 乃從維之：又接著用繩子拴住他。 王用亨於西山：大王在西山祭祀祖先。用亨，祭祀祖先。《周易本義》：「亨亦當作祭享之享。」 上窮：居上位者到了窮途末路。

蠱（卦十八）

䷑（巽下艮上）

蠱：元亨。利涉大川，先甲三日，後甲三日。

【注】本卦講如何面對各種問題，解除弊端。 蠱（ㄍㄨˇ）：《說文解字》：「蠱，腹中蟲也。」《春秋左傳》：「皿蟲為蠱。」蠱為會意字，指器皿裏有蟲。

引申為蠱害，事物出現麻煩，出現問題。　利涉大川：宜於涉渡大河。　先甲三日：（時間在）甲前三天。甲，古代記日符號十天干（甲、乙、丙、丁、戊、己、庚、辛、壬、癸）中的第一個。先甲三日為辛日，後甲三日為丁日。從辛日到丁日一共七天，為一個週期。

《彖》曰：《蠱》，剛上而柔下，巽而止，《蠱》。《蠱》「元亨」，而天下治也。「利涉大川」，往有事也。「先甲三日，後甲三日」，終則有始，天行也。

【注】剛上而柔下：《蠱》卦的上卦艮為陽卦，下卦巽為陰卦，故云。　止：艮卦之義為止。　蠱「元亨」：出現弊端而開始亨通。　終則有始：終而復始。　天行：自然時間的運行（七天一個週期，終而復始）。

《象》曰：山下有風，《蠱》。君子以振民育德。

【注】山下有風：艮為山，巽為風，本卦象徵山下有風。　君子以振民育德：君子據此以振奮民風，培育道德。

初六：幹父之蠱，有子考無咎。厲終吉。

《象》曰：「幹父之蠱」，意承考也。

【注】幹父之蠱：救治父輩留下的弊端。幹（ㄍㄢˋ），辦理，救治。　有子：有功

之子，好兒子。　考無咎：先父不受責備。考，古代父死後稱考。亦說健在也稱考。　厲終吉：有危險而終究吉利。　意承考：本意在於繼承父輩的事業。

九二：幹母之蠱，不可貞。

《象》曰：「幹母之蠱」，得中道也。

【注】不可貞：《周易本義》：「又戒以不可堅正，言當巽以入之也。」大意指不要太剛烈，而要講究用柔和的方式。　得中道：符合中和之道。

九三：幹父之蠱，小有悔，無大咎。

《象》曰：「幹父之蠱」，終「無咎」也。

【注】小有悔：有小的毛病。　無大咎：沒有大害。

六四：裕父之蠱，往見吝。

《象》曰：「裕父之蠱」，往未得也。

【注】裕父之蠱：寬容父輩的弊端（不加以救治）。　往見吝：前往會遇到悔恨，前進將遇到困難。　往未得：前往不能實現，前進不能成功。

六五：幹父之蠱，用譽。

《象》曰：「幹父用譽」，承以德也。

【注】用譽：受到讚譽。用，享用，受到。　承以德：用道德來繼承（父輩事業）。

上九：不事王侯，高尚其事。

《象》曰：「不事王侯」，志可則也。

【注】不事：不去侍奉。　高尚其事：而從事更高尚的事業。　志可則：志向可作為效法的準測。

臨（卦十九）

䷒（兌下坤上）

臨：元亨，利貞。至於八月有凶。

【注】本卦講領導、管理問題。　臨，《說文解字》：「監臨也。」臨有監視、從高視下的含義。　至於八月有凶：到了八月會有凶災。臨卦是十二消息卦之一，十二消息卦與夏曆對照，依序為：復（䷗）為十一月，臨（䷒）為十二月，泰（䷊）為正月，大壯（䷡）為二月，夬（䷪）為三月，乾（䷀）為四月，姤（䷫）為五

月，遯（䷠）為六月，否（䷋）為七月，觀（䷓）為八月，剝（䷖）為九月，坤（䷁）為十月。八月為觀卦，為臨的復卦，陽消陰長；而且八月多雨，洪水氾濫，「澤在地上」（與臨「澤在地下」相反），所以「有凶」。

《彖》曰：《臨》，剛浸而長，說而順，剛中而應。大亨以正，天之道也。「至於八月有凶」，消不久也。

【注】剛浸而長：指陽爻逐漸增多（下二爻為陽爻），浸，逐漸。　說而順，下卦兌為悅，上卦坤為順，故云。說：即悅。　剛中而應：陽爻居下卦中位，又有六五陰爻居上卦中位以相應。　大亨以正：非常亨通而正常。　天之道也：是一般的自然規律。　消不久也：消退衰敗為期不遠（不久將會來到）。

《象》曰：澤上有地，《臨》。君子以教思無窮，容保民無疆。

【注】澤上有地：上卦坤為地，下卦兌為澤，故云。　教思無窮：不停地教化，思慮民眾。　容保民無疆：廣泛地容納、保護民眾。

初九：咸臨，貞吉。

《象》曰：「咸臨貞吉」，志行正也。

【注】咸臨：以感化方式領導（民眾）。咸，感。　志行正：立志實行正道。

九二：咸臨，吉，無不利。

《象》曰：「咸臨吉無不利」，未順命也。

【注】未順命：指未順從「八月有凶」之天命。

六三：甘臨，無攸利；既憂之，無咎。

《象》曰：「甘臨」，位不當也。「既憂之」，「咎」不長也。

【注】甘臨：用拑制政策治理（民眾）。甘，借為拑。 無攸利：沒有好處。攸，所。 既憂之：既而憂慮（反思）這種方法。 位不當：地位不恰當，方法不合適。

六四：至臨，無咎。

《象》曰：「至臨無咎」，位當也。

【注】至臨：親自來治理，到現場辦公。 位當：地位恰當，方法合適。

六五：知臨，大君之宜，吉。

《象》曰：「大君之宜」，行中之謂也。

【注】知臨，用智慧治理。 大君之宜：大王（天子）最合適的方法。 行中之謂：說的是踐行中道。

上六：敦臨，吉，無咎。

《象》曰：「敦臨」之「吉」，志在內也。

【注】敦臨：用厚道治理。　志在內：內心充滿仁厚之志。

觀（卦二十）

䷓（坤下巽上）

觀：盥而不薦。有孚顒若。

【注】本卦講觀察之道。　觀：觀察，觀覽。《說文解字》：「觀，諦觀也。」觀有仔細察看之義。盥而不薦：用酒澆地祭神而不用進獻犧牲祭神。盥（ㄍㄨㄢˋ），以酒澆地（祭奠神靈）。薦，進獻酒食（祭神）。　有孚顒若：誠摯虔敬，莊嚴肅穆。顒（ㄩㄥˊ）若，莊嚴肅穆的樣子。李鼎祚《周易集解》引馬融曰：「孚，信。顒，敬也。」

《象》曰：大觀在上，順而巽，中正以觀天下，《觀》。「盥而不薦，有孚顒若」，下觀而化也。觀天之神道，而四時不忒，聖人以神道設教，而天下服矣。

【注】大觀在上：偉大的觀覽對象在上面。（指上卦卦體卦位）順而巽：柔順而謙遜。中正以觀天下：處心平正來觀察天下萬物。下觀而化：向下觀察地上民眾而予以教化。天之神道：自然界的神妙法則。四時不忒：四季交替運行毫無差錯。忒（ㄊㄜˋ），差錯。聖人以神道設教：聖人借助神妙的自然法則來教化民眾。天下服：天下民眾都信服。

《象》曰：風行地上，《觀》。先王以省方觀民設教。

【注】風行地上：風吹行在大地上。觀卦由下坤上巽組成，坤為地，巽為風，故云。先王以省方觀民設教：先王據此以巡視四方，觀察民情，從而設立教化（方案）。

初六：童觀，小人無咎，君子吝。

《象》曰：「初六童觀」，「小人」道也。

【注】童觀：兒童的觀察。喻指最低級的觀察。《周易本義》：「初六陰柔在下，不能遠見。」

六二：窺觀，利女貞。

《象》曰：「窺觀女貞」，亦可醜也。

【注】窺觀：從洞穴觀察。一孔之見，所見局限。　可醜：可惡，醜陋。類似今天所說的孤陋寡聞。《說文解字》：「醜，可惡也。」

六三：觀我生，進退。

《象》曰：「觀我生進退」，未失道也。

【注】六三爻辭大意：觀察自己的部下民眾，以決定自己的行為。　生：生徒，生民。　未失道：沒有迷失道路，尚在正道之上。

六四：觀國之光，利用賓于王。

《象》曰：「觀國之光」，尚「賓」也。

【注】觀國之光：觀察國家的光輝景象。　利用賓于王：宜於做君主的賓客。意即有利於輔佐君主。　尚「賓」：上等賓客。尚，上。

九五：觀我生，君子無咎。

《象》曰：「觀我生」，觀民也。

【注】觀民：觀察民眾（關心百姓）。

上九：觀其生，君子無咎。

《象》曰：「觀其生」，志未平也。

【注】觀其生：觀察他國的生民。其，其他，與九五爻辭中「我」相對而言。志未平：志向沒有辨明（治理方法尚未產生）。平，辨也。

噬嗑（卦二十一）

䷔（震下離上）

噬嗑：亨。利用獄。

【注】本卦主要講古代刑罰問題。噬嗑：咬嚼。噬（ㄕˋ），咬食。嗑（ㄏㄜˊ），合，合攏。利用獄：宜於（對罪犯）施用刑獄。

《彖》曰：頤中有物曰《噬嗑》。《噬嗑》而「亨」，剛柔分，動而明，雷電合而章。柔得中而上行，雖不當位，「利用獄」也。

【注】頤中有物：嘴裏有東西。頤（ㄧˊ），下巴，口頰。剛柔分：剛柔分明。指本卦陽爻與陰爻數量各半。動而明：果敢行動，光明磊落。下卦震為動，上卦離為明，故云。雷電合而章：震為雷，離為光為電，雷電結合為本卦之組成。章，文采鮮明。柔得中而上行：柔順處中而向上行進。本卦六二、六五都是陰

爻，故曰柔得中。六二陰爻上升為六五陰爻，故曰上行。　雖不當位：指六五陰爻居陽位。

《象》曰：雷電，《噬嗑》。先王以明罰敕法。

【注】雷電：打雷與閃電。噬嗑卦由下卦震（打雷）和上卦離（閃電）組成。　明罰敕法：公開頒佈刑罰，明正典刑，整頓法紀。

初九：屨校滅趾，無咎。

《象》曰：「屨校滅趾」，不行也。

【注】屨校滅趾：腳帶刑具，砍掉腳趾。屨（ㄐㄩˋ），單底鞋，這裏用為動詞，穿戴；校，木製刑具。　不行：不能行走，不能行動。

六二：噬膚滅鼻，無咎。

《象》曰：「噬膚滅鼻」，乘剛也。

【注】噬膚：咬吃肉皮。滅鼻，割掉鼻子。　乘剛：指本卦六二陰爻凌駕於初九陽爻之上的卦象。

六三：噬臘肉遇毒，小吝，無咎。

《象》曰：「遇毒」，位不當也。

【注】位不當：六三爻為陰爻居陽位，故云位置不適當。

九四：噬乾胏，得金矢。利艱貞，吉。

《象》曰：「利艱貞吉」，未光也。

【注】乾胏（ㄗˇ）：連骨乾肉。連骨的肉稱胏。　金矢（ㄕˇ）：金屬箭頭。利艱貞，利於艱難情況下堅貞。　未光：未見光明（尚處艱難黑暗之中）。

六五：噬乾肉得黃金。貞厲，無咎。

《象》曰：「貞厲無咎」，得當也。

【注】貞厲：堅貞歷險，處危險而堅貞。　得當：處理得當。

上九：何校滅耳，凶。

《象》曰：「何校滅耳」，聰不明也。

【注】何校：肩上帶枷。何，荷，擔負。　滅耳：割去耳朵。　聰不明：聽覺不清楚。聰，聽覺。

賁（卦二十二）

䷕（離下艮上）

賁：亨。小利有攸往。

【注】本卦講述大自然和人類的文飾、文化現象和規律。賁（ㄅㄧˋ）：文飾貌。《說文解字》：「賁，飾也。」小利有攸往：稍微有利於有所前往（採取行動）。

《彖》曰：《賁》亨，柔來而文剛，故「亨」。分，剛上而文柔，故「小利有攸往」。剛柔交錯，天文也。文明以止，人文也。觀乎天文以察時變，觀乎人文以化成天下。

【注】柔來而文剛：陰柔前來文飾陽剛。分：分別剛柔（本卦離下艮上，離為陰卦為柔，艮為陽卦為剛）。剛上而文柔：陽剛艮卦在上，而文飾以陰柔離卦於下。天文句：自然界的文飾、光彩。《周易本義》：「剛柔之交，自然之象，故曰天文。先儒說『天文』之上當有『剛柔交錯』四字，理或然也。」人文句：文飾鮮明然後適可而止，是人類的文飾，人類文化。觀乎天文句：觀察天文，是為

了考察晝夜、四季等隨時發生的自然變化現象和規律。觀乎人文句：觀察人文，是為了通過教化（民眾）來成就天下（國家、社會）。

《象》曰：山下有火，《賁》。君子以明庶政，無敢折獄。

【注】山下有火：上卦艮為山，下卦離為火，故云。明庶政：明確安排各項政事。折獄：判決案件。折，斷也，判斷；折獄猶斷獄。

初九：賁其趾，舍車而徒。

《象》曰：「舍車而徒」，義弗乘也。

【注】賁其趾：修飾其腳。舍車而徒：不乘車而徒步行走。義弗乘：本不宜乘車。

六二：賁其鬚。

《象》曰：「賁其鬚」，與上興也。

【注】賁其鬚：修飾其鬍鬚。與上興：與上面一起行動。六二陰爻要依靠九三陽爻來活動。

九三：賁如濡如，永貞吉。

《象》曰：「永貞」之「吉」，終莫之陵也。

【注】賁如濡如：修飾華麗，沾濕柔潤。如，語氣助詞。終莫之陵：終究沒人敢

侮辱他。本句為古漢語否定句的賓語前置句式，猶言「終莫陵之」。陵，欺侮、侵
犯。

六四：賁如皤如，白馬翰如。匪寇，婚媾。

《象》曰：「六四」，當位疑也。「匪寇婚媾」，終無尤也。

【注】皤（ㄆㄛˊ）：潔白。白馬翰如：白馬像鳥兒一樣飛跑。翰，鳥羽。翰如，飛翔貌。 匪寇：不是盜賊。婚媾（ㄍㄡˋ），婚姻。媾，遇合，結合。 該爻辭大意為（開始懷疑而後來發現）不是盜賊而是結婚迎親（的人群）。 尤：過錯。

六五：賁於丘園，束帛戔戔，吝，終吉。

《象》曰：「六五」之「吉」，有喜也。

【注】丘園：山丘上的園子。束帛，捆紮的布帛。戔戔（ㄐㄧㄢ），《周易本義》：「戔戔，淺小之意。」此謂布帛很少。 有喜：有大喜事。

上九：白賁，無咎。

《象》曰：「白賁無咎」，上得志也。

【注】白賁：潔白的裝飾，猶言樸實無華。 上得志：居於上位，實現了志向。

剝（卦二十三）

䷖（坤下艮上）

剝：不利有攸往。

【注】本卦講述關於剝落的事象。　剝：撲落，剝離。　不利有攸往：不利於有所前往（採取行動）。

《彖》曰：《剝》，剝也。柔變剛也。「不利有攸往」，小人長也。順而止之，觀象也。君子尚消息盈虛，天行也。

【注】柔變剛：陰柔改變陽剛。（本卦一陽爻而五陰爻，陽衰陰盛）　小人長：小人勢盛。　順而止：柔順而停止（坤為順，艮為止）。　觀象：觀察情況。　尚消息盈虛：重視消長盛衰的變化。　天行：宇宙自然的運行變化。

《象》曰：山附於地，《剝》。上以厚下安宅。

【注】山附於地：山附立於地上。（艮為山坤為地）　上以厚下安宅：在上位者厚待屬下，使其安居。

初六：剝床以足，蔑貞凶。

《象》曰：「剝床以足」，以滅下也。

【注】剝床以足：從床腳開始剝落。床，古代床可臥可坐。　蔑貞：滅去穩固（基礎）。　滅下：消滅了下部的基礎。

六二：剝床以辨，蔑貞凶。

《象》曰：「剝床以辨」，未有與也。

【注】辨：床腿。李鼎祚《周易集解》引鄭玄曰：「足以上稱辨。」　未有與：沒有了支撐。與，助，幫助；引申為支撐。

六三：剝之，無咎。

《象》曰：「剝之無咎」，失上下也。

【注】剝之：（繼承）剝蝕它。之，指床具。　失上下：損失了上面和下部。意指上下都受損失了。

六四：剝床以膚，凶。

《象》曰：「剝床以膚」，切近災也。

【注】膚：這裏當指床席，或指床面。　切近災：迫近災禍，災禍臨身。

六五：貫魚以宮人寵，無不利。

《象》曰：「以宮人寵」，終無尤也。

【注】貫魚以宮人寵：用後宮嬪妃一個接著一個地去承寵（于君王）。貫魚，猶今言魚貫，成群結隊有序接續。

上九：碩果不食，君子得輿，小人剝廬。

《象》曰：「君子得輿」，民所載也。「小人剝廬」，終不可用也。

【注】碩果不食：大果實沒有被吃。或有碩果僅存之意。　得輿：得到大車。　剝廬：剝落房屋，指（小人）扒人房屋。　民所載也：是民眾推舉擁護的。　終不可用也：所以終究不能用他。

復（卦二十四）

䷗（震下坤上）

復：亨。出入無疾。朋來無咎。反覆其道，七日來復。利有攸往。

【注】本卦講復歸、復興之道。　復：復歸，返回。　朋來：朋友來訪。　反覆其

道：順原來道路，原路返回。反，同返。　七日來復：七天時間即可返回。陽氣開始上升，從姤卦開始到復卦，剛好經過七個卦（姤、遯、否、觀、剝、坤、復），故云。或說從上一卦剝卦的陽爻（上九）由上往下經過坤的六爻，回到初位，經七步才到最下位置成為復卦。

《彖》曰：《復》「亨」。剛反，動而以順行。是以「出入無疾，朋來無咎」。「反覆其道，七日來復」，天行也。「利有攸往」，剛長也。《復》，其見天地之心乎。

【注】剛反：陽剛返回。　動而以順行：運動而按照順序行進。　天行也：是天的運行（法則）。　剛長也：（因為）陽氣正在生長。剛，陽剛，陽氣。　其見天地之心：在概可以看到天地（生生不息造化萬物）的用心。

《象》曰：雷在地中，《復》。先王以至日閉關，商旅不行，后不省方。

【注】雷在地中：復卦的下卦震為雷，上卦坤為地，故云。　先王以至日閉關：先王據此決定每到冬至日開始關閉城門。至日，冬至日。　後不省方：君王不再外出巡察四方。后，君王，天子。

初九：不遠復，無祇悔，元吉。

《象》曰：「不遠」之「復」，以修身也。

【注】不遠復：走得不太遠就返回（正道）。無祇悔：沒有大的悔恨。祇（ㄑㄧ），大。以修身也：指隨時改過遷善、回歸正道而以修養其身。

六二：休復，吉。

《象》曰：「休復」之「吉」，以下仁也。

【注】休復：回歸於美善。休，美好，美善。下仁：下于仁，居仁德之下，即仰望仁德、崇尚仁德。

六三：頻復，厲，無咎。

《象》曰：「頻復」之「厲」，義「無咎」也。

【注】頻復：頻繁返回（正道）。《周易本義》：「復而不固，屢失屢復之象。屢失故危，復則無咎。」

六四：中行獨復。

《象》曰：「中行獨復」，以從道也。

【注】中行獨復：中途獨自返回。從道：遵從正道，遵循規律。

六五：敦復，無悔。

《象》曰：「敦復無悔」，中以自考也。

【注】敦復：敦厚回歸，復歸於敦厚。　中以自考：內心自我反省。考，考察，省察。

上六：迷復，凶，有災眚。用行師，終有大敗，以其國君凶，至於十年不克征。

《象》曰：「迷復」之「凶」，反君道也。

【注】迷復：迷惑而返回，迷路而返回。　災眚：災禍。眚（ㄕㄥˇ），眼病，泛指疾患，災禍。　用行師：（這種作風）用於行軍打仗。　以其國：用它來治理國家。　君凶：國君必有兇險。　不克征：不能出征。　反君道：違背了君王之道。

無妄（卦二十五）

䷘（震下乾上）

無妄：元亨，利貞。其匪正有眚，不利有攸往。

【注】本卦講言行規矩端正及其結果，和應對方法。　無妄：不要亂來，即要守法，行正道。無，毋，不要；《說文解字》：「妄，亂也。」　其匪正：如果不行正道。其，如果。　有眚：有災患。眚（ㄕㄥˇ），眼疾，泛指災患。

《彖》曰：《無妄》，剛自外來而為主於內，動而健，剛中而應。大「亨」以正，天之命也。「其匪正有眚，不利有攸往」，無妄之往何之矣？天命不祐，行矣哉！

【注】剛自外來而為主於內：指外卦乾卦的陽爻來到內卦成為其唯一的陽爻。 動而健：震動而又剛健（下卦震，上卦乾）。 無妄之往何之矣：不荒誕者要去何方啊（即要謹慎行動，有所方向）。 天命不祐：如果上天不保佑。 行矣哉：行得通嗎。

《象》曰：天下雷行，物與，《無妄》。先王以茂對時育萬物。

【注】天下雷行：天的下面有雷震動。 物與：《周易本義》：「萬物各正其性命，是物物而與之以無妄也。」即萬物回應雷聲震動而行動。 茂對時：勉勵自己回應天時、按照時節（即不誤時節）。茂，通懋，勉勵。 育萬物：撫育萬物。

初九：無妄往，吉。

《象》曰：「無妄」之「往」，得志也。

【注】《周易本義》解初九爻辭曰：「以剛在內，誠之主也。如是而往，其吉可知。」「以剛在內」，指本卦初爻為內卦震的陽爻。 得志：實現了志向。

六二：不耕，獲；不菑，畬；則利有攸往。

《象》曰：「不耕獲」，未富也。

【注】不菑：不經過一年開墾新田。菑（ㄗ），剛開墾一年的新田，這裏為墾荒意。畬（ㄩˊ）：開墾二年的熟田。「不菑，畬」謂不墾荒而有良田。本條爻辭是假設句。指（指望）不勞而獲，（這樣怎能）會利於有所前往？未富：不能得到富裕。

六三：無妄之災，或系之牛，行人之得，邑人之災。

《象》曰：「行人得」牛，「邑人災」也。

【注】無妄之災：不妄行而有災禍。或系之牛：有人拴住一頭牛。系，吳革刻繁體字本《周易本義》寫作「繫」（ㄒㄧˋ）。行人之得：路過的人把牛偷去了。邑人之災：是村裏人的災禍。

九四：可貞。無咎。

《象》曰：「可貞無咎」，固有之也。

【注】可貞：能夠做到堅貞守正。固有之也：本來就是這樣。

九五：無妄之疾，勿藥有喜。

《象》曰：「無妄」之「藥」，不可試也。

【注】無妄之疾：沒有妄為而得的病。　勿藥有喜：不用吃藥（也能自癒），會有喜慶。　不可試：不可以輕易去試用。

上九：無妄行，有眚，無攸利。

《象》曰：「無妄」之「行」，窮之災也。

【注】無妄行：不要妄為。有眚，（妄為的話）會有災禍。　無攸利：沒有好處。無妄之行：沒有妄為而本分行動（而「有眚」），是處境窮困的災禍。

大畜（卦二十六）

䷙（乾下艮上）

大畜：利貞。不家食吉。利涉大川。

【注】本卦主要講品德修養在於不斷的積累。　大畜：大有積蓄，豐厚積累，豐富蘊藏。畜（ㄒㄩˋ），畜、蓄古通，《說文》：「畜，積也。」　不家食吉：不回家裏吃飯是吉利的。（農業或畜牧業者在田間草地吃飯，古今皆有）　利涉大川：利

於渡過大河。

《彖》曰：《大畜》，剛健篤實，輝光，日新其德，剛上而尚賢，能止健，大正也。「不家食吉」，養賢也，「利涉大川」，應乎天也。

【注】剛健篤實：陽剛勁健而厚重誠實。本卦下乾上艮，「天在山中」，故云。輝光：光輝榮耀。日新其德：一天天地更新其品德。剛上而尚賢：陽剛高尚而又崇尚賢德。能止健：下卦乾為健，上卦艮為止，故云。大正：極大的正確，最正確。養賢：培養賢德。應乎天：順應上天，遵從自然規律。

《象》曰：天在山中，《大畜》。君子以多識前言往行，以畜其德。

【注】天在山中：本卦由下卦乾（天）與上卦艮（山）組成，故云。多識前言往行：廣泛地學習並記住前人的言行。以畜其德：以培養自己的品德。

初九：有厲，利已。

《象》曰：「有厲利已」，不犯災也。

【注】有厲：有危險。利已，猶言「利於已」，以停止為宜；已，止。不犯災：不去觸犯災禍，不去招惹災禍。

九二：輿說輹。

《象》曰：「輿說輹」，中無尤也。

【注】輿說輹，車子上連接固定車軸的零件脫落。說，通脫。輹（ㄈㄨˋ），車箱下面鉤住車軸的木頭，亦稱「伏兔」（形狀相像）。　中無尤：（車的）主體核心尚未損害。尤，過錯，損害。

九三：良馬逐，利艱貞，日閑輿衛，利有攸往。

《象》曰：「利有攸往」，上合志也。

【注】良馬逐：駿馬競相奔馳。　利艱貞：宜於在艱難處境中堅貞守正。　日閑輿衛：每天練習戰車防衛（之術）。閑，熟習，練習。　上合志：與上位者志向相一致，即符合上級意圖。

六四：童牛之牿，元吉。

《象》曰：「六四元吉」，有喜也。

【注】童牛之牿：小牛角上（安裝的）防止觸人的橫木。牿（ㄍㄨˋ），牛角上所加橫木。　元吉：大吉，最為吉祥。《周易本義》：「止之於未角之時，為力則易。」言防患於未然。

六五：豶豕之牙，吉。

《象》曰：「六五」之「吉」，有慶也。

【注】豶豕之牙：被閹割了的公豬的牙齒（雖然鋒利但不咬人）。豶（ㄈㄣˊ）豕（ㄕˇ），猶今所言「閹豬」。　有慶：有大喜吉慶。

上九：何天之衢，亨。

《象》曰：「何天之衢」，道大行也。

【注】何天之衢：天上的大道多麼四通八達。何，語氣語，多麼。衢（ㄑㄩˊ），四通八達的大路。《周易本義》：「何天之衢，言何其通達之甚也。」　道大行：正道得以順利推行。

頤（卦二十七）

䷚（震下艮上）

頤：貞吉。觀頤，自求口實。

【注】本卦主要講養育、養生之道。　頤：字義指臉上口頰與下巴的位置；從卦象看像一張張開著的大嘴。引申為養護，頤養。　觀頤：考察養生之道。《周易本

義》：「謂觀其所養之道。」　自求口實：自己謀生以使食物充實。

《彖》曰：《頤》「貞吉」，養正則吉也。「觀頤」，觀其所養也。「自求口實」，觀其自養也。天地養萬物，聖人養賢以及萬民，《頤》之時大矣哉！

【注】養正則吉：養護正確、養生得法就吉利。　頤之時大矣哉：養育及時意義重大啊。

《象》曰：山下有雷，《頤》。君子以慎言語，節飲食。

【注】山下有雷：本卦震下艮上，震為雷艮為山，故云。　君子慎言語，節飲食：君子據此謹慎言辭，節制飲食。

初九：舍爾靈龜，觀我朵頤，凶。

《象》曰：「觀我朵頤」，亦不足貴也。

【注】舍爾靈龜：捨棄你靈驗的龜。　觀我朵頤：看我吃東西。朵頤，鼓腮嚼食，動嘴咀嚼。朵，鼓動。　不足貴：不值得珍貴。

六二：顛頤。拂經於丘頤，征凶。

《象》曰：「六二征凶」，行失類也。

【注】顛頤：養育下民。《說文解字》：「顛，頂也。」顛頤即上養下民。李鼎祚

《周易集解》引王肅曰：「養下曰顛。」　拂經於丘頤：對於民眾的養育違反常規。拂，違反；經，常規。丘，民眾，《廣雅・釋詁》：「丘，眾也。」　征凶：（這樣）行動會有兇險。　行失類：行為違反常規。失類，失誤於同類現象，即違背常規。

六三：拂頤，貞凶，十年勿用，無攸利。

《象》曰：「十年勿用」，道大悖也。

【注】拂頤：違反頤養之道。　十年勿用：（這樣的頤養法）十年不要採用，永遠不要運用。　無攸利：沒好處。　道大悖也：是與（頤養之）正道大相徑庭，背道而馳的。悖（ㄅㄟˋ），違背。

六四：顛頤，吉。虎視眈眈，其欲逐逐，無咎。

《象》曰：「顛頤」之「吉」，上施光也。

【注】其欲逐逐：對其欲望不斷地追求。逐逐，逐之又逐，追逐不斷。　上施光：在上位者佈施（養育下民）廣泛。

六五：拂經，居貞吉，不可涉大川。

《象》曰：「居貞」之「吉」，順以從上也。

【注】居貞吉：安守于堅貞則吉祥。　順以從上：順應而跟隨上位者。（即「居貞」於「順以從上」）

上九：由頤，厲，吉。利涉大川。

《象》曰：「由頤厲吉」，大有慶也。

【注】由頤：遵從頤養之道。由，聽從。　厲：（雖有）危險、艱難。　大有慶也：（定會得到）大有喜慶（的結局）。

大過（卦二十八）

䷛（巽下兌上）

大過：棟橈，利有攸往，亨。

【注】本卦講述有關越出常規、不同尋常的事理。　大過：太過度，太過頭。大，通「太」。帛書本《周易》寫作「泰」。　棟橈：棟樑彎曲。橈（ㄋㄠˊ），彎曲。利有攸往：利於有所前往，宜於採取措施。

《彖》曰：《大過》，大者過也。「棟橈」，本末弱也。剛過而中，巽而說，行。「利有攸往」，乃「亨」。大過之時大矣哉！

【注】大者過也：是極大的過度。 本末弱：樹根和樹梢軟弱。本，樹根；末，樹梢。 剛過而中：陽剛過度而處中位（本卦中間四爻均為陽爻）。 巽而說：謙遜而和悅（本卦巽下兌上之象）。說，通「悅」。 大過之時大矣哉：不同尋常的時機是極重大的機會啊。

《象》曰：澤滅木，《大過》。君子以獨立不懼，遯世無悶。

【注】澤滅木：澤水淹沒了樹木。 獨立不懼：獨自堅強挺立，而無所畏懼。 遯世無悶：避世隱居而毫無苦悶。

初六：藉用白茅，無咎。

《象》曰：「藉用白茅」，柔在下也。

【注】藉用白茅：用白色茅草鋪墊（祭器）。藉（ㄐㄧㄝˋ），《說文》：「藉，祭藉也。」藉古指祭祀時用來鋪墊的草席，這裏用作動詞，鋪墊的意思。 柔在下：柔弱處於下位。

九二：枯楊生稊，老夫得其女妻，無不利。

《象》曰：「老夫女妻」，過以相與也。

【注】枯楊生稊：乾枯的楊樹長出新芽。稊（ㄊㄧˊ），通「荑」，植物的嫩芽。老夫得其女妻：老男人娶得女嬌娃。　過以相與：非同尋常的相互結合。

九三：棟橈，凶。

《象》曰：「棟橈」之「凶」，不可以有輔也。

【注】不可以有輔：沒法彌補，無法救助。輔，輔助。

九四：棟隆，吉。有它，吝。

《象》曰：「棟隆」之「吉」，不橈乎下也。

【注】棟隆：棟樑盛大堅固。　有它：有其他情況，意外事故。　不橈乎下：沒有向下彎曲。

九五：枯楊生華，老婦得其士夫，無咎無譽。

《象》曰：「枯楊生華」，何可久也。「老婦士夫」，亦可醜也。

【注】枯楊生華：乾枯楊樹開了花。華，花。　老婦得其士夫：老女人嫁給少年郎。　亦可醜也：也算是丟醜的事。

上六：過涉滅頂，凶。無咎。

《象》曰：「過涉」之「凶」，不可咎也。

【注】過涉滅頂：渡河異常，水沒頭頂。　不可咎也：是不應該受責備的。

坎（卦二十九）

䷜（坎下坎上）

習坎：有孚維心，亨。行有尚。

【注】本卦講怎樣對待艱險的道理。　坎：溝坎，坑窪，陷阱，泛指危險。　習坎：兩坎相重，重坎。習，本義為鳥羽練習飛翔，引申為練習，學習。這裏有重複之義。六十四卦中由經卦自我重疊而成的卦稱為純卦或自重卦，共有八個純卦，均以原經卦的名字命名。唯本卦卦名又稱為「習坎」，據程頤的解釋是：「習謂重習，它卦雖重，不加其名，獨坎加習者，見其重險，險中復有險，其義大也。」　有孚維心：有誠信維繫心中，心存誠信不泯。　行有尚：行動會有回報。尚，獎賞，回報。

《彖》曰：《習坎》，重險也。水流而不盈。行險而不失其信。「維心亨」，乃以剛中也。「行有尚」，往有功也。天險，不可升也。地險，山川丘陵也。王公設險以守其國。險之時用大矣哉！

【注】乃以剛中也：是因為心中有堅定剛毅的誠信。　天險句：天上巨大的險阻不可跨越。升指攀升，跨越。本句也可理解為自然規律（無形的險阻）不可逾越。　險之時用大矣哉：身處險境之時如何行動，意義十分重大啊。

《象》曰：水洊至，《習坎》。君子以常德行，習教事。

【注】水洊至：水重複不斷地流來。洊（ㄐㄧㄢˋ），再也。　常德行：保持高尚的行為。常，經常，即堅持、保持。　習教事：練習教化之事。

初六：習坎，入於坎窞，凶。

《象》曰：「習坎入坎」，失道「凶」也。

【注】爻辭大意是：險境重重，陷入重重陷阱之中，形勢兇險。　坎窞：陷阱中的陷阱。窞（ㄉㄢˋ），《說文》：「坎中小坎也。」　失道凶也：是迷失道路的兇險。失道，迷失道路，不知舉措。

九二：坎有險，求小得。

《象》曰：「求小得」，未出中也。

【注】求小得：尋求小的收穫，即從小處著手設法脫險。　未出中：尚未從陷阱中逃出。

六三：來之坎，坎險且枕，入於坎窞，勿用。

《象》曰：「來之坎坎」，終無功也。

【注】來之坎：來到這個陷阱處。之，這個。　枕：深。陸德明《經典釋文》：「枕，古文作沈。」沉，深也。

六四：樽酒簋貳用缶，納約自牖，終無咎。

《象》曰：「樽酒簋貳」，剛柔際也。

【注】樽酒：一杯酒。　簋貳：兩碗飯。簋（ㄍㄨㄟˇ），盛飯的圓形器皿。　用缶：用瓦器（盛著）。缶（ㄈㄡˇ），《說文》：「缶，瓦器。」　納約自牖：從窗口遞進酒飯，取出食器。納，送進。約，取出。牖（ㄧㄡˇ），窗戶。　剛柔際：剛柔交錯，謂能屈能伸。此指忍受屈辱保全性命。

九五：坎不盈，祇既平，無咎。

《象》曰：「坎不盈」，中未大也。

【注】坎不盈：陷阱不增大。盈，寬大，增大。　祇既平：小丘已經鏟平。祇，借

為坻，小丘。　中未大：坑中沒有增大。

上六：繫用徽纆，寘於叢棘，三歲不得，凶。

《象》曰：「上六」失道，「凶」「三歲」也。

【注】繫用徽纆：用繩索捆綁（犯人）。徽纆（ㄇㄛˋ），三股之繩為徽，兩股之繩為纆。　寘於叢棘：投入牢獄。寘（ㄓˋ），置的異體字。叢棘，古代牢獄外面圍上成叢的荊棘，此代指牢獄。　三歲不得：三年未得解脫。

離（卦三十）

䷝（離下離上）

離：利貞。亨。畜牝牛吉。

【注】本卦大體講事物有所依附方能景色亮麗。　離：其義有二，一為亮麗，一為依附。　利貞：利占問。　畜牝牛吉：畜養母牛吉利。牝（ㄆㄧㄣˋ），雌性動物。

《彖》曰：《離》，麗也。日月麗乎天，百穀草木麗乎土。重明以麗乎正，乃化成天下。柔麗乎中正，故「亨」，是以「畜牝牛吉」也。

【注】麗：本《象》辭中的麗字皆為附著義。重明以麗乎正：以加倍（雙重）的光明附著于正道。乃化成天下：就可教化而成就全社會。柔麗乎中正：柔和之品德而依附於中正之道。

《象》曰：明兩作，《離》。大人以繼明照于四方。

【注】明兩作：光明兩次興起。本卦上下卦皆為離，故云。大人句：大人據此卦象，當繼承（前人的）光明（使之相傳）而照耀四方（百姓）。大人，指聖人，或指君王、執政者。

初九：履錯然，敬之無咎。

《象》曰：「履錯」之「敬」，以辟咎也。

【注】履錯然：行動有序開始。履，踐行，行動。錯然，帛書本《周易》作「昔然」，錯、昔古互借。《廣雅・釋詁》：「昔，始也。」故「錯然」有「開始」義。敬：恭敬，謹慎。辟咎：避免過錯。辟，同避。

六二：黃離，元吉。

《象》曰：「黃離元吉」，得中道也。

【注】黃離：黃色明亮。引申謂中正之道大行。黃色五行居中，屬土，故為中正、尊貴之色。

九三：日昃之離，不鼓缶而歌，則大耋之嗟，凶。

《象》曰：「日昃之離」，何可久也？

【注】日昃之離：太陽偏西時的光亮。比喻人衰老前的光明。　不鼓缶而歌：不敲起瓦盆來唱歌。　則大耋之嗟：就會有垂老時的嗟歎悲傷。耋（ㄉㄧㄝˊ），《說文》：「八十曰耋。」

九四：突如其來如，焚如、死如、棄如。

《象》曰：「突如其來如」，無所容也。

【注】突如其來如：突然來臨，突然發生。指火災降臨，突然起火了。　焚如句：燒的燒，死的死，逃的逃。　無所容：無處安身。

六五：出涕沱若，戚嗟若，吉。

《象》曰：「六五」之「吉」，離王公也。

【注】出涕沱若：淚流滿面。沱若，涕淚如雨的樣子。若，語助詞，猶然。　戚嗟若：悲傷而哀歎。　離王公：依附王公。六五陰爻象徵臣民，上九陽爻象徵王公。

上九：王用出征，有嘉折首，獲匪其醜，無咎。

《象》曰：「王用出征」，以正邦也。「獲匪其醜」，大有功也。

【注】有嘉折首：（君王出征）斬了敵人的首惡而大有嘉功。首，首領。　獲匪其醜：俘獲了敵人的同夥。匪，彼；醜，類。　正邦：以使邦國穩固安定。正，古漢語中形容詞的使動用法，使……端正，使……正定。

下經（三十四卦）

咸（卦三十一）

䷞（艮下兌上）

咸：亨。利貞。取女吉。

【注】本卦講天地、陰陽、男女，尤其是聖人與百姓間相互感應之道。㈠下經，《周易本義》：「先儒以《易》之舊題，分自此以上三十卦為上經，已下三十四卦為下經……先儒皆以上經明天道，下經明人事。……《乾坤》明天地初辟，至《屯》乃剛柔始交。……人物既生，其相感應。」㈡咸卦是下經的第一卦。上經從天道的基礎乾坤說起，下經從人倫的基礎男女關係講起。　咸：《周易本義》：「咸，感也。此卦明人倫之始，夫婦之義，必須男女共相感應，乃得亨通。」　利貞：利於占問。　取女吉：娶女則吉利。取，陸德明《經典釋文》：「取，本亦作娶。」

《彖》曰：《咸》，感也。柔上而剛下，二氣感應以相與，止而悅，男下女，是以「亨利貞，取女吉」也。天地感而萬物化生，聖人感人心而天下和平。觀其所感，而天地萬物之情可見矣。

【注】感：感應。　柔上而剛下：指上卦兌為澤為柔為女為陰，下卦艮為山為剛為男為陽。二氣，指陰陽二氣。　相與：相互授與。　止而悅：艮為山為止，兌為澤為悅。　男下女：艮卦在下，兌卦在上，故云。指男以禮下於女，古代婚禮中有男子恭謙地迎娶女子的習俗。

《象》曰：山上有澤，《咸》。君子以虛受人。

【注】以虛受人：以謙虛的胸懷容納他人。

初六：咸其拇。

《象》曰：「咸其拇」，志在外也。

【注】咸其拇：觸動了其足大拇趾。　志在外：初感蒙生外出意向。足是人用來行走的，今感其拇，故欲行動外出，故云。

六二：咸其腓，凶。居吉。

《象》曰：雖「凶居吉」，順不害也。

【注】咸其腓：觸動其小腿肚子。腓（ㄈㄟˊ），小腿肚子。　居吉：靜止、停止則

吉利。居，停留。　順不害：順其自然，不會妄動遭害。

九三：咸其股，執其隨，往吝。

《象》曰：「咸其股」，亦不處也。志在「隨」人，所「執」下也。

【注】咸其股：觸動其大腿。股，大腿。　執其隨：執著於其所跟隨者。　不處：不停止。處，停止。　所執下：所持守（的志向）卑微低下。

九四：貞吉。悔亡。憧憧往來，朋從爾思。

《象》曰：「貞吉悔亡」，未感害也。「憧憧往來」，未光大也。

【注】悔亡：悔恨消亡，沒有悔恨。　憧憧（ㄔㄨㄥ）：心意不定貌。《說文》：「憧，意不定也。」　朋從爾思：朋友順從你的心願。　未感害：沒有感受到傷害。　未光大：不廣大。《周易本義》：「非感之極，不能無思無欲，故『未光大』也。」

九五：咸其脢，無悔。

《象》曰：「咸其脢」，志末也。

【注】脢（ㄇㄟˊ）：《說文》：「脢，背肉也。」泛指背脊部。　志末：志在淺末，志向卑微。

上六：咸其輔頰舌。

《象》曰：「咸其輔頰舌」，滕口說也。

【注】滕口說：張口談話，口惹懸河。滕，《說文》：「滕，水超湧也。」

恒（卦三十二）

☳☴（巽下震上）

恒：亨。無咎。利貞。利有攸往。

【注】本卦講事物常規以及循序漸進、持之以恆的事理。恒：一指長久，一指常規。李光地《周易折中》引徐幾曰：「恒有二義，有不易之恒，有不已之恒。」不易之恒即不變的常規、常道；不已之恒指恒心，即鍥而不捨、奮鬥不止的精神。恒卦即講述這些事物和道理。

《象》曰：《恒》，久也。剛上而柔下。雷風相與，巽而動，剛柔皆應，《恒》。《恒》「亨無咎利貞」，久於其道也。天地之道恒久而不已也。「利有攸往」，終則有始也。日月得天而能久照，四時變化而能久成。聖人久於其道而天下化成。觀其所恒，而天地萬物之情可見矣。

【注】前兩句大意：恒卦由下卦巽和上卦震組成，巽為風，震為雷，風雷交加，剛柔相應。　終則有始：事物運動為循環規律，結束了又重新開始。　久照：長久地照耀。久成，長久地成就、成熟、成功。　天下化成：普天下全社會教化成功。　觀其所恒：觀察其中長久不變的規律。

《象》曰：雷風，《恒》。君子以立不易方。

【注】雷風句：指打雷颳風是恒卦象徵。　立不易方：立身處世不改變方向，即堅持原則。

初六：浚恒，貞凶，無攸利。

《象》曰：「浚恒」之「凶」，始求深也。

【注】浚恒：疏浚、深挖，長久不止。比喻行事之初求之過分。　無攸利：沒有好處。　始求深也：是開始要求過深的緣故。

九二：悔亡。

《象》曰：「九二悔亡」，能久中也。

【注】悔亡：悔恨消亡，即悔恨已經過去。　能久中也：能夠長久地堅守中道。

九三：不恒其德，或承之羞，貞吝。

《象》曰：「不恒其德」，無所容也。

【注】爻辭大意：不能長久地堅持自己的道德準則，或許會蒙受羞辱，占問會有小麻煩。　無所容：沒有容身之處。

九四：田無禽。

《象》曰：久非其位，安得「禽」也。

【注】田無禽：打獵卻沒有得到鳥獸獵物。田，田獵，打獵。　久非其位：長久地不在應在的位置上。該爻九四陽爻處於陰位，故云。

六五：恒其德，貞，婦人吉，夫子凶。

《象》曰：「婦人貞吉」，從一而終也。「夫子」制義，從婦「凶」也。

【注】從一而終：終身只跟隨一個男子，只嫁一個丈夫。亦指用心專一。　夫子制義：男子制定適宜的方法，即做決策之事。制義，猶言制宜。

上六：振恒，凶。

《象》曰：「振恒」在上，大無功也。

【注】振恒：動搖恒心。或謂改變常規，不循規律。　在上：處於上位。　大無

功：完全沒有功效，根本不會成功。

遯（卦三十三）

䷠（艮下乾上）

遯：亨。小利貞。

【注】本卦講逃遁或退穩之事理。　遯：逃遁，退穩。　小利貞：弱小的人守正會有利，地位卑賤者守正有利。

《彖》曰：《遯》「亨」，遯而亨也。剛當位而應，與時行也。「小利貞」，浸而長也。《遯》之時義大矣哉！

【注】剛當位而應：陽剛者處在合適位置而又有回應者。　與時行：能夠適時採取行動。　浸而長：（弱小者、位卑者）逐漸地增長壯大。

《象》曰：天下有山，《遯》。君子以遠小人，不惡而嚴。

【注】天下有山：本卦組成，上卦乾為天，下卦艮為山，故云。　君子以遠小人：

君子根據本卦卦象應當遠離小人。李鼎祚《周易集解》引崔憬曰：「天喻君子，山比小人。」不惡而嚴：不兇惡而有威嚴。大意指君子遠離小人，不理睬是最大的輕蔑，故云。

初六：遯尾，厲，勿用有攸往。

《象》曰：「遯尾」之「厲」，不往何災也？

【注】遯尾：逃遁、退隱而處在末尾。意指遁隱緩慢。厲：危險。勿用有攸往：不要採取行動。不往何災：不行動（而靜候）會有什麼災禍？《周易本義》：「遯而在後，尾之象，危之道也。占者不可以有所往，但悔處靜俟，可免災也。」

六二：執之用黃牛之革，莫之勝說。

《象》曰：「執用黃牛」，固志也。

【注】執之用黃牛之革：用黃牛皮（做的帶子）來捆綁拘囚。執，借為縶，捆縛拘囚。莫之勝說：沒法能夠逃脫。勝，能；說，通脫。固志：使意志信念堅定。固，古漢語中形容詞的使動用法，使……固。

九三：係遯，有疾厲，畜臣妾吉。

《象》曰：「係遯」之「厲」，有疾憊也。「畜臣妾吉」，不可大事也。

【注】係遯：籠絡隱退者。係，繫縛，籠絡。　有疾厲：會有急劇危險。疾，急劇。　畜臣妾吉：蓄養臣僕、侍妾則會吉利。　疾憊：急劇衰憊，嚴重削弱。　不可大事：不可擔當大事。

九四：好遯，君子吉，小人否。

《象》曰：「君子好遯，小人否」也。

【注】好遯：善待隱退者。　小人否：小人做不到。否，不能。

九五：嘉遯，貞吉。

《象》曰：「嘉遯貞吉」，以正志也。

【注】嘉遯：嘉獎、讚美隱退者。　正志：糾正其志向。

上九：肥遯，無不利。

《象》曰：「肥遯無不利」，無所疑也。

【注】肥遯：讓隱退者寬裕滿意。肥，《周易本義》：「肥，寬裕自得之意。」無所疑：沒有什麼疑慮，無後顧之憂。

大壯（卦三十四）

䷡（乾下震上）

大壯：利貞。

【注】本卦講如何對待強大，保持強盛。　大壯：偉大強壯，威力強大。

《彖》曰：《大壯》，大者壯也。剛以動，故壯。《大壯》「利貞」，大者正也。正大，而天地之情可見矣。

【注】大者壯：偉大者強壯有力。　剛以動：本卦下卦為乾，上卦為震，故云。

大者正：強大者堅守正道。

《象》曰：雷在天上，《大壯》。君子以非禮弗履。

【注】雷在天上：上卦震為雷，下卦乾為天，故云。　非禮弗履：不做非禮之事。

古漢語否定句中賓語（非禮）前置。

初九：壯於趾，征凶，有孚。

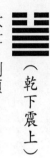

《象》曰：「壯於趾」，其「孚」窮也。

【注】壯於趾：強壯僅在於腳趾，謂剛剛有些力量。　征凶：行動則有兇險。謂盲目冒進有兇險。　有孚：要有堅定信念，謂必得保持信念、穩重行動。

九二：貞吉。

《象》曰：「九二貞吉」，以中也。

【注】貞吉：謂（強大者）合于正道則有吉利。　以中：按中庸之道行事。

九三：小人用壯，君子用罔，貞厲。羝羊觸藩，羸其角。

《象》曰：「小人用壯，君子以罔」也。

【注】小人用壯：小人採用強力。　君子用罔：君子則以有為無，隱藏實力。罔，《帛易》作「亡」，無也。《周易本義》：「罔，無也，視有如無。」　羝羊觸藩：公羊用角抵觸籬笆。　羸其角：會使羊角受傷損。羸（ㄌㄟˊ），衰弱，此處為古漢語使動用法，使……衰弱，使……受損傷。

九四：貞吉，悔亡。藩決不羸，壯於大輿之輹。

《象》曰：「藩決不羸」，尚往也。

【注】悔亡：悔恨消亡。　藩決不羸：籬笆撞破而角不受傷。　壯於大輿之輹，

比大車固定輪軸的皮革還結實。　尚往：希望前往。尚，庶幾，希望。《周易本義》：「尚，庶幾也。」

六五：喪羊于易，無悔。

《象》曰：「喪羊于易」，位不當也。

【注】易：通埸（ㄧˋ），田畔，田地。《周易本義》：「漢《食貨志》埸作易。」《說文》：「埸，疆也。從土，易聲。」　位不當：指六五爻陰爻居陽位，位置不適當。

上六：羝羊觸藩，不能退，不能遂，無攸利，艱則吉。

《象》曰：「不能退，不能遂」，不詳也。「艱則吉」，咎不長也。

【注】遂：與「退」相對而言，猶言「進」。　艱則吉：艱貞自守（挺過難關）就吉利了。　不詳：沒有做到周詳審慎。詳，周詳。

晉（卦三十五）

䷢（坤下離上）

晉：康侯用錫馬蕃庶，晝日三接。

【注】本卦講上進、上升的事象。　晉：光明前進，上進。《說文》：「晉，進也。日出萬物進。」　康侯：泛指諸侯。古多認為即指衛康叔，周武王同母少弟。錫：賜，賞賜。　蕃庶：繁殖，繁衍。蕃，草茂盛、繁多。庶，眾多。　晝日三接：一個白天裏交配三次。接，交配。

《彖》曰：《晉》，進也，明出地上。順而麗乎大明，柔進而上行，是以「康侯」用「錫馬蕃庶，晝日三接」也。

【注】明出地上：太陽光明升出地面之上。　順而麗乎大明：柔和的光線從太陽上照射下來。大明，太陽。也可解為大地（其上的一切事物）柔順地依從天道變化規律（而生存發展）。再具體解釋為人道應順從天道。　柔進而上行：柔順者緩進上升。

《象》曰：明出地上，《晉》。君子以自昭明德。

【注】自昭明德：自己（不斷提升）顯示光明高尚的品德。

初六：晉如摧如，貞吉。罔孚，裕，無咎。

《象》曰：「晉如摧如」，獨行正也。「裕無咎」，未受命也。

【注】晉如摧如：上進時受挫折。如，語氣助詞。罔孚：尚未得到信任。裕，緩待，靜候時日。獨行正也：正是因為行動正確（言初爻上進開始本會有阻力是理所當然的）。獨，唯獨，恰好。正，正確，正當，理所當然。未受命：尚未受到任命（處於待命階段）。

六二：晉如，愁如，貞吉。受茲介福于其王母。

《象》曰：「受茲介福」，以中正也。

【注】受其介福于其王母：會從祖母那裏得到大的福報。介，大。王母，祖母。中正：行為中守正道。六二陰爻處陰位，故云。

六三：眾允，悔亡。

《象》曰：「眾允」之，志上行也。

【注】眾允：眾人信任。允，信。志上行：志在上進。

九四：晉如鼫鼠，貞厲。

《象》曰：「鼫鼠貞厲」，位不當也。

【注】晉如鼫鼠：像貪婪的碩鼠一樣而獲得晉升。朱熹《周易本義》：「不中不正，以竊高位，貪而畏人，蓋危道也，故為鼫鼠之象。」 貞厲：占問有危險。或說正固堅貞以待危險。 位不當：指九四為陽爻居陰位。

六五：悔亡，失得勿恤。往吉，無不利。

《象》曰：「失得勿恤」，往有慶也。

【注】失得勿恤：得失不要擔心，得失無需多慮。恤，憂慮。《說文》：「恤，憂也。」 往有慶：前往會有喜慶。

上九：晉其角，維用伐邑，厲吉，無咎，貞吝。

《象》曰：「維用伐邑」，道未光也。

【注】晉其角：上進達到頭角高端，晉升到頭了。 維用伐邑：只有討伐別的城池。維，句首語氣助詞。 厲吉：經歷危險而趨吉利。 貞吝：堅貞正固然會有小的遺憾。 道未光：謂攻城侵伐之道不是光明正大的方法。

明夷（卦三十六）

䷣（離下坤上）

明夷：利艱貞。

【注】本卦主要是講韜光養晦之事理。　夷：滅也；傷也。　明夷：日光隱沒，光明泯滅。或隱藏光亮，韜光養晦。　利艱貞：宜於在艱難中堅守正道。

《彖》曰：明入地中，《明夷》。內文明而外柔順，以蒙大難，文王以之。「利艱貞」，晦其明也，內難而能正其志，箕子以之。

【注】明入地中：太陽隱沒到地下面。　內文明而外柔順：內裏有文采光明而外顯柔順。　以蒙大難：因為（賢人）蒙受大災難。　文王以之：周文王就是這樣。以，據《經典釋文》，鄭玄、荀爽本作「似」。　內難而能正其志：內心忍受苦難而能正定自己的志向。　箕子以之：箕子就是這樣（的人）。箕子，商朝暴君紂王的叔叔，因進諫不被採納而佯狂裝瘋，堅守正道。

《象》曰：明入地中，《明夷》。君子以蒞眾用晦而明。

【注】明入地中：本卦由下卦離和上卦坤組成，為日之光明入於地下之象，故云。

蒞眾用晦而明：治理民眾用韜晦之道而達到光明境域。蒞，臨也，即治理。

初九：明夷於飛，垂其翼。君子于行，三日不食。有攸往，主人有言。

《象》曰：「君子于行」，義「不食」也。

【注】垂其翼句：意謂在黑暗中飛翔的鳥，要垂縮其翅膀（小心慢飛）。另《帛易》作「明夷於蜚，垂其左翼」，可從之。據此高亨《周易大傳今注》引李鏡池曰：「明夷為鳴鴺之假借。明、鳴聲義通。夷即鴺。《說文》云：『鴺，汙澤也。』或從弟作鵜。」並注言「汙澤是鵜鶘之別名。」蜚，通飛。君子于行：在行路的君子（逃避黑暗）。　主人有言：主人有所怨言。　義不食：道義使他吃不下東西。

六二：明夷夷于左股，用拯馬壯，吉。

《象》曰：「六二」之「吉」，順以則也。

【注】明夷夷于左股：黑暗中傷了左腿。　用拯馬壯：用來拯救的馬強壯。　順以則：順從規則。

九三：明夷于南狩，得其大首，不可疾貞。

《象》曰：「南狩」之志，乃得大也。

【注】于南狩：正在南方狩獵，或正在用兵南征。得其大首：俘獲敵人的元首。不可疾貞：不可嫉恨正道。疾，痛恨。乃得大：於是得到充分實現。

六四：入于左腹，獲明夷之心於出門庭。

《象》曰：「入于左腹」，獲心意也。

【注】入于左腹：（承上面六二爻辭傷了左腿之義）傷勢深入左腹處。獲明夷句：指在離出家門時明白了韜晦隱遁的思想。象辭大義為：「入于左腹」比喻深入內心獲得韜晦真知。

六五：箕子之明夷，利貞。

《象》曰：「箕子」之「貞」，「明」不可息也。

【注】箕子之明夷：箕子的韜晦（指其裝瘋）。明不可息：光明的志向不可泯滅。

上六：不明，晦。初登於天，後入於地。

《象》曰：「初登於天」，照四國也。「後入於地」，失則也。

【注】爻辭大意指：夜晚不明亮，一片黑暗。太陽至凌晨升起見於天邊，最後又隱

沒於地下。　照四國：（太陽升起來）照耀四方。　失則：（太陽入地下進入黑夜看不清方向）猶如失去了原則，無法行動。

家人（卦三十七）

䷤（離下巽上）

家人：利女貞。

【注】本卦講家人相處等治家之道。　利女貞：宜於女子堅貞守正。

《彖》曰：《家人》，女正位乎內，男正位乎外。男女正，天地之大義也。家人有嚴君焉，父母之謂也。父父，子子，兄兄，弟弟，夫夫，婦婦，而家道正。正家而天下定矣。

【注】女正位乎內：婦女端正職位於家庭內部事務，即操持家務。　男正位乎外：男子端正職位於家庭外部事務，即主持外務。　有嚴君：有尊嚴的主人。　父母之謂也：就是指父母親。

《象》曰：風自火出，《家人》。君子以言有物而行有恆。

【注】風自火出：上卦巽為風，下卦離為火，故云。物：事實，根據。恒，常，準則。

初九：閑有家，悔亡。

《象》曰：「閑有家」，志未變也。

【注】閑有家：熟悉于家事（的治理）。閑，熟練，熟悉。《爾雅・釋詁》：「閑，習也。」　悔亡：悔恨消亡，沒有悔恨。

六二：無攸遂，在中饋，貞吉。

《象》曰：「六二」之「吉」，順以巽也。

【注】無攸遂：沒有要實現的心事，既無私心雜念。遂，實現。　在中饋：主持家務。中饋，家中飲食之事。饋，食。　順以巽：柔順而謙遜。指六二陰爻當位居下卦之中，是家中婦女「正位乎內」。

九三：家人嗃嗃，悔厲吉；婦子嘻嘻，終吝。

《象》曰：「家人嗃嗃」，未失也。「婦子嘻嘻」，失家節也。

【注】家人嗃嗃：家人愁苦于家法之嚴厲。嗃嗃（ㄏㄜˋ），嗷嗷大叫。意為家法管

制之嚴酷。悔厲吉：《周易正義》：「悔其酷厲，猶保其吉。」婦子嘻嘻：女人孩子嘻嘻哈哈，毫無規矩。未失：沒有丟掉規則。失家節：丟掉了治家規矩。

六四：富家，大吉。

《象》曰：「富家大吉」，順在位也。

【注】富家：使家庭富裕，發家致富。富，古漢語中形容詞使動用法，使……富。順在位：六四陰爻居陰位，是謂當位，位置適當，故云。亦謂六四陰爻處九五陽爻之下，家中女人順從于男人。

九五：王假有家，勿恤，吉。

《象》曰：「王假有家」，交相愛也。

【注】王假有家：君王借鑒于治家之道。假，借，借鑒。有，這裏相當「於」。交相愛：大家都能互相親愛。此謂君臣之間像家人之間一樣相互親愛，這是君王借鑒治家之道的關鍵。

上九：有孚威如，終吉。

《象》曰：「威如」之「吉」，反身之謂也。

【注】有孚威如：有很高的威信。有孚，有誠信；威如，高大的樣子。威如以狀有孚的高度，是補語。反身之謂：講的是反省自身的意思。一說是以身作則的意思。

睽（卦三十八）

䷥（兌下離上）

睽：小事吉。

【注】本卦講的是背離、乖違以及如何處理矛盾的事象。對待事物的矛盾要看到相反相成的道理，從而爭取異中求同的效果。睽（ㄎㄨㄟˊ）：背離，乖違。該卦卦名《帛易》作「乖」。小事吉：意謂小的背離和乖違之事其結局是吉利的。小小矛盾，小菜一碟；大同小異，皆大歡喜，自然是好的。

《彖》曰：《睽》，火動而上，澤動而下。二女同居，其志不同行。說而麗乎明，柔進而上行，得中而應乎剛，是以「小事吉」。天地睽而其事同也。男女睽而其志通也。萬物睽而其事類也，睽之時用大矣哉！

【注】本卦組成：上卦離為火，下卦兌為澤，故云火動而上，澤動而下。　二女同居：離兌為二陰卦，同組為睽卦，故云。亦有二女同嫁一個丈夫之解釋。　其志不同行：離火上炎，兌澤下流，背道而馳，故云。　說而麗乎明：指兌卦依傍離卦，說指上卦兌，明指下卦離，麗者附麗、依附之謂也。　柔進而上行：指陰爻從六三上升進到六五卦位。　得中：指六五居於上卦中位。剛指九二陽爻。　天地睽而其事同：天上地下，乖違甚大，但二者共同化育萬物的事業是相同的。　男女睽而其志通：男女性別迥異而結合成家的志向相通。　萬物睽而其事類：萬物互有差別而其生長發展的規律是相似的。　睽之時用：差別與矛盾之相互關係的處理以達到因時致用（促進事物發展）。

《象》曰：上火下澤，《睽》。君子以同而異。

【注】上火下澤：上卦離為火，下卦兌為澤，故云。上火炎上，下澤流下，互相背道而馳，此乃睽離乖違之典型形象。　同而異：察同而見異；綜合同一性而分析差異性；既綜合而又分析之謂也。

初九：悔亡。喪馬勿逐自復。見惡人無咎。

《象》曰：「見惡人」，以辟「咎」也。

【注】悔亡，悔恨消失。　喪馬勿逐自復：丟失的馬不去追尋而自己回來。　見惡

人無咎：遇見兇惡、討厭的人也沒有兇險。即遇到與己相乖違之惡人而能和氣相見而睽違漸消而無咎。　辟：能「避」，避免。

九二：遇主於巷，無咎。

《象》曰：「遇主於巷」，未失道也。

【注】遇主於巷：在巷道上遇到了主人。　未失道：（遇到主人了，當然）不會迷失道路。

六三：見輿曳，其牛掣，其人天且劓，無初有終。

《象》曰：「見輿曳」，位不當也。「無初有終」，遇剛也。

【注】見輿曳：被車拖拽著。曳（ㄧㄝˋ），牽引，拖著。　其牛掣：駕車的牛往前牽引、向前跑。　其人天且劓：被車拖著的人額頭、鼻子受到創傷。天，黥額；劓（ㄧˋ），割鼻，都是古代刑罰的方式。　無初有終：無善初而有善終。《周易本義》：「邪不勝正，終必得合。」　位不當：六三陰爻居於陽位，故云。　遇剛：六三陰爻上進遇九四陽爻，故云。

九四：睽孤遇元夫，交孚，厲，無咎。

《象》曰：「交孚無咎」，志行也。

【注】睽孤遇元夫：離異孤獨女子遇見原配夫君。交孚，互相以誠相待。志行：即前《彖辭》所言男女結合成家的志向得以實現。

六五：悔亡。厥宗噬膚，往何咎？

《象》曰：「厥宗噬膚」，往有慶也。

【注】厥宗噬膚：去其宗族祖廟吃肉。《帛易》「厥」寫作「登」，可參考。

上九：睽孤見豕負涂，載鬼一車，先張之弧，後說之弧，匪寇，婚媾。往遇雨則吉。

《象》曰：「遇雨」之「吉」，群疑亡也。

【注】睽孤見豕負涂：離群孤女被豬背負於途。涂，通「塗」，塗為途異體字。載鬼一車：（遇見）上面載著鬼頭鬼臉模樣人的一輛車。先張之弧：（女子）先張開她的弓。之弧，其弓。後說之弧，後來放下其弓。說，同脫。匪寇，不是盜賊。匪，非。婚媾，求婚，言來人非寇賊而是來求婚的。

蹇（卦三十九）

䷦（艮下坎上）

蹇：利西南，不利東北。利見大人，貞吉。

【注】本卦主要講事物發展過程中的艱險困難以及如何解除的道理。蹇（ㄐㄧㄢˇ）：災難，險阻。《說文解字》：「蹇，跛也，從足。」引申為有礙前行的不利條件。利西南句：對西南方有利，對東北方不利。從八卦方位而言，西邊兌卦和南邊離卦皆為陰卦，東邊震卦和北邊坎卦皆為陽卦；而在艱難時刻，以陰柔和緩處之則有利，以陽剛冒進處之則不宜，故云。

《彖》曰：《蹇》，難也，險在前也。見險而能止，知矣哉！《蹇》，「利西南」，往得中也。「不利東北」，其道窮也。「利見大人」，往有功也。當位「貞吉」，以正邦也。《蹇》之時用大矣哉！

【注】見險句：碰到險阻而能及時停止（而不是冒進取禍），是明智的。往得中：前往可以行得通。得中（ㄓㄨㄥˋ），能行，可以實現，即下文「當位」。其道

窮：那邊道路不通。當位：指西南是有利適當方位，即以柔和之道處艱難之境是適當的。六二陰爻居臣位和九五陽爻居君位，君臣各守其職。正邦：使國家走上正道。

《象》曰：山上有水，《蹇》。君子以反身修德。

【注】山上有水：本卦組成，下卦艮為山，上卦坎為水，故云。反身修德：反省自身，修養美德。

初六：往蹇來譽。

《象》曰：「往蹇來譽」，宜待也。

【注】往蹇來譽：往前走有困難，退回來受讚譽。宜待：（事物發展初期困難多則）應當等待（適當時機再行動）。

六二：王臣蹇蹇，匪躬之故。

《象》曰：「王臣蹇蹇」，終無尤也。

【注】王臣蹇蹇：王室的臣僕屢冒險難（勇往直前）。《帛易》「臣」作「僕」。匪躬之故：並非為了自身的緣故，並非為了自己的事情。終無尤：終究沒有過錯。尤，過錯。

九三：往蹇來反。

《象》曰：「往蹇來反」，內喜之也。

【注】往蹇來反：前往有困難，就退回來反省。　內喜之：內心喜歡如此，即自我主動撤退而不慌亂。

六四：往蹇來連。

《象》曰：「往蹇來連」，當位實也。

【注】往蹇來連：前往有困難，退回來也困難相連。　當位實：六四陰爻居陰位，實至名歸，職位身份恰當。

九五：大蹇朋來。

《象》曰：「大蹇朋來」，以中節也。

【注】大蹇朋來：遇有大困難，朋友前來（相助）。　以中節：由於（九五陽爻居尊位）堅守中正之節操。

上六：往蹇來碩，吉，利見大人。

《象》曰：「往蹇來碩」，志在內也。「利見大人」，以從貴也。

【注】往蹇來碩：前往有困難，回來得大收穫。　志在內：志向保持在心中。　從

貴：追隨貴人。

解（卦四十）

䷧（坎下震上）

解：利西南。無所往，其來復吉。有攸往，夙吉。

【注】本卦主要講解除束縛、擺脫困難的事理。 解：解放，解開，解除，解脫。 無攸往句：沒有前往的方向目標，返回來是吉利的。 有攸往句：有前往的方向目標，早些去吉利。夙，早。

《彖》曰：《解》，險以動，動而免乎險，《解》。《解》「利西南」，往得眾也。「其來復吉」，乃得中也。「有攸往夙吉」，往有功也。天地解而雷雨作，雷雨作而百果草木皆甲坼。《解》之時大矣哉！

【注】險以動：有兇險就及時採取應對行動。下卦坎為險，上卦震為動。動而免乎險，有應對行動而可免除兇險。 往得眾：前去可得到眾人（相助支持）。一般認為西南為坤位，坤代表大眾。 乃得中：是由於九二居中位。 甲坼：破殼、破土

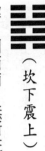

（發芽生長起來）。甲，百果草木的皮殼；坼（ㄔㄜˋ），裂開。

《象》曰：雷雨作，《解》。君子以赦過宥罪。

【注】赦過宥罪：赦免過失，寬減罪犯的刑罰。《周易正義》：「『赦』謂放免，『過』謂誤失；『宥』謂寬宥，『罪』謂故犯。過輕則赦，罪重則宥，皆『解緩』之義也。」

初六：無咎。

《象》曰：剛柔之際，義「無咎」也。

【注】剛柔之際：處在剛柔交接相應之際，按道理應當不受責備。剛，九二爻；柔，初六爻。　義：宜也，理也。《周易正義》：「義，猶『理』也。」

九二：田獲三狐，得黃矢，貞吉。

《象》曰：「九二貞吉」，得中道也。

【注】田獲三狐：打獵獵獲了三隻狐狸。田，打獵。　得黃矢：得到黃色的箭頭。矢，箭頭。　得中道：指九二居下卦中位之象，義指永執厥中，堅守中正之道。

六三：負且乘，致寇至，貞吝。

《象》曰：「負且乘」，亦可醜也。自我致戎，又誰咎也？

【注】負且乘：背負東西並坐在車上。喻小人竊居高位。　致寇至：招致盜賊前來（搶奪）。　可醜：引以為可恥的醜事。　又誰咎也：又能責備誰呢。

九四：解而拇，朋至斯孚。

《象》曰：「解而拇」，未當位也。

【注】解而拇：解開你的拇指。泛指放開手腳。而，你（的）。　朋至斯孚：朋友到來，以誠相待。斯，乃，而。　未當位：沒有處在適當的位置。此言九四陽爻居陰位。

六五：君子維有解，吉，有孚於小人。

《象》曰：「君子有解」，「小人」退也。

【注】維有解：束縛能夠得到解除。維，束縛。　有孚於小人：使小人誠心信服（無以抱怨）。　退：退後，甘居於後。

上六：公用射隼于高墉之上，獲之，無不利。

《象》曰：「公用射隼」，以解悖也。

【注】公用句：王公（大臣）用箭射殺棲在高牆上的猛禽，獵獲了它。隼（ㄕㄣˇ），鷹一類的大鳥。墉（ㄩㄥ），城牆。　解悖：解除悖逆阻礙。悖

（ㄅㄟ），逆也，亂也。

損（卦四十一）

䷨（兌下艮上）

損：有孚，元吉，無咎。可貞。利有攸往。曷之用？二簋可用享。

【注】本卦主要講自我約束、節制的事理。損：減少，減省，抑制，約束。可貞：可以占卜。利有攸往：利於有所前往，適宜採取行動。曷之用：採取什麼（行動）？怎麼辦？曷（ㄏㄜˊ），何，疑問代詞。本句為古漢語中常見疑問句式，即賓語前置，疑問代詞賓語放在謂語前。二簋可用享：二簋就可用來祭祀了。簋（ㄍㄨㄟˇ），竹製圓形盛器。享，祭祀。

《彖》曰：《損》，損下益上，其道上行。損而「有孚，元吉，無咎，可貞，利有攸往，曷之用二簋，可用享」，二簋應有時。損剛益柔有時，損益盈虛，與時偕行。

【注】損下益上：本卦下卦兌為澤，上卦艮為山，有挖湖堆山之象，或有澤中水氣上升滋潤山上草木之象，故云。損剛益柔：減損剛強增補柔弱。損益盈虛：即

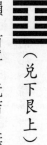

損盈益虛，減損盈滿補益虛虧。　與時偕行：與時機同行，即行動符合時機，適時而行。偕，合，同。

《象》曰：山下有澤，《損》。君子以懲忿窒欲。

【注】山下有澤：本卦下卦兌為澤，上卦艮為山，故云。　懲忿窒欲：戒止忿怒，抑堵嗜欲。孔穎達《周易正義》疏曰：「懲者，息其既往；窒者，閉其將來。忿、欲皆有往來，懲，窒互文而相足也。」

初九：巳事遄往，無咎。酌損之。

《象》曰：「巳事遄往」，尚合志也。

【注】巳事遄往：祭祀的事情趕緊去辦。巳，《周易集解》作祀，引虞翻曰：「祀，祭祀。」遄（ㄔㄨㄢˊ），快速，趕緊。　酌損之：適當節省祭品祀儀。　尚合志：尚能（諸事）如願以償。

九二：利貞。征凶，弗損，益之。

《象》曰：「九二利貞」，中以為志也。

【注】利貞：宜於守正道。　征凶：行動有兇險。《周易集解》引虞翻曰：「征，行也。」　中以為志：以中正之道作為志向。九二居下卦之中位，故云。

六三：三人行則損一人，一人行則得其友。

《象》曰：「一人行」，「三」則疑也。

【注】損一人：減少一人，即有一人離開。　得其友：得到他的朋友。　三則疑：三個人則互相猜疑。

六四：損其疾，使遄有喜，無咎。

《象》曰：「損其疾」，亦可「喜」也。

【注】損其疾：減輕其疾病，或改掉他的毛病。　使遄有喜：使他迅速病癒而轉憂為喜。古人謂病癒為有喜。

六五：或益之十朋之龜，弗克違，元吉。

《象》曰：「六五元吉」，自上祐也。

【注】或益之十朋之龜：有時增加到價值十朋的龜。十朋，西周以貝殼為貨幣，兩枚貝殼串連叫一朋，十朋即二十貝，《周易集解》引崔憬曰：「元龜價值二十大貝，龜之最神貴者。」時人用龜甲進行占卜，「十朋之龜」極言其占卜費用之高。　弗克違：不能拒絕。　自上祐：因為上天保佑。

上九：弗損，益之，無咎，貞吉。利有攸往，得臣無家。

《象》曰：「弗損，益之」，大得志也。

【注】得臣無家：得到無家的臣僕。　大得志：極大地實現了志願。

益（卦四十二）

䷩（震下巽上）

益：利有攸往。利涉大川。

【注】本卦講助益他人、增益臣民的事理。　益：增益，增補，增長。

《彖》曰：《益》，損上益下，民說無疆。自上下下，其道大光。「利有攸往」，中正有慶。「利涉大川」，木道乃行。《益》動而巽，日進無疆。天施地生，其益無方。凡益之道，與時偕行。

【注】損上益下：（君主）減損自己而增益臣下百姓。　民說無疆：臣民喜悅，無限歡暢。　其道大光：這種道義大放光明。　中正有慶：居中位行正道，大有喜慶。中正指九五爻之位。　木道乃行：舟楫之法通行。本卦上卦為巽，巽為木，古代船為木製，故云。　動而巽句：指下卦震為雷動，上卦巽為風木，雷厲風行，自

然每日進步無可限量。 其益無方：其益處遍及萬方（無方不至）。

《象》曰：風雷，《益》。君子以見善則遷，有過則改。

【注】風雷：本卦下卦震為雷，上卦巽為風，雷風相助互益，故云。 遷：遷就，接近，學習。

初九：利用為大作，元吉，無咎。

《象》曰：「元吉無咎」，下不厚事也。

【注】利用為大作：宜於憑此大有作為。 下不厚事：臣下百姓爭先從事，不甘居後，雷厲風行。厚，通後，高亨《周易大傳今注》有詳細考證。

六二：或益之十朋之龜，弗克違。永貞吉。王用享于帝，吉。

《象》曰：「或益之」，自外來也。

【注】王用享於帝：君王祭祀上帝。 自外來：（十朋之龜是）從外面買來的。

六三：益之用凶事，無咎，有孚。中行告公用圭。

《象》曰：「益用凶事」，固有之也。

【注】益之用凶事：助人於救災之事。凶事，凶災禍事。 中行告公用圭：中道而行，用玉珪作為禮器向王公大臣報告（而乞求救災）。 固有之：指助人救災是本

來應該有的行為。

六四：中行告公，從，利用為依遷國。

《象》曰：「告公從」，以益志也。

【注】從：聽從，准許。　利用為依遷國：幫助其採取行動依計遷徙國都（來避凶災）。　以益志：由此幫助其堅定志向決心。

九五：有孚惠心，勿問，元吉。有孚，惠我德。

《象》曰：「有孚惠心」，「勿問」之矣。「惠我德」，大得志也。

【注】有孚惠心：有誠信惠民之心。　惠我德：（民眾會）報答我的恩德。

上九：莫益之，或擊之，立心勿恒，凶。

《象》曰：「莫益之」，偏辭也。「或擊之」，自外來也。

【注】莫益之：不去助益他們。　或擊之：或者打擊他們。　立心勿恒：對於益人之心志不能堅持，三心二意。　偏辭：不正確的言辭。

夬（卦四十三）

（乾下兌上）

夬：揚于王庭，孚號有厲告自邑。不利即戎，利有攸往。

【注】本卦主要講新與舊勢力、君子與小人、善與惡等的決裂、分道揚鑣的事象。

夬（ㄍㄨㄞ）：決，分決，分流，決裂。《說文》：「夬，分決也。」「決，行流也。」 揚于王庭：在王庭上當眾公佈（小人的罪惡）。揚，宣揚，公佈。 孚號有厲：誠心地大聲告訴大家有危險要警惕。 告自邑：在城邑發佈文告。自，從，在。 不利即戎：不利於即刻動武。 利有攸往：有利於繼續前進。

《彖》曰：《夬》，決也，剛決柔也。健而說，決而和。「揚于王庭」，柔乘五剛也。「孚號有厲」，其危乃光也。「告自邑不利即戎」，所尚乃窮也。「利有攸往」，剛長乃終也。

【注】剛決柔：陽剛與陰柔決裂、分流。 健而說：剛健而喜悅。 決而和：決而和，分流而和諧。 柔乘五剛：本卦一陰爻凌駕五陽爻之上。故云。 其危乃光：其危險於是廣告公開。 所尚乃窮：崇尚武力會行不通。 剛長有終：陽剛增長，會有善終

（好結果）。君子道長，小人道消，故云。

《象》曰：澤上於天，《夬》。君子以施祿及下，居德則忌。

【注】澤上於天：本卦內卦乾為天，外卦兌為澤，澤在天上，故云。　施祿及下：佈施恩惠於下屬。　居德則忌：忌諱以德自居。

初九：壯於前趾，往不勝，為咎。

《象》曰：「不勝」而「往」，「咎」也。

【注】壯於前趾：一味蠻橫地向前走，即莽撞前行。壯，強壯，強力。前趾，使腳趾向前，即前行。前，使……向前進，古漢語使動用法。

九二：惕號，莫夜有戎，勿恤。

《象》曰：「有戎勿恤」，得中道也。

【注】惕號：戒備呼號。惕，警惕，戒備。　莫夜有戎：夜間出現兵亂（兵戎來犯）。莫，暮的本字，從日在草中，即太陽下山時，傍晚時。

九三：壯於頄，有凶。君子夬夬獨行，遇雨若濡，有慍無咎。

《象》曰：「君子夬夬」，終「無咎」也。

【注】壯於頄：強壯在於表面。頄（ㄑㄧㄡˊ），面顴部，引申為事物表面。　夬夬獨

行：果敢決斷，特立獨行。夬夬，決其所當決，前夬為動詞，後夬為名詞。　若濡：淋濕（衣裳）。　有慍：有些怨惱。

九四：臀無膚，其行次且。牽羊悔亡。聞言不信。

《象》曰：「其行次且」，位不當也。「聞言不信」，聰不明也。

【注】其行次且：行走困難。次且，亦作趑（ㄗ）趄（ㄐㄩ），行走困難之貌。《說文》：「趑趄，行不進也。」　牽羊：比喻甘處人後。牽羊者在前，羊則不走，在後，羊才前行。

九五：莧陸夬夬，中行，無咎。

《象》曰：「中行無咎」，中未光也。

【注】莧陸夬夬：馬齒莧容易折斷。莧陸，《周易本義》：「莧陸，今馬齒莧。」中未光：中正的品德尚未發揚光大。

上六：無號，終有凶。

《象》曰：「無號」之「凶」，終不可長也。

【注】無號：沒有號召，沒有公開的號令。　終不可長：終究不可長久，終究無法維持。

姤（卦四十四）

䷫（巽下乾上）

姤：女壯，勿用取女。

【注】本卦講相遇相知的事理。姤（ㄍㄡˋ）：相遇，交往，溝通。女壯：婦女太強壯。勿用取女：不要娶她（為妻）。取，同娶。

《彖》曰：《姤》，遇也，柔遇剛也。「勿用取女」，不可與長也。天地相遇，品物咸章也。剛遇中正，天下大行也。《姤》之時義大矣哉！

【注】柔遇剛：陰爻遇陽爻，陰柔遇陽剛，女遇男。不可與長：不會相處長久。品物咸章：眾多生物都顯露風采。萬類霜天競自由也。剛遇中正句：《周易正義》：「若剛遇中正之柔，男得幽貞之女，則天下人倫之化，乃得大行也。」

《象》曰：天下有風，《姤》。後以施命誥四方。

【注】天下有風：本卦象上卦乾為天，下卦巽為風，故云。後以施命誥四方：君主據此發佈命令通告四面八方。後，君主。施，發佈。誥，告。

初六：繫于金柅，貞吉。有攸往，見凶，羸豕孚蹢躅。

《象》曰：「繫于金柅」，柔道牽也。

【注】繫于金柅：拴上了金屬的車閘。柅（ㄋㄧˇ），古代車上用於 車的木製構件。 羸豕孚蹢躅：母豬躁動不安。羸豕，羸弱的豬，指母豬。孚，此通浮，浮躁。蹢（ㄓˊ）躅（ㄓㄨˊ），同躑躅，徘徊不進貌。陸德明《經典釋文》：「蹢躅，不靜也。」 柔道牽：陰柔之道相牽制。指剎車功能以靜制動而言。

九二：包有魚，無咎，不利賓。

《象》曰：「包有魚」，義不及「賓」也。

【注】包有魚：廚房有魚。包，通庖，廚房。 不利賓：不宜招待賓客。 義不及賓：本來與賓客無關。義，宜也，理也。

九三：臀無膚，其行次且，厲，無大咎。

《象》曰：「其行次且」，行未牽也。

【注】其行次且：行動困難。參見《夬》卦九四爻辭的注釋。 厲：危險。 行未牽：行動沒有牽引，行動沒有方向和動力的幫助。

九四：包無魚，起凶。

《象》曰：「無魚」之「凶」，遠民也。

【注】起凶：出現兇險，發生危險。 遠民：遠離民眾。

九五：以杞包瓜，含章，有隕自天。

《象》曰：「九五含章」，中正也。「有隕自天」，志不捨命也。

【注】以杞包瓜：用杞柳枝葉遮蓋甜瓜。杞（ㄑㄧˇ），杞柳，一種落葉灌木。 含章：內含文采，比喻才華隱含，美德內蘊。 有隕自天：大任從天降下。有，大也，此指大任。隕（ㄩㄣˇ），降落。猶言天之降大任於斯人也。 中正：九五陽爻居陽位且居上卦之中位，故云。 志不捨命：意志堅定，不忘使命。

上九：姤其角，吝，無咎。

《象》曰：「姤其角」，上窮「吝」也。

【注】姤其角：碰到獸角。 吝：遺憾，恨惜。 上窮「吝」也：是上到了盡頭的遺憾。

萃（卦四十五）

䷬（坤下兑上）

萃：亨，王假有廟。利見大人，亨。利貞，用大牲吉。利有攸往。

【注】本卦講匯聚、集聚之事理。萃：薈萃，集聚，會集。亨：同享，祭祀。王假有廟：君王利用祖廟（祭祀）。假，借助，利用。有，於。大牲：大牲口，指用牛作祭品。

《彖》曰：《萃》，聚也。順以說，剛中而應，故聚也。「王假有廟」，致孝享也。「利見大人亨」，聚以正也。「用大牲吉，利有攸往」，順天命也。觀其所聚，而天地萬物之情可見矣。

【注】順以說：柔順而喜悅。下卦坤為順，上卦兑為悅，故云。說，同悅。剛中而應：指九五陽爻居上卦之中與居下卦之中的六二陰爻相應。見：察見，推知。

《象》曰：澤上於地，《萃》。君子以除戎器，戒不虞。

【注】澤上於地：本卦組成，下卦坤為地，上卦兑為澤，故云。除戎器：修整兵

械武器。除，修治，聚集。　戒不虞：防備意外事件。虞，考慮，預料。不虞，沒有預料的情況。

初六：有孚不終。乃亂乃萃，若號。一握為笑，勿恤。往無咎。

《象》曰：「乃亂乃萃」，其志亂也。

【注】有孚不終：有誠信而不堅持到底。　乃亂乃萃：於是混亂紛至。　若號：因而哭號。若，因而。　一握為笑：握手而歡笑。　勿恤：不用憂慮。恤（ㄒㄩˋ），憂慮，擔憂。

六二：引吉，無咎，孚乃利用禴。

《象》曰：「引吉無咎」，中未變也。

【注】引吉：長久吉祥。引，長也。　孚乃利用禴：有誠信則宜用簡單的禴祭即可。禴（ㄩㄝˋ），商之春祭，周之夏祭，皆曰禴，乃祭祀中祭品最節省者。《周易本義》：「故卜祭者有其孚誠，則雖薄物亦可以祭也。」

六三：萃如嗟如，無攸利，往無咎，小吝。

《象》曰：「往無咎」，上巽也。

【注】萃如嗟如：相聚而嗟歎。如，詞尾語氣助詞。　小吝：小有遺憾。　上巽：

上級溫和柔順。本卦上六為陰爻，與本爻相應，故云。

九四：大吉無咎。

《象》曰：「大吉無咎」，位不當也。

【注】位不當：九四以陽爻居陰位，故云。

九五：萃有位，無咎。匪孚，元、永貞悔亡。

《象》曰：「萃有位」，志未光也。

【注】萃有位：聚集於尊貴地位。上卦中爻為全卦的最尊貴位，故云。　匪孚：沒有誠信。匪，非。　元永貞：保持正大，永遠堅貞。元，大。　志未光：志向尚未光大。

上六：齎咨涕洟，無咎。

《象》曰：「齎咨涕洟」，未安上也。

【注】齎咨涕洟：嗟歎而哭泣。齎（ㄐㄧ）咨，為疊韻聯綿詞，為嗟歎聲。涕為眼淚，洟（ㄧˊ）為鼻涕，涕洟為痛哭流涕的樣子。　未安上也：是由於未能安居於窮上之位。

升（卦四十六）

䷭（巽下坤上）

升：元亨。用見大人，勿恤。南征吉。

【注】本卦講晉升、成長的事象與道理。　升：上升，晉升。　元亨：大順，極其亨通。　用見大人：宜於晉見大人。用，猶「宜」。　勿恤：不要顧慮。　南征：向著光明前進。南，離卦之方位，象徵「光明」。

《彖》曰：柔以時升，巽而順，剛中而應，是以大「亨」。「用見大人勿恤」，有慶也。「南征吉」，志行也。

【注】柔以時升：柔順者適時晉升。依卦變說是坤卦升到上卦，故云。　巽而順：謙遜而柔順。本卦巽下坤上，故云。　剛中而應：指下卦陽爻居中，與上卦居中之陰爻相應。　志行：志向得到實現。

《象》曰：地中生木，升。君子以順德，積小以高大。

【注】地中生木：本卦坤上巽下，坤為地，巽為木，故為地中生木之象。　順德：

順應此好生之大德（順勢上升成長）。　積小以高大：（像樹木不斷生長）積少成多，以微至著，逐漸長高長大。

初六：允升，大吉。

《象》曰：「允升大吉」，上合志也。

【注】允升：宜於上升，允，當也，宜也。　上合志：與上級志向相合。初六陰爻上承二陽，再上又為坤順處，故云。

九二：孚乃利用禴，無咎。

《象》曰：「九二」之「孚」，有喜也。

【注】孚乃利用禴：有誠信則只宜用簡單的禴祭即可。參見萃卦六二爻辭注釋。

九三：升虛邑。

《象》曰：「升虛邑」，無所疑也。

【注】升虛邑：登上空虛的城堡。此言九三居下卦之終，將升至上卦坤陰空虛之處。比喻上升暢通無阻。　無所疑：沒什麼猜疑，沒什麼顧忌。（因為無人防守）

六四：王用亨於岐山，吉，無咎。

《象》曰：王用亨於岐山，順事也。

【注】王用亨於岐山：天子在岐山上祭祀神靈。一般認為此指周文王事。　順事：是順利的事情。

六五：貞吉，升階。

《象》曰：「貞吉升階」，大得志也。

【注】貞吉：守正堅貞就會吉利。　升階：（就像）登臺階（一樣步步上升）。

上六：冥升，利於不息之貞。

《象》曰：「冥升」在上，消不富也。

【注】冥升：在昏昧中不知不覺地上升。《周易集解》引荀爽曰：「坤性暗昧，今升在上，故曰『冥升』也。」　利於不息之貞：宜於不斷地守正堅貞。息，休止，停息。　在上：指到達頂上，升到極點。　消不富：消退而不再增長。

困（卦四十七）

（坎下兌上）

困：亨。貞大人吉，無咎。有言不信。

【注】本卦講處於困境及解困的事象與道理。　困：困難，困境，困窮。　有言不信：責有煩言，不要聽信。

《彖》曰：《困》，剛掩也。險以說，因而不失其所亨，其唯君子乎？「貞大人吉」，以剛中也。「有言不信」，尚口乃窮也。

【注】剛掩：剛被柔掩蓋。　險以說：危險中有喜悅。說，通悅。下卦坎為險，上卦兌為悅，故云。　所亨：亨通之道，致亨之法。即困中求通的辦法。　剛中：即上下卦都是陽爻居中。　尚口乃窮：崇尚口舌只有困窮。

《象》曰：澤無水，困。君子以致命遂志。

【注】澤無水：本卦下卦坎為水，上卦兌為澤，水在澤下，故云。　致命遂志：不惜犧牲生命來實現自己的志向。致，盡，結束。

初六：臀困於株木，入于幽谷，三歲不覿。

《象》曰：「入于幽谷」，幽不明也。

【注】株木：砍樹後留下的樹樁。　三歲不覿：多年不露面，多年沒人發現。覿（ㄉㄧˊ），見，相見。

九二：困于酒食，朱紱方來。利用亨祀。征凶，無咎。

《象》曰：「困於酒食」，中有慶也。

【注】朱紱方來：紅色官服剛才頒賜。謂剛剛封官晉爵。紱（ㄈㄨˊ），古寫作「市」，最早天子穿朱紱，諸侯穿赤紱；後來朱紱也作為天子的恩寵封賜給高官。　征凶：輕舉妄動會有兇險。征，行也，此指外出行動。

六三：困于石，據於蒺藜，入於其宮，不見其妻，凶。

《象》曰：「據於蒺藜」，乘剛也。「入於其宮，不見其妻」，不祥也。

【注】困于石：被石頭絆倒的困境。　據於蒺藜：手抓住帶刺的蒺藜。　乘剛：凌駕於陽剛之上。六三陰爻乘駕九二陽爻之象。

九四：來徐徐，困于金車，吝，有終。

《象》曰：「來徐徐」，志在下也。雖不當位，有與也。

【注】來徐徐：來得遲緩。困于金車：受豪華車的故障之困。言條件優越而偶遇小困。志在下：志向仍在低級職位。雖不當位句：雖職位不適當，而有人相助。與，幫助。

九五：劓刖，困於赤紱，乃徐有說，利用祭祀。

《象》曰：「劓刖」，志未得也。「乃徐有說」，以中直也。「利用祭祀」，受福也。

【注】劓（ㄧˋ）刖（ㄩㄝˋ）：兩種體罰酷刑。劓，割鼻子；刖，斷足。困於赤紱：受陷居於尊位的困境。大概指施用酷刑的剛猛行為招致困境。赤紱，參見本卦九二爻辭注釋。乃徐有說：會逐漸有喜悅。徐，漸也。中直：剛中正直。受福，受到神靈保佑賜福。

上六：困于葛藟，於臲卼，曰動悔。有悔，征吉。

《象》曰：「困于葛藟」，未當也。「動悔有悔」，吉行也。

【注】困于葛藟（ㄌㄟˇ）：受葛藤纏繞之困。葛藟，兩種藤蔓植物。臲（ㄋㄧㄝˋ）卼（ㄨˋ），困頓不安之貌。亦作「臬兀」、「峴屼」等。《周易正義》：「臲卼，動搖不安之辭。」曰動悔：可以說動輒有悔。征：行也，言採取相應措施。動悔有悔：動輒有悔而能及時悔過自新。

井（卦四十八）

（巽下坎上）

井：改邑不改井，無喪無得。往來井井。汔至，亦未繘井，羸其瓶，凶。

【注】本卦以井為喻講修己養人之道。　井：水井。　改邑句意：城鎮面貌改變而井始終不改變，它既不枯竭也不滿溢，以滿足來來往往的眾人用水之需。　井井：取井水于井中。前井為動詞，後井為名詞，中間省略介詞於。　汔（ㄑㄧˋ）至：河水乾涸來臨。《說文》：「汔，水涸也。」　未繘（ㄐㄩˊ）井：沒有準備繩索取井水。《說文》：「繘，綆也。」「綆，汲井綆也。」　羸其瓶：汲井水的器皿弄破了。《周易本義》：「羸，敗也。」

《彖》曰：巽乎水而上水，《井》。井養而不窮也。「改邑不改井」，乃以剛中也。「汔至，亦未繘井」，未有功也。「羸其瓶」，是以凶也。

【注】巽乎句意：木勺入水而取水上來。巽，為木，為入。上水，使水上來。上，使……上來，此乃古漢語中常見名詞活用為動詞的使動用法。　井養而不窮：井以

水供養人們而不乾枯。　乃以剛中：本卦陽爻居中位，故云。

《象》曰：木上有水，《井》。君子以勞民勸相。

【注】木上有水：本卦下卦巽為木，上卦坎為水，為木上有水之象。　勞民勸相：使民眾勤勞，勉勵他們互相幫助。相，互助。

初六：井泥不食。舊井無禽。

《象》曰：「井泥不食」，下也。「舊井無禽」，時舍也。

【注】井泥不食：井水含泥沙不能飲用。　舊井無禽：廢舊古井鳥兒不光顧。　下也：是泥沙淤積在下面。　時舍也：是被時代拋棄。

九二：井谷射鮒，甕敝漏。

《象》曰：「井穀射鮒」，無與也。

【注】井谷射鮒：井下撈小魚。井谷，井中容水之處，猶言「井下」，「井底」。射鮒，撈取小魚。射，逐取，撈取。鮒（ㄈㄨˋ），小魚。　甕敝漏：打水的瓦罐破漏。（因用來撈小魚弄破了。）敝，壞，破。　無與：沒有人幫助。

九三：井渫不食，為我心惻。可用汲，王明並受其福。

《象》曰：「井渫不食」，行「惻」也。求「王明」，「受福」也。

【注】井渫不食：井水已淘治乾淨而不飲用。渫（ㄒㄧㄝˋ），水中去穢。為我心惻：使我心裏悲傷不悅。可用汲：可以取來飲用。王明：君王英明。並受其福：都享受君王英明帶來的幸福。行惻：產生傷心情緒。行，出現，產生。

六四：井甃，無咎。

《象》曰：「井甃無咎」，修井也。

【注】井甃：水井砌築井壁。甃（ㄓㄡˋ），以磚修井。《說文》：「甃，謂用磚為井垣也。」

九五：井冽寒泉，食。

《象》曰：「寒泉」之「食」，中正也。

【注】井冽寒泉：井水清澈潔淨勝於寒冷的泉水。冽（ㄌㄧㄝˋ），水清。《說文》：「冽，水清也。」寒泉，冰冷的泉水。《周易正義》：「必言『寒泉』者，清而冷者，水之本性，遇物然後濁而溫，故言寒泉以表潔也。」中正：謂九五陽爻居陽位，居中位正，符合中正之道。

上六，井收勿幕，有孚元吉。

《象》曰：「元吉」在上，大成也。

【注】井收勿幕：井水打好後收拾汲水諸用具，不要蓋井口。《周易集解》引虞翻曰：「幕，蓋也。收，謂以轆轤收繘也。」　大成：大功告成。

革（卦四十九）

䷰（離下兌上）

革：己日乃孚，元亨，利貞，悔亡。

【注】本卦講革除舊弊的事象與道理。　革：改變，變革。己日乃孚，到了己日才可取信於人。己，十天干之一，居第六位。此言改革行動一開始往往不被人們認識，受到守舊勢力的阻撓，要到一定時候才被人信服。

《彖》曰：革，水火相息，二女同居，其志不相得，曰革。「己日乃孚」，革而信之。文明以說，大亨以正。革而當，其悔乃亡。天地革而四時成，湯武革命，順乎天而應乎人。革之時大矣哉！

【注】相息：相互止息，相互消滅。　二女同居：二位女子同居一室（或謂同嫁一個丈夫）。　文明以說：文采彰明而喜悅。本卦下卦離為文明，上封兌為喜悅。

說，通「悦」。　大亨以正：極其通順而正當。　革而當：改革而能得當。　天地革而四時成：天地變革而形成一年四季。　湯武革命：指商湯革除消滅夏桀政權和周成王革除消滅商紂王政權兩次巨大的歷史變革。

《象》曰：澤中有火，《革》。君子以治曆明時。

【注】澤中有火：本卦下卦離為火，上卦兑為澤，為澤中有火之象。　治曆明時：整理制定曆法，曉明時令變化。

初九：鞏用黃牛之革。

《象》曰：「鞏用黃牛」，不可以有為也。

【注】鞏用黃牛之革：用黃牛的皮繫縛牢固。鞏，鞏固，使牢固。不可以有為，指變革之初不要輕舉妄動。

六二：己日乃革之，征吉，無咎。

《象》曰：「己日革之」，行有嘉也。

【注】征吉：採取行動是吉祥的。　行有嘉：改革行動會獲得嘉許和贊助。

九三：征凶。貞厲。革言三就有孚。

《象》曰：「革言三就」，又何之矣。

【注】征凶：行動中可能有兇險。　貞厲：行為正當也可能有危險。　革言三就有孚：多次進行改革討論，以取信於人。言，談論，討論。就，成，完成。　又何之：又能做什麼呢？又能怎麼樣呢？之，往，去。　何之：何往，去哪裏，古漢語中賓館前置句式，疑問代詞賓語往往提到謂語之前。

九四：悔亡。有孚改命吉。

《象》曰：「改命」之「吉」，信志也。

【注】有孚改命吉：有誠信革命就吉祥。改命，革命。信志，志向得到實現。信，通「伸」，伸展，展開，實現。

九五：大人虎變，未佔有孚。

《象》曰：「大人虎變」，其文炳也。

【注】大人虎變：大人像猛虎般推行變革。《周易集解》引馬融曰：「『大人虎變』，虎變威德，折沖萬里，望風而信。」　未佔有孚：沒有占卜而有誠信。言偉大的革命符合時勢人心，不庸置疑而萬民信從。　其文炳：老虎皮毛的花紋色彩斑斕。比喻大人改革威德文采彰明。

上六：君子豹變，小人革面，征凶，居貞吉。

《象》曰：「君子豹變」，其文蔚也。「小人革面」，順以從君也。

【注】君子豹變：君子像豹子般推行改革。　小人革面：小人改革面貌。言開始不擁護革命的人改變傾向。　征凶：激進不止會有兇險。改革亦有限度，過猶不及。　居貞吉：保持改革成果吉利。　其文蔚：豹子皮毛的花紋光耀蔚然。《說文》：「豹，似虎圜文。」豹子是類虎而小的動物，故用以比喻君子緊緊隨從大人的改革。　順以從君：謂小人順從君子推行的改革行動。

鼎（卦五十）

䷱（巽下離上）

鼎：元吉，亨。

【注】本卦講述有關破舊立新之事理。　鼎：古代烹煮的食具。鼎在古代還是象徵王權尊嚴的寶物，改朝換代之後，新登位的君王先要鑄鼎，頒佈法律，以象徵新時代的開始。　元吉：大吉。

《彖》曰：《鼎》，象也。以木巽火，亨飪也。聖人亨以享上帝，而大亨以養聖賢。巽而耳目聰明，柔進而上行，得中而應乎剛，是以「元亨」。

【注】象：象徵。以木巽火：用木柴放入火中。巽，為木，為入。亨（ㄆㄥ）飪：烹飪，烹煮食物。亨以享上帝：烹飪食物來祭祀上帝。大亨句：大量烹飪食物來供養聖賢。巽而耳目聰明：謙遜而耳聰目明。柔進而上行：初六陰爻上升到六五陰爻，故云。得中而應乎剛：六五陰爻居上卦之中，與下卦九二陽爻相應。

《象》曰：木上有火，《鼎》。君子以正位凝命。

【注】木上有火：本卦下卦巽為木，上卦離為火，為木燃燒而火上炎之象。正位凝命：端正職位，固守完成使命。

初六：鼎顛趾，利出否。得妾以其子，無咎。

《象》曰：「鼎顛趾」，未悖也。「利出否」，以從貴也。

【注】鼎顛趾：鼎顛倒過來腳朝上。顛趾，以趾為顛，使鼎腳朝頂上。利出否：利於傾倒去除汙穢。否（ㄆㄧ），汙穢。得妾以其子：為了生兒子而納妾。未悖：沒有違背常理。從貴：聽從貴人，指便於新主人使用鼎器。

九二：鼎有實，我仇有疾，不我能即，吉。

《象》曰：「鼎有實」，慎所之也。「我仇有疾」，終無尤也。

【注】鼎有實：鼎中裝有食物。 我仇有疾：我的妻子有病。仇，配偶。 不我能即：即不能即我，不能親近我。此為古漢語常見否定句代詞賓語前置句式。 慎所之：慎重去向，慎重選擇。 終無尤：最終沒有過錯。

九三：鼎耳革，其行塞，雉膏不食，方雨，虧，悔，終吉。

《象》曰：「鼎耳革」，失其義也。

【注】鼎耳革：鼎耳被革除，鼎耳脫落了。 其行塞：（因沒了鼎耳）鼎的運行受阻、受妨礙。《周易集解》引虞翻曰：「鼎以耳行，耳革鼎塞。」 雉膏不食：肥美的野雞無法享用。 方雨：正好下雨。虧，虧損，毀損。 失其義：失去了它的作用（指鼎耳不能用來搬鼎了）。義，意義，作用。

九四：鼎折足，覆公餗，其形渥，凶。

《象》曰：「覆公餗」，信如何也。

【注】覆公餗：翻倒弄灑了王公的食物。餗（ㄙㄨˋ），食糜，泛指食物。其形渥，鼎身沾濡（食物油污）。渥（ㄨㄛˋ），沾濡。《說文》：「渥，霑也。」 信如何：到底能怎麼樣呢？信，確信，到底。

六五：鼎黃耳金鉉，利貞。
《象》曰：「鼎黃耳」，中以為實也。
【注】鼎黃耳金鉉：鼎具有黃色的耳、金屬的鉉。鉉（ㄒㄩㄢˋ），穿入鼎耳以便扛鼎的用具。中以為實：居中而安裝結實，指鼎耳位置適中而又安裝結實。
上九：鼎玉鉉，大吉，無不利。
《象》曰：「玉鉉」在「上」，剛柔節也。
【注】鼎玉鉉：鼎配有飾玉的鉉、有鑲嵌寶玉的鉉。泛指鼎具華貴。剛柔節：剛柔相互調節。指剛強的鼎配上飾玉的鉉而言，因玉有溫潤之性也。亦指上九陽爻與六四陰爻之間關係而言。

震（卦五十一）

䷲（震下震上）

震：亨。震來虩虩，笑言啞啞，震驚百里，不喪匕鬯。
【注】本卦講的是雷震的諸般表現和應對方法。震：震動，這裏專指雷聲震動。

震來虩虩：雷震降臨使人恐怖。虩虩（ㄒㄧˋ），恐懼貌。笑言啞啞：談笑自若。啞啞，笑語聲。《說文》：「啞，笑也。」不喪匕鬯：沒有掉落手中勺裏的香酒。意指祭祀活動照常進行。匕（ㄅㄧˇ），羹匙，勺。鬯（ㄔㄤˋ），香酒。

《彖》曰：震，「亨」。「震來虩虩」，恐致福也。「笑言啞啞」，後有則也。「震驚百里」，驚遠而懼邇也。「不喪匕鬯」，出可以守宗廟社稷，以為祭主也。

【注】恐致福：恐懼警惕可帶來幸福。後有則：後來恢復常態。則，常規，常態。驚遠而懼邇：使遠與近的地方都驚懼。邇，近。出可以守宗廟社稷：出山任事可以守護國家（安全）。宗廟，祭祀祖宗的廟堂；社稷，祭祀社神（土神）和稷神（谷神）的祭壇。宗廟、社稷是國家的象徵。以為祭主：擔當祭祀的主持者。古代政教一體，主祭者即為君主。

《象》曰：洊雷，《震》。君子以恐懼修省。

【注】洊雷：重複打雷，接連打雷，雷聲陣陣。洊（ㄐㄧㄢˋ），重複。恐懼修省，（時時震驚）恐懼而修養反省。

初九：「震來虩虩」，後「笑言啞啞」，吉。

《象》曰：「震來虩虩」，恐致福也。「笑言啞啞」，「後」有則也。

【注】參見本卦《象》辭的注釋。

六二：震來厲，億喪貝，躋於九陵，勿逐，七日得。

《象》曰：「震來厲」，乘剛也。

【注】震來歷：疾雷響起迅猛危險。億喪貝：丟失了錢財。億，繁體字原寫作億，通噫，表示歎息的語氣詞。《周易集解》引虞翻曰：「億，惜辭也。」躋於九陵：登上高高的山陵（去尋找）。躋（ㄐㄧˋ），登。九陵，九重之山陵，言其高也。勿逐：不用追尋。七日得：七天之內即可得到（失去的錢財）。乘剛：指六二陰爻淩駕於初九陽爻之上。

六三：震蘇蘇，震行無眚。

《象》曰：「震蘇蘇」，位不當也。

【注】震蘇蘇：雷聲震響使人畏懼不安。蘇蘇，《周易正義》：「畏懼不安之貌。」震行無眚：雷聲震動持續不斷但沒有災害。行，運行。眚（ㄕㄥˇ），眼病，引申為災害。位不當：位置不合適。指六三陰爻居陽位。

九四：震遂泥。

《象》曰：「震遂泥」，未光也。

【注】震遂泥：雷聲震響而驚荒墜落泥潭中。遂，高亨《周易大傳今注》：「遂借為隊，隊即古墜字。」　未光：不光彩，即丟醜。

六五：震往來，厲。億無喪有事。

《象》曰：「震往來厲」，危行也。其事在中，大「無喪」也。

【注】億無喪有事：不耽誤事情。億，通噫，見本卦六二爻辭的注釋。中華書局影印阮元校本「億」作「意」。　危行：危險情況。　其事在中：指其事在雷聲中進行。　大無喪：根本不礙事，完全沒問題。

上六：震索索，視矍矍，征凶。震不於其躬於其鄰，無咎。婚媾有言。

《象》曰：「震索索」，中未得也。雖「凶」「無咎」，畏鄰戒也。

【注】震索索：雷聲中驚懼得索索發抖。　視矍矍：眼睛左右驚顧。極其恐怖的神態。矍矍（ㄐㄩㄝˊ），驚慌四顧的樣子。　征凶：表明情況兇險。　震不於其躬於其鄰：雷擊不在自身而在其鄰居。　婚媾有言：婚媾之事會有言辭責怪。　中未得：中正（而不受雷震影響的）效果未能得到。　畏鄰戒：害怕鄰居那種遭遇而引起戒備。

艮（卦五十二）

䷳（艮下艮上）

艮：艮其背，不獲其身，行其庭，不見其人，無咎。

【注】本卦講靜止及與之相對應的行動諸事理，講動靜關係及其哲理。　艮（ㄍㄣˋ）：靜止，停止。　艮其背：（眼光）只停留在其背面。　不獲其身：沒有得見其全體面貌。

《彖》曰：《艮》，止也。時止則止，時行則行，動靜不失其時，其道光明。艮其止，止其所也。上下敵應，不相與也。是以不獲其身，行其庭，不見其人，無咎也。

【注】時止則止：時機適宜停止就停止。　其道光明：這個道理是明白的，或謂其前途是光明的。　《艮》其止：《艮》卦所說的「止」。　止其所：停止在該停止的地方。　上下敵應：上下完全對應。指上下卦重疊；或指六爻初與四、二與五、三與上，均為陽爻對陽爻，或陰爻對陰爻。　不相與：不能相互支助。與，助，支持。

《象》曰：兼山，《艮》。君子以思不出其位。

【注】兼山：兩重山。本卦上下艮卦重疊，艮為山，故云。　思不出其位：思考謀略不要越離正位。即思慮周到，從而動靜適時，無過與不及。

初六：艮其趾，無咎。利永貞。

《象》曰：「艮其趾」，未失正也。

【注】艮其趾：停下其腳步。趾，腳趾，泛指腳，引申為腳步。　利永貞：宜於永遠守正堅貞。　未失正：沒有偏離正道。

六二：艮其腓，不拯其隨，其心不快。

《象》曰：「不拯其隨」，未退聽也。

【注】艮其腓：停住其小腿。腓，小腿肚。　不拯其隨：不能抬起腳。拯（ㄓㄥˇ），向上舉，抬起。隨，後腳跟從前腳曰隨，隨也可代指腳。　未退聽：沒有退讓聽從。

九三：艮其限，列其夤，厲，熏心。

《象》曰：「艮其限」，危「熏心」也。

【注】艮其限：停住其腰。限，腰部。《周易本義》：「限，上下身之際，即腰胯

也。」　列其夤：分隔其軀幹上下。列，分解，分裂。夤（一ㄣˊ），夾脊肉，泛指軀幹。厲熏心：危險使其心中焦灼，危險煎熬其心。厲，危險。熏，烤灼。

六四：艮其身，無咎。

《象》曰：「艮其身」，止諸躬也。

【注】艮其身：停止其整體。身，身體，指整個身體。與卦辭「不獲其身」之「身」的意思相同。　止諸躬：止住其身體全部。

六五：艮其輔，言有序，悔亡。

《象》曰：「艮其輔」，以中正也。

【注】艮其輔：管住其口頰。意指謹慎言語。輔，頰骨。　中正：指言語中和正確。

上九：敦艮，吉。

《象》曰：「敦艮」之「吉」，以厚終也。

【注】敦艮：努力堅持艮止（的原則）。敦，勉力，努力。　厚終：忠厚地（堅持艮止）一直到最後。

漸（卦五十三）

䷴（艮下巽上）

漸：女歸吉，利貞。

【注】本卦講事物發展循序漸進的道理。　漸：逐漸。　女歸吉：女兒出嫁吉利。歸，嫁。

《彖》曰：《漸》之進也。「女歸吉」也，進得位，往有功也。進以正，可以正邦也。其位剛得中也。止而巽，動不窮也。

【注】進得位：前進得到適當位置。　進以正：前進而堅守正道。　其位剛得中：本卦九五陽爻居上卦中位，故云。　止而巽：本卦下卦艮為止，上卦巽為木為謙遜，故云。　動不窮：行動不會困窮。

《象》曰：山上有木，《漸》。君子以居賢德善俗。

【注】山上有木：漸卦下卦艮為山，上卦巽為木，故其象為山上有木。　居賢德善俗：培養積累賢良品德、美好風俗。居，積，積累、培養。

初六：鴻漸於干。小子厲有言，無咎。

《象》曰：「小子」之「厲」，義「無咎」也。

【注】鴻漸於干：天鵝漸漸來到河岸上。鴻，鴻雁，天鵝。干（ㄍㄢ），河岸。小子厲有言：小孩子（見了天鵝）害怕地叫喊起來。義，義理，道理；按理應當。

六二：鴻漸於磐，飲食衎衎，吉。

《象》曰：「飲食衎衎」，不素飽也。

【注】鴻漸於磐：天鵝慢慢地走到磐石上。　飲食衎衎：歡快地吃東西，衎衎（ㄎㄢˋ），歡快貌。《周易本義》：「衎衎，和樂意。」　不素飽：平素沒有吃飽，以前沒有吃飽。

九三：鴻漸於陸。夫征不復，婦孕不育，凶。利禦寇。

《象》曰：「夫征不復」，離群醜也。「婦孕不育」，失其道也。「利用禦寇」，順相保也。

【注】夫征不復：丈夫出征不回家。　婦孕不育：妻子懷孕而不生育（或許指流產未及撫育）。　利禦寇：應當抵禦入侵的敵寇。　離群醜：離開了成群眾多的同伴。醜，通儔，同類，同伴。　順相保：順勢相保。

六四：鴻漸於木，或得其桷，無咎。

《象》曰：「或得其桷」，順以巽也。

【注】鴻漸於木：天鵝慢慢上到樹上。　或得其桷：偶爾站到了粗大平伸的樹枝上。桷（ㄐㄩㄝˊ），方形椽木。這裏指橫伸粗樹枝。　順以巽：順勢利用樹木。

九五：鴻漸於陵，婦三歲不孕，終莫之勝，吉。

《象》曰：「終莫之勝吉」，得所願也。

【注】鴻漸於陵：天鵝慢慢地上到山陵上。　終莫之勝：（外寇）終究不能戰勝之。這是古漢語否定句中代詞賓語前置句式，猶言「終莫勝之」。　得所願：實現了「禦寇」的願望。

上九：鴻漸于阿，其羽可用為儀，吉。

《象》曰：「其羽可用為儀吉」，不可亂也。

【注】鴻漸于阿：天鵝慢慢走到了高山上。阿，高山。《說文》：「阿，大陵也。」另有人認為原文或作「鴻漸於陸」，「陸」當是「逵」之誤，「逵」為天上雲路，指天鵝飛上了天。　為儀：用作儀仗的旗幟。不可亂，不可隨便處置。

歸妹（卦五十四）

䷵（兌下震上）

歸妹：征凶，無攸利。

【注】本卦講妹妹陪嫁這種歸妹及有關婚姻諸事。 歸妹：嫁妹，本卦中的歸妹指妹妹陪嫁給姐夫做妾。征凶：表明有兇險。無攸利，沒好處。

《彖》曰：《歸妹》，天地之大義也。天地不交而萬物不興。《歸妹》，人之終始也。說以動，所歸妹也。「征凶」，位不當也。「無攸利」，柔乘剛也。

【注】天地之大義：此就廣義角度男女婚配而言，是天經地義的大事。 人之終始：是人仁之開始和歸宿。 說以動：男女相歡悅從而有婚姻行為。本卦下兌為悅，上震為動。 位不當：本卦二至五爻居位不當，亦指妹陪姐出嫁做妾的地位不當。 柔乘剛：本卦六三以陰乘九二之陽，六五、上六之陰乘九四之陽。

《象》曰：澤上有雷，《歸妹》。君子以永終知敝。

【注】澤上有雷：本卦下卦兌為澤、上卦震為雷，為澤上有雷之象。 永終知敝：

知曉這種終身大事的弊病。（指歸妹為妾）

初九：歸妹以娣。跛能履，征吉。

《象》曰：「歸妹以娣」，以恒也。「跛能履吉」，相承也。

【注】歸妹以娣：以妹妹作為陪嫁。娣（ㄉㄧˋ），妹妹。《說文》：「娣，女弟也。」古代數女同嫁一夫，眾妾相稱為娣姒（ㄙˋ），長為姒，幼為娣。 跛能履：像跛子也能穿鞋走路。 以恒：為了婚姻關係長久。 相承：相助，指承擔做妾的義務。

九二：眇能視，利幽人之貞。

《象》曰：「利幽人之貞」，未變常也。

【注】眇能視：像瞎了一隻眼還能看。眇（ㄇㄧㄠˇ），偏盲。 利幽人之貞：有利婦女們堅貞固守正道。 未變常：沒改變常規。指妹妹能保持不越妾的常規位置。

六三：歸妹以須，反歸以娣。

《象》曰：「歸妹以須」，未當也。

【注】歸妹以須：用姐姐作為陪嫁。須借為嬃，姊也，即姐姐。 反歸以娣：將妹妹逐回父母家。 未當：不恰當，不合適。因為爻辭所述這種情況與其時風俗相違

背，故云未當。

九四：歸妹愆期，遲歸有時。

《象》曰：「愆期」之志，有待而行也。

【注】歸妹愆期：出嫁誤過了期限。愆（ㄑㄧㄢ），過失，錯過。 遲歸有時：推遲出嫁又有了日子。

六五：帝乙歸妹，其君之袂不如其娣之袂良。月幾望吉。

《象》曰：「帝乙歸妹」，「不如其娣之袂良」也。其位在中，以貴行也。

【注】帝乙歸妹：帝乙嫁妹。帝乙，商朝的一個君主，一般認為是紂王的父親。將妹妹嫁給後來的周文王。 其君之袂句：將要出嫁為正妻的姐姐的衣飾不如陪嫁妹妹的衣飾漂亮。君，古代有諸侯之妻稱君或小君者。袂（ㄇㄟˋ），衣袖，泛指衣飾。 月幾望：月亮接近月中十五，即月欲圓之時，象徵婚事圓滿。望，農曆每月十五稱望。 其位在中句：指姐姐處在正妻的位置，以尊貴身份出嫁。

上六：女承筐無實，士刲羊無血，無攸利。

《象》曰：「上六」「無實」，「承」虛「筐」也。

【注】女承筐無實：女子背著竹筐，裏面沒物品。 士刲羊無血：男士殺羊，卻未

見血。（指未殺到羊）。刲（ㄎㄨㄟ），割殺。

豐（卦五十五）

䷶（離下震上）

豐：亨，王假之。勿憂，宜日中。

【注】本卦講遇到大事的諸般情況。　豐：豐盛，碩大。　亨：享，祭祀。　王假之：君王利用祭祀。假，借助，利用。　宜日中：（指祭祀時間）最好選在正午時分。

《彖》曰：《豐》，大也。明以動，故《豐》。「王假之」，尚大也。「勿憂宜日中」，宜照天下也。日中則昃，月盈則食，天地盈虛，與時消息，而況於人乎，況於鬼神乎？

【注】明以動：本卦下卦離為明，上卦震為動，故云。　尚大：重視大事。　日中則昃：太陽到了正午之後開始偏西。昃（ㄗㄜˋ），太陽偏西。　月盈則食：月亮圓滿了就開始虧缺。食，通「蝕」，殘蝕，虧缺。　與時消息：隨時消滅或增長。

消，消滅。息，增長。

《象》曰：雷電皆至，《豐》。君子以折獄致刑。

【注】雷電皆至：打雷、閃電都來了。即雷電交加，本卦上卦震為雷，下卦離為明為閃電，故云。 折獄致刑：斷訟獄，施刑罰。

初九：遇其配主，雖旬無咎，往有尚。

《象》曰：「雖旬無咎」，過旬災也。

【注】遇其配主：在外遇到女主人。 雖旬無咎：只在十天內無妨。雖，帛書《周易》寫作「唯」。 往有尚：前往會有獎賞。尚，同賞。

六二：豐其蔀，日中見斗。往得疑疾，有孚，發若吉。

《象》曰：「有孚發若」，信以發志也。

【注】豐其蔀：使遮蔽陽光的席棚擴大些。豐，這裏為古代漢語中常見形容詞使動用法，意為「使…豐」。蔀（ㄅㄨˋ），用來遮蔽陽光的草席。 日中見斗：正午時只見到斗棚（而不見日光）。斗，斗帳，斗棚，似斗的棚席、帷帳。 往得疑疾：前往（觀看）得了疑心病。即產生了大疑惑。 有孚：有誠信。 發若：揭開棚席。發，揭開。若，猶而，連詞。 信以發志：誠信使心志明亮（而疑惑消解）。

九三：豐其沛，日中見沫，折其右肱，無咎。

《象》曰：「豐其沛」，不可大事也。「折其右肱」，終不可用也。

【注】豐其沛：擴大遮陽的帷幔。沛，通旆，指帷幔。沫（ㄇㄟˋ）：通「昧」，此指黑暗。另高亨《周易大傳今注》：「沫借為魅，妖魔也。」　折其右肱：折斷了右臂。

九四：豐其蔀，日中見鬥，遇其夷主，吉。

《象》曰：「豐其蔀」，位不當也。「日中見斗」，幽不明也。「遇其夷主」，「吉」行也。

【注】遇其夷主：遇見了傷蔽的舊主人。指見到被遮的太陽。夷，傷，這裏指遮蔽。主，主人，此指太陽。　位不當：九四陽爻處陰位，故云。

六五：來章有慶譽，吉。

《象》曰：「六五」之「吉」，有慶也。

【注】來章：（指揭開遮陽席棚帷幔後）招來文采彰明。有慶譽，有喜慶和讚譽。

上六：豐其屋，蔀其家，窺其戶，闃其無人，三歲不覿，凶。

《象》曰：「豐其屋」，天際翔也。「窺其戶，闃其無人」，自藏也。

【注】豐其屋：即「其屋豐」，其房子真大。為古漢語中感歎句主謂倒置句式。蔀其家：即「其家蔀」，其家如此密閉（不透光）。窺其戶：從門縫往裏看。窺，偷看。戶，門。闃其無人：寂靜無人。闃（ㄑㄩˋ），寂靜。三歲不覿：多年見不到人（出入此門戶）。覿（ㄉㄧˊ），見，相見。天際翔：飛到天邊。極言飛得高，喻指屋主人發達之時情景。自藏：各自躲藏起來了。

旅（卦五十六）

䷷（艮下離上）

旅：小亨。旅貞吉。

【注】本卦講旅行客居在外的事象與道理。旅：出外旅行。小亨：即小有亨通。旅貞吉：旅行在外，守正堅貞則吉利。《周易正義》曰：「既為羈旅，苟求僅存，雖得自通，非甚光大，故《旅》之為義，小亨而已，故曰『旅，小亨』。羈旅而獲小亨，是旅之正吉，故曰『旅貞吉』也。」

《彖》曰：《旅》「小亨」，柔得中乎外，而順乎剛，止而麗乎明，是以「小亨旅貞吉」也。旅之時義大矣哉！

【注】柔得中乎外：旅行在外，柔順而得守中正之道。外卦離之中爻為陰爻，故云。　順乎剛：順從陽剛。指二、五爻之上都是陽爻，故云。　止而麗乎明：旅途次居應寄居在光明善良之房東家。本卦下卦為艮為止，上卦為離為明，故云。　旅之時義大矣哉：旅行之中因時制宜其意義重大啊。

《象》曰：山上有火，《旅》。君子以明慎用刑而不留獄。

【注】山上有火：本卦下卦艮為山，上卦離為火，為山上有火之象。　明慎用刑而不留獄：查明底細慎重使用刑罰，而不遺留判罰不明之獄案。

初六：旅瑣瑣，斯其所取災。

《象》曰：「旅瑣瑣」，志窮「災」也。

【注】旅瑣瑣：旅途中猥瑣卑賤。瑣瑣，瑣碎不堪，猥瑣卑賤。　斯其所取災：這是旅居者招致災禍的原因。　志窮災也：是缺乏志氣的災禍。

六二：旅即次，懷其資，得童僕，貞。

《象》曰：「得童僕貞」，終無尤也。

【注】旅即次：旅行者住進旅舍。即次，就宿。即，就；次，舍。　懷其資：收藏

好他的錢財。即收藏好旅資以防盜賊。　終無尤：到底沒錯。

九三：旅焚其次，喪其童僕，貞厲。

《象》曰：「旅焚其次」，亦以傷矣。以旅與下，其義「喪」也。

【注】旅焚其次：旅途所居客棧失火。貞厲，真是危險。　以旅與下：因為旅行而與童僕共住一舍。與，共處。下，下人，童僕。　其義喪：這樣當然會「喪其童僕」。義，宜，當然會。

九四：旅於處，得其資斧，我心不快。

《象》曰：「旅於處」，未得位也。「得其資斧」，「心」未「快」也。

【注】旅於處：旅客在住處。　得其資斧：搞到一把借以防身防盜的斧頭。資，幫助。另《周易集解》引王弼曰：「斧所以斫除荊棘，以安其舍者也。」可參。　我心不快：（因旅途出現喪僕等事故而）讓我心中不愉快，提心吊膽。　未得位：沒有合適住處。九四陽爻居陰位，故云。

六五：射雉，一矢亡，終以譽命。

《象》曰：「終以譽命」，上逮也。

【注】射雉：（用箭）獵射野雞。　一矢亡：一枝箭丟失了。亡，失去。　終以譽

命：終於得到讚譽，得到射雉的美名。　上逮也：是上級給與的。逮，及也，給與。

上九：鳥焚其巢，旅人先笑後號咷。喪牛于易，凶。

《象》曰：以「旅」在「上」，其義「焚」也。「喪牛于易」，終莫之聞也。

【注】號咷（ㄊㄠˊ）：大聲哭泣。咷，大哭。　喪牛于易：在易地丟失了牛。易，地名，或以為是「有易」地名。　終莫之聞：最後沒有打聽找到丟失的牛。之，代指牛。古漢語否定句中代詞作賓語往往前置，是賓語前置句式，即「莫聞之」。

巽（卦五十七）

䷸（巽下巽上）

巽：小亨。利有攸往。利見大人。

【注】本卦講恭順謙遜之道。　巽（ㄒㄩㄣˋ）：恭順，謙遜。　小亨：小有亨通。另本卦卦名《帛書周易》寫作「筭」，筭（ㄙㄨㄢˋ），算籌，計算的工具。引申為籌算，運籌。從而本卦有運籌決策發佈命令之義。

《彖》曰：重巽以申命。剛巽乎中正而志行。柔皆順乎剛，是以「小亨，利有攸往，利見大人」。

【注】重巽以申命：加倍恭順地闡明任務使命。重巽，就本卦為兩個巽卦上下相重而言。申，表達，闡明。　剛巽乎中正而志行：陽剛恭順處於中正位置而志向得以實現。本卦二、五爻陽位均為陽爻，是之謂正；而又都處上下卦之中位，是之謂中。巽，入也，順也。　柔皆順乎剛：指本卦初、四兩個陰爻皆處兩個陽爻之下，故云。

《象》曰：隨風，《巽》。君子以申命行事。

【注】隨風：本卦上下卦均為巽，巽為風，故為兩風相隨之象，為風隨著風之象。　申命行事：頒佈、重申命令，實施、推行政事。

初六：進退，利武人之貞。

《象》曰：「進退」，志疑也。「利武人之貞」，志治也。

【注】進退：是進還是退（疑惑不定）。　利武人之貞：宜於像勇武之人堅守正道。武人，勇武之人，或指軍事指揮員。　志疑：心志疑慮不定。　志治：心志（由疑惑混亂而通過運籌變得）清晰有序了。

九二：巽在床下，用史巫紛若，吉，無咎。

《象》曰：「紛若」之「吉」，得中也。

【注】巽在床下：（軍事指揮者即初六爻辭所云武人）在床下運算。巽，這裏意指運籌、籌畫。《帛易》寫作「筭」。床，古代尊者的大型坐具，不同於今天的床專指睡覺的床。古禮尊者在床，卑者在床下。大臣在床下為君王出謀劃策。用史巫紛若：採納史官和巫祝的各種意見。若，句末語氣詞。得中：得出適合、中肯的結論。指對史官們所談歷史的殷鑒和巫祝們對未來的預測等諸般資訊，進行分析後綜合總結，得出最集中的中肯結論。也是從九二陽爻居下卦之中位而言。

九三：頻巽，吝。

《象》曰：「頻巽」之「吝」，志窮也。

【注】頻巽：愁眉苦臉而順從。頻，通顰（ㄆㄧㄣˊ），皺眉頭，頻即顰蹙，不快樂。志窮：很不得意，因迫不得已。

六四：悔亡，田獲三品。

《象》曰：「田獲三品」，有功也。

【注】田獲三品：打獵獲得了三類獵物。田，田獵，古代春天打獵稱為田，泛指打獵活動。

九五：貞吉，悔亡，無不利，無初有終。先庚三日，後庚三日，吉。

《象》曰：「九五」之「吉」，位正中也。

【注】無初有終：沒有好開頭卻有好結尾。起初不順然而結局很好。　先庚三日句：《周易本義》：「先庚三日，丁也；後庚三日，癸也。」即丁日和癸日為吉日。　位正中：九五陽爻居陽位且在上卦中爻位置，是最為正中之位，故云。

上九：巽在床下，喪其資斧，貞凶。

《象》曰：「巽在床下」，「上」窮也。「喪其資斧」，正乎「凶」也。

【注】巽在床下：請參見本卦九二爻辭的注釋。　喪其資斧：丟失了其賴以幫助的斧子。資，借助，幫助。　「上」窮：再往上無路可走。窮途末路到盡頭。　正乎「凶」：一般會是兇險的，按正常情況推測當是兇險的。

兌（卦五十八）

䷹（兌下兌上）

兌：亨。利貞。

【注】本卦講述喜悅和談說諸事象與道理。　兑：通「悅」，喜悅，快樂。又通「說」，談說，勸說。《周易本義》：「兑，說（悅）也。一陰進乎二陽之上，喜之見乎外也，其象為澤，取其說（悅）萬物之象。」

《彖》曰：《兌》，說也。剛中而柔外，說以「利貞」，是以順乎天而應乎人。說以先民，民忘其勞。說以犯難，民忘其死。說之大，民勸矣哉！

【注】說：通「悅」，喜悅。　剛中而柔外：剛健於內而柔和於外。　說以「利貞」：謂以正道而悅人。（而非諂以取媚）　說以先民：（使之）喜悅而導民前進。《說文》：「先，前進也。」先民，使民前進。這裏「先」為名詞活用作動詞，是古漢語中的使動用法。　說以犯難：（使之）喜悅而面對困難。犯難，處於困難之中。　說之大：喜悅的巨大效用，使民喜悅的偉大意義。　民勸：使民眾得

到勉勵。

《象》曰：麗澤，《兌》。君子以朋友講習。

【注】麗澤：兩澤相連，澤與澤相接。麗，附著，依附，連接。朋友講習，與朋友討論、學習。兩澤相連，其水交流，故引申到與朋友之間的討論交流。

初九：和兌，吉。

《象》曰：「和兌」之「吉」，行未疑也。

【注】和兑：溫和地交談。兑，通「說」，交談。《周易本義》：「兑，說也。」行未疑：進行交談沒有互相猜疑。

九二：孚兌，吉，悔亡。

《象》曰：「孚兌」之「吉」，信志也。

【注】孚兑：坦誠地交談。孚，誠信，坦誠。兑，通說。信志：抒發情志。使心志得到暢述。信，伸，伸展，舒展。《周易．繫辭下》：「往者屈也，來者信也。」

六三：來兌，凶。

《象》曰：「來兌」之「凶」，位不當也。

【注】來兑：前來諂媚，前來討好。兑，通「悦」，喜悦，使人喜悦。位不當：

位置不恰當，居心不良。《周易集解》：「以陰居陽，故位不當；諂邪求悅，所以必凶。」

九四：商兌未寧，介疾有喜。

《象》曰：「九四」之「喜」，有慶也。

【注】商兌未寧：商談未妥，商討未完。　介疾有喜：疥瘡病癒，癬疥之病向癒。

九五：孚於剝，有厲。

《象》曰：「孚於剝」，位正當也。

【注】孚於剝：誠信有所剝蝕，誠信受到損害。有厲，有危險。位正當，位置正好，指處於「孚於剝」的位置。

上六：引兌。

《象》曰：「上六：引兌」，未光也。

【注】引兌：長久喜悅。引，長，長久。　未光：尚未光大。言喜悅仍須繼續，悅民勸勉之道仍然有待光大之也。

渙（卦五十九）

（坎下巽上）

䷺

渙：亨。王假有廟。利涉大川，利貞。

【注】本卦講渙散問題及解決之道。　渙：離散，渙散。《說文》：「渙，水流散也。」　亨：通「享」，祭祀。　王假有廟：君王利用宗廟（來祭祀）。假，借，借助，利用。有，此處作介詞，相當「於」。

《彖》曰：《渙》，「亨」，剛來而不窮，柔得位乎外而上同。「王假有廟」，王乃在中也。「利涉大川」，乘木有功也。

【注】剛來而不窮：剛健常來而不窮困。本卦九二、九五為陽爻，且為內、外卦的主爻，故云。　柔得位乎外而上同：陰柔在外面獲得地位而得到君上贊同。本卦六四陰爻居外卦的陰位，與上面九五陽剛相應，故云。　王乃在中：君王居九五中正之位。　乘木有功：乘木船（渡河）會有成功。本卦下卦坎為水，上卦巽為木，木在水上，為渡河之象，故云。

《象》曰：風行水上，《渙》。先王以享於帝，立廟。

【注】風行水上：本卦下卦坎為水、上卦巽為風，為風行水上之象。　亨於帝：祭祀上帝。亨，享，祭祀。　立廟：建立宗廟。

初六：用拯馬壯，吉。

《象》曰：「初六」之「吉」順也。

【注】用拯馬壯：用來拯救的馬強壯。　順：柔順。初六陰爻居九二陽爻之下，為陰順陽，故云。

九二：渙奔其機，悔亡。

《象》曰：「渙奔其機」，得願也。

【注】渙奔其機：流散的水奔來沖向其臺階上。（院內臟穢得到沖洗，故云悔恨消失），渙，《說文》：「渙，水流散也。」機，帛書《周易》寫作「階」，臺階。　得願：願望得以實現，即如願以償。

六三：渙其躬，無悔。

《象》曰：「渙其躬，志在外也。」

【注】渙其躬：流散之水沖洗其身體。（其私穢得以洗除，善德清新，自然無

悔。）　志在外：志向在於身外的影響。（指洗穢以後，以清新善德面對社會）

六四：渙其群，元吉。渙有丘，匪夷所思。

《象》曰：「渙其群元吉」，光大也。

【注】渙其群：流散之水沖洗其同伴們。元吉，大吉。元，大。　渙有丘句：流水沖上丘山，水流之大超乎想像。有，於。匪，非。夷，平常。　光大：（其影響）廣大。光，廣。

九五：渙汗其大號，渙王居，無咎。

《象》曰：「王居無咎」，正位也。

【注】渙汗其大號：據《帛書周易》當作「渙其汗，大號」，謂汗流而大哭。渙其汗，使其發汗，大概是發汗治病。　渙王居：流水沖洗王者之居。王居無咎，王者之居不受損害。　正位：謂九五王者尊位乃中正之位。

上九：渙其血，去逖出，無咎。

《象》曰：「渙其血」，遠害也。

【注】渙其血：使其血流出渙散，大概是古代刺血療法用以治療邪熱鬱積之病，使鬱積熱邪隨血發散出去。　去逖出：祛除病邪使遠離體外。去，通祛，祛邪。逖

（ㄉㄧˊ），遠也。 遠害：使身體遠離病邪之傷害。

節（卦六十）

䷻（兌下坎上）

節：亨。苦節，不可貞。

【注】本卦講節制諸事象與道理。 節：節儉，節制。 苦節：過於苛刻地節儉、節制。 不可貞：不能守正堅貞。

《彖》曰：《節》「亨」。剛柔分而剛得中。「苦節不可貞」，其道窮也。說以行險，當位以節，中正以通。天地節而四時成。節以制度，不傷財，不害民。

【注】剛柔分而剛得中：剛強與柔弱均分而剛強居中。本卦陰陽爻數均衡而且九二、九五陽爻居上下卦之中位，故云。 其道窮：這種做法行不通。 說以行險：高興地去進行冒險。說，通「悅」。本卦下卦兌為悅，上卦坎為險，故云。 當位以節：在適當位置進行節制。中正以通，居中守正而得以亨通。 天地節而四時成：天地宇宙氣候有節制從而形成四時季節。 節以制度：用節制有度來制定各種

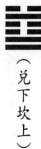

法律制度。

《象》曰：澤上有水，《節》。君子以制數度，議德行。

【注】澤上有水，本卦下卦兑為澤、上卦坎為水，為澤上有水之象。制數度：制定禮儀、法律。數，禮數，禮儀等級。度，制度，法律制度。議德行：議定道德行為規範。

初九：不出戶庭，無咎。

《象》曰：「不出戶庭」，知通塞也。

【注】不出戶庭：不出家門。戶庭，《周易正義》：「戶庭，戶外之庭也。」知通塞：謂知道其出行或通或塞。這裏專指知道出行會有阻塞（故不出戶庭也），這裏通塞為偏義複詞。

九二：不出門庭，凶。

《象》曰：「不出門庭凶」，失時極也。

【注】不出門庭：不出院內廳堂之門。《周易本義》：「門庭，門內之庭也。」個人以為戶庭及門庭為同義詞，初爻乃不該出時則不出故「無咎」，而二爻為該出時不出則「凶」。失時極也：失去極佳時機了。

六三：不節若，則嗟若，無咎。

《象》曰：「不節」之「嗟」，又誰「咎」也。

【注】不節若：不節制。若，句尾語氣助詞。則嗟若：就會後悔嘆惜。又誰咎也：又能責怪誰呢？古漢語疑問句中代詞賓語往往倒置謂語之前，按今日語序為「又咎誰也？」

六四：安節。亨。

《象》曰：「安節」之「亨」，承上道也。

【注】安節：安於節制的習慣，亨，亨通。承上道：遵從君上為國家制定的制度。六四居九五之下，是為柔從剛，像臣民遵從君上之道。

九五：甘節，吉，往有尚。

《象》曰：「甘節」之「吉」，居位中也。

【注】甘節：甘於節制，甘願節儉。往有尚，前行會有回報。尚，即賞，獎賞，回報。居位中：九五陽爻居中位，故云。

上六：苦節，貞凶。悔亡。

《象》曰：「苦節貞凶」，其道窮也。

【注】苦節：參見本卦卦辭的注釋。　貞凶：守正堅貞也會有兇險。　其道窮：參見本卦《彖》辭的注釋。

中孚（卦六十一）

䷼（兌下巽上）

中孚：中孚，豚魚吉。利涉大川，利貞。

【注】本卦講內心誠信諸事象與道理。　中孚：心中有誠信。　豚魚吉：（簡單地）用豚和魚作祭品也會吉利。豚（ㄊㄨㄣˊ），小豬。這裏豚魚泛指細小之物。

《彖》曰：《中孚》，柔在內而剛得中，說而巽，孚乃化邦也。「豚魚吉」，信及豚魚也。「利涉大川」，乘木舟虛也。中孚以「利貞」，乃應乎天也。

【注】柔在內而剛得中：三、四兩陰爻居卦符中間，故云「柔在內」；二、五中位都是陽爻，所以「剛得中」。　說而巽：下卦兌為悅，上卦巽，故云「說而巽」。巽，謙遜。　孚乃化邦：（這樣的）誠信能夠教化國家（使社會風俗淳樸）。　信及豚魚：誠信（廣大乃至）及於豚魚諸細小之物（亦不輕妄取用）。　虛：指木船

中間空虛空曠。（木船較大，故能渡過大河）

《象》曰：澤上有風，《中孚》。君子以議獄緩死。

【注】澤上有風：中孚卦下卦兌為澤、上卦巽為風，為澤上有風之象。　議獄緩死：議決判案，延緩減免死刑。

初九：虞吉，有它不燕。

《象》曰：「初九：虞吉」，志未變也。

【注】虞：通「娛」，娛樂安和。指中孚（誠信）則安樂祥和。　有它不燕：有（誠信之外）別的心思就不安閒吉祥。燕，通「宴」，安閒，安樂。這裏「虞」和「燕」為近義詞或同義詞。　志未變：指「中孚」（誠信）之志沒有改變。

九二：鳴鶴在陰，其子和之。我有好爵，吾與爾靡之。

《象》曰：「其子和之」，中心願也。

【注】鳴鶴在陰：鳴叫的仙鶴棲于樹林之中。陰，樹陰，指林中。　其子和之：它的小鶴也鳴叫著與大鶴相應和。　好爵：好酒。爵，古代一種酒杯，代指酒。爾，你。　靡：分散，分亨。

六三：得敵，或鼓或罷，或泣或歌。

《象》曰：「或鼓或罷」，位不當也。

【注】得敵：遇到敵人。鼓，擊鼓進攻。罷，停止（進功）。位不當：位置不恰當。六三為陰爻居陽位，故云。

六四：月幾望，馬匹亡，無咎。

《象》曰：「馬匹亡」，絕類上也。

【注】月幾望：月近十五日。指月亮接近圓滿之時。參見《歸妹》卦六五爻辭注釋。馬匹亡：馬失去配偶。匹，配，配偶。絕類上：杜絕類似上次的事件（以免再次發生）。

九五：有孚攣如，無咎。

《象》曰：「有孚攣如」，位正當也。

【注】有孚攣如：誠信能夠保持一貫。有，發語助詞。攣如，連續一貫，堅持始終。《說文》：「攣，繫也。」攣指連繫，引申為連續一貫。

上九：翰音登於天，貞凶。

《象》曰：「翰音登于天」，何可長也？

【注】翰音登於天：雞要飛升上天。翰音，雞。《周易本義》：「雞曰翰音」。

貞凶：守正堅貞，亦會兇險。　何可長也：又怎麼能夠維持長久呢？

小過（卦六十二）

䷽（艮下震上）

小過：亨。利貞。可小事，不可大事。飛鳥遺之音，不宜上，宜下，大吉。

【注】本卦講對待過失諸事理。　小過：小有越過，小有過失。　飛鳥遺之音：飛鳥留下聲音。一般鳥在飛翔時沒有鳴叫聲。飛鳥鳴叫，事有非常，「哀以求處」（《周易正義》語）。　不宜上句：《周易正義》：「過上則愈無所適，過下則不失其安……順則執卑守下，逆則犯君凌上，故以臣之逆順，類鳥之上下也。」

《彖》曰：《小過》，小者過而亨也。過以「利貞」，與時行也。柔得中，是以「小事吉」也。剛失位而不中，是以「不可大事」也。有「飛鳥」之象焉，「飛鳥遺之音，不宜上，宜下，大吉」，上逆而下順也。

【注】小者過而亨：小事有過失然而可以亨通。亦有拘於小節、過分謹小慎微而亨通之意。　過以利貞：有了小過失而能守正堅貞以獲利。　與時行：與時宜相應而

行，指行為合於時宜。柔得中句：本卦二、五為陰爻，是為「柔得中」；陽爻居三、四爻位而非二、五上下卦之中位，故云「剛失位而不中」。上逆而下順：向上為逆行而向下為順行。

《象》曰：山上有雷，《小過》。君子以行過乎恭，喪過乎哀，用過乎儉。

【注】山上有雷：本卦下卦艮為山、上卦震為雷，為山上有雷之象。行過乎恭：行為儘量恭順謙卑。喪過乎哀，居喪儘量悲哀。用過乎儉：日用儘量節儉。過乎，過於，主觀上有儘量之義。

初六：飛鳥以凶。

《象》曰：「飛鳥以凶」，不可如何也。

【注】飛鳥以凶：飛鳥而有兇險。（故哀鳴而飛，無所棲止）不可如何：即無可如何，無可奈何。

六二：過其祖，遇其妣。不及其君，遇其臣。無咎。

《象》曰：「不及其君」，臣不可過也。

【注】過其祖：得到祖父批評指謬。過，過失，指出過失。遇其妣：得到祖母的厚愛。遇，恩遇，厚愛。妣（ㄅㄧˇ），祖母。不及其君：受君王指出其不到位。

不及，沒達到，不到位。　遇其臣：得到大臣的禮遇。

九三：弗過防之，從或戕之，凶。

《象》曰：「從或戕之」，「凶」如何也？

【注】弗過防之：沒有過失之時而預防過失。　從或戕之：放任不管或許會使之受害。從，讀為縱，放縱。戕（ㄑㄧㄤˊ），殺害。　凶何如也：多麼兇險啊。

九四：無咎。弗過遇之，往厲必戒。勿用永貞。

《象》曰：「弗過遇之」，位不當也。「往厲必戒」，終不可長也。

【注】弗過遇之：沒有過失而要善待之。　往厲必戒：前往危險一定要戒備。　勿用永貞：不要永遠守正不變（有鼓勵冒險之意）。　終不可長：終究不會長久（前往無危險）。

六五：密雲不雨，自我西郊。公弋取彼在穴。

《象》曰：「密雲不雨」，已上也。

【注】密雲句：在我的西郊有烏雲密佈卻不下雨。　公弋句：王公獵取那藏在洞裏的野獸。弋（ㄧˋ），用細繩系箭射取。　已上：（密雲）已經上升。

上六：弗遇過之，飛鳥離之，凶，是謂災眚。

《象》曰：「弗遇過之」，已亢也。

【注】弗遇過之：不加禮遇卻責備批評他。飛鳥離之：（猶如）飛鳥被羅網陷捕。離，借為羅，羅網，這裏用為動詞，用羅網捕獵。災眚：災禍。眚，本指眼病，泛指災患。已亢：已經太過分了。

既濟（卦六十三）

䷾（離下坎上）

既濟：亨。小利貞。初吉終亂。

【注】本卦講事情完成、成功之後如何謹慎守成防範諸事理。既濟：已經渡過了河。既，已經。濟，渡河。小利貞：小有利於守正堅貞。初吉終亂：起初時吉利，終末時出現變亂。

《象》曰：《既濟》「亨」，小者亨也。「利貞」。剛柔正而位當也。「初吉」，柔得中也。「終」止則「亂」，其道窮也。

【注】剛柔正而位當：指本卦六爻三陽爻居陽位、三陰爻居陰位，均為位居正當之

位，故云。　柔得中：當指六二陰爻居下卦中位而言。　其道窮：其路走到了盡頭。

《象》曰：水在火上，《既濟》。君子以思患而豫防之。

【注】水在火上：本卦下卦離為火、上卦坎為水，為水在火上之象。　思患而豫防之：居安思危而預防危險事故。

初九：曳其輪，濡其尾，無咎。

《象》曰：「曳其輪」，義「無咎」也。

【注】曳其輪：帛書《周易》寫作「曳其綸」，當是。意指（渡水時）提起衣服上的絲帶。曳（ㄧㄝˋ），牽引，拖。綸，《說文》：「綸，青絲綬也。」泛指絲帶。　濡其尾：指沾濕了衣服的下部。

六二：婦喪其茀，勿逐，七日得。

《象》曰：「七日得」，以中道也。

【注】喪其茀：丟失了她的首飾。喪，丟失。茀（ㄈㄨˊ），首飾。　勿逐：不要去尋找。　七日得：七天后可得到。　以中道：因為堅守中正之道。

九三：高宗伐鬼方，三年克之，小人勿用。

《象》曰：「三年克之」，憊也。

【注】高宗伐鬼方：殷王武丁討伐鬼方國。《周易正義》：「高宗者，殷王武丁之號也。」 三年克之：三年才戰勝鬼方國。克，通剋，戰勝。 小人勿用：（急躁的）小人不可任用。 憊：疲勞，衰憊。（指使鬼方國疲于應付，終於潰敗）

六四：繻有衣袽，終日戒。

《象》曰：「終日戒」，有所疑也。

【注】繻有衣袽：華美衣服或會破舊。繻（ㄖㄨˊ），彩色絲帛，泛指華美衣服。有，或，或許。袽（ㄖㄨˊ），敗絮，指衣服破舊。

九五：東鄰殺牛，不如西鄰之禴祭，實受其福。

《象》曰：「東鄰殺牛」，「不如西鄰」之時也。「實受其福」，吉大來也。

【注】禴祭：此指不用牛羊而只用普通飯菜的薄祭之禮。禴（ㄩㄝˋ），同「礿」，古代宗廟四時祭之一。 實受其福：指西鄰薄祭而德高心誠，故實際比東鄰厚祭更能得到祖先的賜福。一般認為東鄰指殷人，西鄰指周人。 時：合時，合於時宜。

上六：濡其首，厲。

《象》曰：「濡其首，厲」，何可久也？

【注】濡其首：沾濕了他的頭部。 厲：危險。 何可久也：怎麼能夠長久（保持

既濟的成果）呢？

未濟（卦六十四）

䷿（坎下離上）

未濟：亨。小狐汔濟，濡其尾，無攸利。

【注】本卦講事情未成、事業未竟諸事象與道理。未濟：沒有渡過河，指渡河未成功，泛指事情未成功。小狐汔濟：小狐狸渡河接近成功。汔（ㄑㄧˋ），接近，差不多。濡其尾：沾濕了它的尾巴。無攸利：沒好處。指事情不妙（未能成功）。

《象》曰：《未濟》「亨」，柔得中也。「小狐汔濟」，未出中也。「濡其尾，無攸利」，不續終也。雖不當位，剛柔應也。

【注】柔得中：指六五陰爻居上卦中位而言。未出中：沒有走出水中。不續終：不能堅持到最後。剛柔應：指初六與九四、九二與六五、六三與上九都為陰陽對應。

《象》曰：火在水上，《未濟》。君子以愼辨物居方。

【注】火在水上：本卦下卦坎為水、上卦離為火，為火在水上之象。愼辨物居方：謹愼辨析事情，使之居處於合適位置。居方，使之居處正確方位。居，使處於；方，正確方位。

初六：濡其尾，吝。

《象》曰：「濡其尾」，亦不知極也。

【注】吝：吝惜，遺憾。亦不知極：也不知道（能否到達）終點。

九二：曳其輪，貞吉。

《象》曰：「九二貞吉」，中以行正也。

【注】曳其輪：見《既濟》卦初九爻辭注釋。中以行正：持守中道而行為端正無邪。指九二陽爻居下卦中位而言。

六三：未濟，征凶。利涉大川。

《象》曰：「未濟，征凶」，位不當也。

【注】征凶：指（這次沒渡過河而）急躁冒進會有兇險。利涉大川：有利於渡過大河。或指失敗乃成功之母的意思。位不當：六三陰爻居陽位，故云。

九四：貞吉，悔亡，震用伐鬼方，三年，有賞於大國。

《象》曰：「貞吉悔亡」，志行也。

【注】貞吉悔亡：守正堅貞則吉利而悔恨消亡。　震用伐鬼方：奮起討伐鬼方國。震，參《震》卦注釋，震為雷，這裏猶言以雷霆萬鈞之勢討伐敵人。　有賞於大國：指得到殷國的獎賞。　志行：志向得以實現。

六五：貞吉，無悔。君子之光有孚，吉。

《象》曰：「君子之光」，其暉「吉」也。

【注】君子之光有孚：君子的光輝在於心有誠信。有，於，在於。其暉「吉」也，乃其光輝是吉祥的。

上九：有孚於飲酒，無咎。濡其首，有孚失是。

《象》曰：「飲酒濡首」，亦不知節也。

【注】有孚於飲酒：堅守誠信，即使飲酒自娛，也沒有災禍。　濡其首：參見《既濟》上六爻辭注釋。　有孚失是：（如像小狐狸濡其首那樣沉湎於飲酒）則雖其誠信也會迷失正道。是，事物的規律。　亦不知節也：（這樣）也太不知道節制了。

繫辭上

天尊地卑，乾坤定矣①。卑高以陳，貴賤位矣②。動靜有常，剛柔斷矣③。方以類聚，物以群分，吉凶生矣④。在天成象，在地成形，變化見矣⑤。是故剛柔相摩，八卦相蕩⑥，鼓之以雷霆，潤之以風雨。日月運行，一寒一暑。乾道成男，坤道成女。乾知大始，坤作成物⑦。乾以易知，坤以簡能⑧。易則易知，簡則易從⑨。易知則有親，易從則有功。有親則可久，有功則可大。可久則賢人之德，可大則賢人之業。易簡而天下之理得矣。天下之理得，而成位乎其中矣⑩。

【注】《周義正義》：「夫子本作《十翼》，申說上下二篇《經》文。繫辭條貫義理，別自為卷，總曰《繫辭》。」「『天尊地卑』至『其中矣』，此第一章，明天尊地卑，及貴賤之位，剛柔動靜寒暑往來，廣明乾坤簡易之德。聖人法之，能見天下之理。」《周易本義》：「『繫辭』本謂文王周公所作之辭係於卦爻之下者。即今經文此篇，乃孔子所述『繫辭』之傳也。以其通論一經之大體凡例，故無經文可附而自分上下云。」「此第一章，以造化之實明作經之理，又言乾坤之理分見於天地而人兼體之也。」

①天尊地卑，乾坤定矣：尊，高；卑，低。定，定性，確定其陰柔、陽剛二種

性質。②陳：列，陳列，佈置。位：立，確立位置。帛書《周易》即作「立」。③常：常規，規律。斷：分，分開，分別；判斷。④方：《周易正義》「方謂性行法術」，《周易本義》「謂事情所向」。「方」與「物」相對言，方為「道」，為觀念，為認識，今謂之意識形態。⑤見：現，出現。⑥摩：摩擦，交感。蕩：激蕩，衝激，推動。⑦「成男」「成女」的「成」，其義為「為」，表判斷；「坤作成物」的「成」，其義為形成，完成。知，主宰。作，創造。大始，太始，太極之始，萬物的創始。⑧乾以易知：乾陽之性以其簡易而主宰（萬物）。坤以簡能，坤陰之性以其簡單而見其功能（承載化育萬物）。⑨易則易知：（天道）簡易就容易掌握。簡則易從，（地道）簡單就容易遵從。⑩而成位乎其中矣：那麼就能夠確定位置在那適中的地方。成位，確定位置。

聖人設卦觀象①，繫辭焉而明吉凶。剛柔相推②而生變化。是故吉凶者，失得之象也。悔吝者，憂虞③之象也。變化者，進退之象也。剛柔者，晝夜之象也。六爻之動，三極④之道也。是故君子所居而安者，《易》之序⑤也。所樂而玩⑥者，爻之辭也。是故君子居則觀其象而玩其辭，動則觀其變而玩其占，是以自天祐之，吉無不利。

【注】《周易正義》：「正義曰，『聖人設卦』至『不利』，此第二章也。前章言

天地成象成形，簡易之德，明乾坤之大旨。此章明聖人設卦觀象，爻辭吉凶悔吝之細別。」《周易本義》：「此第二章，言聖人作易、君子學易之事。」

①設卦觀象：施設卦爻符號來觀察它們的象徵。②剛柔相推：陽爻陰爻相互推移交疊。剛指陽爻，柔指陰爻。③憂虞：憂樂，憂愁和歡樂。虞，通「娛」，歡樂。憂虞既是悔吝的表現，又是導致悔吝的原因。朱熹《周易本義》：「蓋吉凶相對，而悔吝居其中間。悔，自凶而趨吉；吝，自吉而向凶也。」大概處凶則憂，憂則趨吉；處吉則樂，樂則向凶。④三極：三級，三個層級。即指天、地、人「三才」。六十四卦每卦六爻，初、二爻代表地，三、四爻代表人，五、上爻代表天。⑤《易》之序：《易經》卦（六十四卦）爻（六爻）所顯示的位序（位置及次序）。⑥玩：玩味，體驗，研究。接下來的兩個「玩」字皆為此義。

彖①者，言乎象者也。爻②者，言乎變者也。吉凶者，言乎其失得也。悔吝者，言乎其小疵也。無咎者，善補過者也。是故列貴賤者存乎位③，齊小大者存乎卦④，辨吉凶者存乎辭⑤，憂悔吝者存乎介⑥，震⑦無咎者存乎悔。是故卦有小大⑧，辭有險易。辭也者，各指其所之⑨。

【注】因為這次整理採用《周易本義》較多，而其後分章《正義》與《本義》有異，下面《易傳》的注釋採用《本義》的分章予以注釋。　朱熹《周易本義》：

「此第三章，釋卦爻辭之通例。」

①象：象辭，此專指卦辭，即斷卦之辭（象有判斷義）。②爻：爻辭。③列貴賤者存乎位：排列高貴與低賤位置的是爻位。存，在。存乎，在於。④齊小大者存乎卦：決定吉凶程度大小的是卦象。齊，猶言「正」，此指確定，決定。⑤辭：卦辭和爻辭，卦爻辭的統稱。⑥介：纖介，細小處。即前所言「小疵」。⑦震：動，行動。⑧卦有小大：卦體有柔小和剛大之分。⑨各指其所之：分別指示昭顯卦爻符號所象徵的趨吉避凶方向。之，適，去向，方向。

易與天地準①，故能彌綸②天地之道。仰以觀于天文，俯以察於地理，是故知幽明之故③。原始反終④，故知死生之說⑤。精氣為物⑥，遊魂為變⑦，是故知鬼神之情狀。與天地相似，故不違。知周乎萬物而道濟天下，故不過。旁行而不流⑧，樂天知命，故不憂。安土敦乎仁⑨，故能愛。範圍天地之化而不過⑩，曲成萬物而不遺⑪，通乎晝夜之道而知⑫，故神無方而易無體⑬。

【注】《周易本義》：「此第四章，言易道之大，聖人用之如此。」

①準：齊準，相等，一致。②彌綸：纏裹，包括。③幽明之故：幽隱（無形）與明顯（有形）的緣故（道理）。④原始反終：探求考察事物產生與消亡（的現象和規律）。原，推原，追溯，考察。反，反求，推求。⑤說：說法，規

律。⑥精氣為物：精華之氣成為神靈之物（指生命存在形式）。⑦遊魂為變：遊離（身外）的靈魂成為變幻的鬼物（指生命死亡）。⑧旁行而不流：廣泛全面遵行而不遊移偏離。旁，廣，廣泛，全面。流，流動，遊移不定，偏離。⑨安土敦乎仁：安于所處境遇，富有仁德。敦，厚，指富有。⑩範圍天地之化而不過：囊括了天地之間變化而沒有過錯。⑪曲成萬物而不遺：委曲成就宇宙萬物而無遺漏。⑫通乎晝夜之道而知：徹底包含晝夜陰陽交替運行之規律而展現智慧。知，同智。⑬神無方而易無體：神妙變化沒有固定方式，易道也沒有固定的形態。易，變易（之道），易道。

一陰一陽之謂道[①]，繼之者善也，成之者性也[②]。仁者見之謂之仁，知者見之謂之知[③]，百姓日用而不知[④]，故君子之道鮮[⑤]矣。顯諸仁[⑥]，藏諸用[⑦]，鼓萬物[⑧]而不與聖人同憂[⑨]，盛德大業至[⑩]矣哉！富有之謂大業，日新之謂盛德。生生之謂易[⑪]，成象之謂乾，效法之謂坤，極數知來之謂占，通變之謂事，陰陽不測之謂神。

【注】《周易本義》：「此第五章，言道之體用不外陰陽，而其所以然者則未嘗倚於陰陽也。」

①一陰一陽之謂道：《周易本義》：「陰陽迭運者氣也，其理則所謂道。」

②繼之者善也：成之者性也。遵從此道的是仁善，形成此道的是本性。之，指上句

所謂陰陽之道。繼，繼續，隨後，跟從，遵從。③知：通智。④日用而不知：天天利用（陰陽變化之道）而不自知（其所以然）。⑤君子之道鮮：像君子那樣體認全面之道的很少。鮮，少。⑥顯諸仁：其道顯現在仁德上。諸，兼義複詞「之於」。⑦藏諸用：其道隱藏在日用中。⑧鼓萬物：指其道支配萬物的運動。鼓，鼓動，促成。⑨不與聖人同憂：指其道無所用心故不會有與聖人一樣的憂患之心。即今天所言，規律不以人的意志為轉移，而是獨立於人的意志之外的。⑩至：極也，至高無上也。指陰陽之道是至高無上之道。⑪生生之謂易：即萬物陰陽更替、循環變化的規律就是易。生生，使萬物生命產生形成、生長發展，前一個「生」字是動詞，是不及物動詞「生」的使動用法。意為「使……產生、生長」；後一個「生」字是名詞，泛指生命。

夫易廣矣大矣，以言乎遠則不禦①，以言乎邇則靜而正②，以言乎天地之間則備③矣。夫乾，其靜也專④，其動也直，是以大生焉。夫坤，其靜也翕⑤，其動也闢⑥，是以廣生焉。廣大配⑦天地，變通配四時，陰陽之義配日月，易簡之善配至德。

【注】《周易本義》：「此第六章。」①不禦：無窮盡。《周易本義》：「不禦言無盡。」②靜而正：精審而準確。靜，《說文解字》：「靜，審也。」③備：完備。《周易本義》：「備，言無所不有。」④專：繁體寫作「專」，此處

借作繁體寫作「圛」的「圛」字。《說文解字》：「圛，圓也。」也指天象為圓形。⑤翕（ㄒㄧˋ）：閉合，收縮。⑥闢：開張，開闢，擴展，擴大。⑦配：配對，對應，比照。

子曰：「易，其至矣乎！夫易，聖人所以崇德而廣業也。知崇禮卑①，崇效天，卑法地。天地設位，而易行乎其中矣。成性存存②，道義之門③。」

【注】《周易本義》：「此第七章」。

①知崇禮卑：智慧高超，禮義謙卑。②成性存存：生成萬物的本性，保持萬物的存在。③道義之門：為天道禮義的門戶。此四字與其前四字省略共同的主語「易」。

聖人有以見天下之賾①，而擬諸其形容②，象其物宜③，是故謂之象。聖人有以見天下之動，而觀其會通④，以行其典禮⑤，繫辭焉以斷其吉凶，是故謂之爻。言⑥天下之至賾而不可惡⑦也，言天下之至動而不可亂⑧也。擬之而後言，議之而後動，擬議以成其變化⑨。

「鳴鶴在陰，其子和之。我有好爵，吾與爾靡之。」⑩子曰：「君子居其室，出其言善，則千里之外應之，況其邇者乎？居其室，出其言不善，則千里之外違之，況其邇者乎？言出乎身，加乎民；行發乎邇，見乎遠。言行，君子之樞機⑪。樞機之發，榮辱之主⑫也。言行，君子之所以動天地⑬也，可不慎乎！」

「同人先號咷而後笑。」子曰：「君子之道，或出或處⑭，或默或語。二人同心，其利斷金。同心之言，其臭如蘭⑮。」

「初六：藉用白茅，無咎。」子曰：「苟錯⑯諸地而可矣，藉之用茅，何咎之有?慎之至也。夫茅之為物薄，而用可重也。慎斯術也以往，其無所失矣。」

「勞謙，君子有終，吉。」子曰：「勞而不伐⑰，有功而不德⑱，厚之至也。語以其功下人者也。德言盛⑲，禮言恭。謙也者，致恭⑳以存其位者也。」

「亢龍有悔。」子曰：「貴而無位，高而無民，賢人在下位而無輔，是以動而有悔也。」

「不出戶庭，無咎。」子曰：「亂之所生也，則言語以為階。君不密則失臣，臣不密則失身，幾㉑事不密則害成。是以君子慎密而不出㉒也。」

子曰：「作《易》者，其㉓知盜乎?《易》曰：『負且乘，致寇至。』負也者，小人之事也。乘也者，君子之器也。小人而乘君子之器，盜思奪之矣。上慢下暴㉔，盜思伐之矣。慢藏誨盜㉕，冶容誨淫㉖。《易》曰：『負且乘，致寇至。』盜之招也。」

【注】《周易本義》：「此第八章，言卦爻之用。」

①賾（ㄗㄜˊ）：複雜。《周易本義》：「賾，雜亂也。」 ②擬諸其形容：

對其形體容貌進行模擬。諸，之於。擬諸，猶言「擬之於」，即「從……模擬形象」。③象其物宜：抽繹事物的象徵含義。象，象徵。此處為動詞，抽繹……的象徵。物宜，事物的含義。宜，義。④觀其會通：觀察萬物運動的相互聯繫。其，代指上句所言的「天下之動」，即天下萬物的運動情況。會通，會合交通，即相互聯繫。⑤行其典禮：運用其規則法度。行，推行，運用。典禮，典則禮法，即規則規律。⑥言：論述，描述。⑦惡：粗劣。與「細密」「精細」相反。⑧亂：雜亂無章。⑨擬議以成其變化：比擬、討論以確定卦爻的變化規律。⑩鳴鶴在陰句：參見《中孚》卦九二爻辭的注釋。⑪樞機：箭弩上的發射機關。以決定射箭是否中的的關鍵來比喻人的言行的準確效果。⑫主：主宰。⑬所以動天地：用來作為改造世界的手段。動，感動；或云改變，改造。⑭或出或處：有的外出就職，有的隱居在家。⑮其臭如蘭：同心的話像蘭花那樣幽香宜人。臭（ㄒㄧㄡˋ），氣味。⑯苟錯：尚且放置。苟，且，尚且，哪怕；錯，措，放置。⑰伐：誇耀。⑱德：以之為德，即以德自居。這是古代漢語中名詞活用為動詞，屬意動用法。⑲德言盛：道德則盛大。言，讀為焉，猶則也。⑳致恭：表示謙恭。致，表達，表示。㉑幾：機密。㉒出：出示。指失密。㉓其：同殆，大概意。㉔上慢下暴：在上位的懈怠在下位的暴戾。㉕慢藏誨盜：鬆懈於收藏招引盜賊偷盜。誨，教導，招引。㉖冶容誨淫：打扮妖豔引誘調戲姦淫。

大衍①之數五十，其用四十有九②。分而為二以象兩③，掛一以象三④，揲之以四以象四時⑤，歸奇於扐以象閏⑥。五歲再閏，故再扐而後掛。天一，地二；天三，地四；天五，地六；天七，地八；天九，地十。天數五，地數五。五位相得而各有合，天數二十有五，地數三十，凡天地之數五十有五，此所以成變化而行鬼神⑦也。《乾》之策二百一十有六⑧，《坤》之策百四十有四，凡三百六十，當期之日⑨。二篇之策萬有一千五百二十⑩，當萬物之數也。是故四營而成《易》⑪，十有八變而成卦⑫，八卦而小成。引而伸之，觸類而長之，天下之能事畢矣。顯道神德行⑬，是故可與酬酢⑭，可與祐神⑮矣。子曰：「知變化之道者，其知神之所為乎。」

【注】《周易本義》：「此第九章，言天地大衍之數，揲蓍求卦之法。然亦略矣，意其詳具於太卜筮人之官而今不可考耳。」本章文字，《周易本義》將其中「天一，地二」至「行鬼神也」小節放在「大衍之數五十」之前。此第九章文字在帛書《周易》的「繫辭傳」中未見。

①大衍：大的推演，大型演算。古代衍與演通。②其用四十有九：指用五十根蓍草中的四十九根來演算。留下一根不用，象徵太極。③分而為二以象兩：指把四十九根任意分成兩束以象徵兩儀，代指陰和陽、天和地。④掛一以象三：指從所分兩束的任一一束中拿出一根掛於兩束之間，三者象徵天地人三才。⑤揲之以四以象四時：指以四根為一組分數一束蓍草，以象徵四季。揲（ㄕㄜˊ），抽取

（以分組）。⑥歸奇於扐以象閏：指將一束蓍草分組完畢後，將多餘的夾在手指間，以象徵閏月。奇（ㄐㄧ），多餘的數。扐（ㄌㄜˋ），夾在指間。⑦此所以成變化而行鬼神：這就是造成種種變化而進行神秘的運算推演的方法。⑧乾之策二百一十有六：乾卦為六個陽爻，每爻以四策為一組，陽數用九，所以總數為六乘三十六，即二百一十有六。策，籌策，指蓍草，一根為一策。⑨當期之日：相當一年的天數。期（ㄐㄧ），一年。⑩二篇之策萬有一千五百二十：指《易經》上下二篇六十四卦，每卦六爻，共三百八十四爻，陰爻與陽爻各為一百九十二爻。得一陽爻要揲九次，每次按四根一組，九次為三十六策。一百九十二陽爻乘三十六策，共為六千九百十二策。類推，陰爻得四千六百零八策。陰陽爻總數為一萬一千五百二十策。⑪四營而成易：指經過上述分二、掛一、揲四、歸奇這四個步驟而完成易筮演算的一變。⑫十有八變而成卦：筮時三變成一爻，一卦六爻，故十八變而成一卦。⑬顯道神德行：指《易經》闡明道、神、德、行四者。道指變化規律，神指神明靈驗，德指品德，行指行為。⑭酬酢：應酬，應對。⑮祐神：輔助神明。

《易》有聖人之道四焉：以言者尚其辭①，以動者尚其變，以制器者尚其象，以卜筮者尚其占。是以君子將有為也，將有行也，問焉而以言②。其受命也如嚮。無有遠近幽深，遂知來物③。非天下之至精，其孰能與於此。參伍以變，錯綜其數④。

通其變，遂成天下之文；極其數，遂定天下之象。非天下之至變，其孰能與於此。《易》無思也，無為也，寂然不動，感而遂通天下之故⑤。非天下之至神，其孰能與於此。夫《易》，聖人之所以極深而研幾⑥也。唯深也，故能通天下之志；唯幾也，故能成天下之務；唯神也，故不疾而速，不行而至。子曰：「《易》有聖人之道四焉」者，此之謂也。

【注】《周易本義》：「此第十章，承上章之意言易之用有此四者。」

①以言者尚其辭：用它來談論的人重視其卦爻辭。以，用，用來。其後省略「之」（指代《易經》）。尚，崇尚，推崇，重視。②問焉而以言：進行占問就會相告。以言，相告。③遂知來物：定會預知未來的事物。④參伍以變句：《周易本義》：「參者，三數之也；伍者，五數之也。既參以變又伍以變，一先一後，更相考核，以審其多寡之實也。錯者交而互之，一左一右之謂也；綜者總而挈之，一低一昂之謂也。此亦皆謂揲蓍求卦之事，蓋通三揲兩手之策以成陰陽老少之畫，究七八九六之數以定卦爻動靜之象也。」⑤故：通「固」，固然，根本道理。⑥極深而研幾：窮盡其深奧之處，而研究其細微先兆。幾（ㄐㄧ），《周易本義》：「微也。」指尚未顯露的細微變化。

子曰：「夫《易》何為者也？夫《易》開物成務①，冒天下之道②，如斯而已者也。」是故聖人以③通天下之志，以定天下之業，以斷天下之疑。是故蓍之德圓而神，卦之德方以知，六爻之義易以貢④。聖人以此洗心，退藏於密，吉凶與民同患⑤。神以知來⑥，知以藏往⑦，其孰能與此哉！古之聰明睿知神武而不殺者夫！⑧是以明於天之道，而察於民之故⑨，是興神物以前民用⑩。聖人以此齋戒⑪，以神明其德⑫夫。是故闔戶⑬謂之坤，闢戶⑭謂之乾，一闔一闢謂之變，往來不窮謂之通，見乃謂之象，形乃謂之器，制而用之謂之法，利用出入⑮，民咸用之謂之神。

是故《易》有大極⑯，是生兩儀⑰。兩儀生四象⑱。四象生八卦。八卦定吉凶。吉凶生大業。是故法象⑲莫大乎天地。變通莫大乎四時。縣象⑳著明莫大乎日月。崇高莫大乎富貴。備物致用，立功成器，以為天下利，莫大乎聖人。探賾索隱㉑，鉤深致遠㉒，以定天下之吉凶，成天下之亹亹㉓者，莫大乎蓍龜。是故天生神物㉔，聖人則之。天地變化，聖人效之。天垂象，見吉凶，聖人象之。河出圖㉕，洛出書，聖人則之㉖。《易》有四象，所以示也。繫辭焉，所以告也。定之以吉凶，所以斷也。

【注】《周易本義》：「此第十一章，專言卜筮。」

①開物成務：分析物理，成就事功。②冒天下之道：囊括普天之下的萬物運行規律。冒，覆蓋，引申為包括，概括。③以：介詞，後面省略介詞的賓語「之」（指代《易》）。「以之」相當於「用它作為」，「用它來」。④蓍之德圓而神句：《周易本義》：「『圓』『神』謂變化無方，『方』『知』謂事有

定理，『易以貢』謂變易以告人。」該句大意指著占變化不定，神妙無方；卦辭
對預測的分析確定而顯現智慧；六爻所指之義將變化方向告知於人。德，指其性
質。貢，告知。⑤聖人句意：指聖人用《易》消除心中疑慮，將主張深藏心底。
與民共擔憂患（指導人民趨吉避凶）。⑥神以知來：蓍占之神妙能夠預知未來。
⑦知以藏往：卦辭之智慧可以記錄收藏往事之經驗。知，讀為智。⑧「其孰」
至「不殺者夫」：此為自問自答的句子。不殺者，不殘暴、不崇尚暴力的人。⑨
民之故：民間的事象道理。故，緣故，事理。⑩興神物以前民用：發明神奇的蓍
占來占事，並指導人民利用蓍占。⑪齋戒：虔誠警惕。⑫神明其德：使蓍卦的功
德效果更加神奇明顯。神明，這裏為古漢語中形容詞用作動詞，為使動用法，意
為「使……神明」。⑬闔戶：關閉門戶。闔（ㄏㄜˊ），關閉。⑭闢戶：打開門戶。
闢（ㄆㄧˋ），打開。⑮利用出入：利用（其法）加以改造。出入，變化，改造。⑯
太極：中國古代思想所認識的宇宙物質的本體，即宇宙萬物統一於太極，太極即
「一」，太極即「氣」。⑰兩儀：指陰和陽，亦指地和天。⑱四象：指四時，四
季。一年四季各有春夏秋冬之象。故云四象。亦指少陽、老陽、少陰、老陰四種爻
象。⑲法象：（人類）效法的形象。⑳縣象：懸掛上空的形象。縣，古與懸通。㉑
探賾索隱：探索複雜隱蔽（的事理）。賾（ㄗㄜˊ），複雜幽深。㉒鉤深致遠：探取
深刻義理，推斷遙遠事理。㉓亹亹（ㄨㄟˇ）：勤勉不倦的樣子。此指勤奮勞動者。

㉔神物：指蓍草與烏龜兩種可用來占測未來的神妙之物。㉕河出圖：指傳說中黃河裏出現龍馬，其身上有神奇的圖像；洛出書，指洛水裏出現神龜，其背甲上有神奇的圖紋字元。㉖聖人則之：指伏羲效法河圖作八卦，大禹效法洛書作九疇。

《易》曰：「自天祐之，吉，無不利。」子曰：「祐者，助也。天之所助者，順也；人之所助者，信也。履信思乎順，又以尚賢也。是以自天祐之，吉，無不利也。」①子曰：「書不盡言，言不盡意。」然則聖人之意，其不可見乎？子曰：「聖人立象以盡意，設卦以盡情偽②，繫辭焉以盡其言。變而通之以盡利，鼓之舞之以盡神③。」乾坤，其《易》之緼邪？乾坤成列，而《易》立乎其中矣。乾坤毀，則無以見《易》。《易》不可見，則乾坤或幾乎息矣。是故形而上者謂之道④，形而下者謂之器⑤。化而裁之謂之變，推而行之謂之通，舉而錯之天下之民⑥謂之事業。是故夫象，聖人有以見天下之賾，而擬諸其形容⑦，象其物宜⑧，是故謂之象。聖人有以見天下之動，而觀其會通，以行其典禮，繫辭焉以斷其吉凶，是故謂之爻。極天下之賾者存乎卦，鼓天下之動者存乎辭，化而裁之存乎變，推而行之存乎通，神而明之存乎其人⑨，默而成之⑩，不言而信⑪，存乎德行⑫。

【注】《周易本義》：「此第十二章。」

①以上這節文字：《周易本義》注曰：「釋《大有》上九爻義，然在此無所

屬，或恐是錯簡，宜在第七章之末。」②情偽：真情與偽象，簡言之即「真偽」。③鼓之舞之以盡神：鼓動驅使卦爻及其繫辭以將其神妙的作用發揮充分。④形而上者謂之道：超越有形物質之上的是抽象的道。形，形體，指有形物；道，指思想方式、思想意識，反映物質運動的精神因素。⑤形而下者謂之器：居處有形物質之下（含有形物質）狀態的是具體形象的器。器，指可見具體形象的物質狀態。⑥舉而錯之天下之民：指（將道與器）拿來讓天下民眾利用。舉，拿取，拿來。錯，通措，放置，施用，讓……利用。⑦擬諸其形容：從其形態容貌摹擬其象。諸，兼義複詞，相當「之於」。⑧象其物宜：抽象其事物之道理。宜，義，義理，道理。⑨神而明之存乎其人：使《周易》之效用神奇而顯明的，在於運用《周易》的人。⑩默而成之：默默地奉行它。成，完成，奉行。⑪不言而信：不用言辭而篤實奉行。⑫存乎德行：在於運用《周易》者的道德品行（或曰美德善行）。

繫辭下

八卦成列，象在其中矣。因而重之，爻在其中矣。剛柔相推①，變在其中矣。繫辭焉而命②之，動③在其中矣。吉凶悔吝者，生乎動④者也。剛柔者，立本者也。變通者，趣時⑤者也。吉凶者，貞勝⑥者也。天地之道，貞觀⑦者也。日月之道，貞明⑧者也。天下之動，貞夫一⑨者也。夫乾，確然示人易⑩矣。夫坤，隤然示人簡⑪矣。爻也者，效此⑫者也。象也者，像此者也。爻象動乎內，吉凶見乎外⑬，功業見乎變⑭，聖人之情見乎辭⑮。天地之大德曰生⑯，聖人之大寶曰位⑰。何以守位曰仁⑱。何以聚人曰財。理財正辭⑲、禁民為非曰義。

【注】《周易本義》：「此第一章，言卦爻吉凶，造化功業。」

①剛柔相推：陽爻與陰爻相互交疊變化。剛，陽爻；柔，陰爻。②命：告，告訴，說明。③動：行動。指人根據卦爻辭所說明的情況而採取趨吉避凶的行動。④動：同上，指人的行動。⑤趣時：即趨時，即緊跟時勢所宜。即今所言「與時俱進」。趨，急走，奔向。時，時機，時勢。⑥貞勝：以正道取勝。⑦貞觀：以正道示人。⑧貞明：以正道發光。⑨貞夫一：正於一是，統一于正道。「一」指天地之道，自然規律。⑩確然示人易：剛毅堅定地將變化顯

示於人。確，堅定。⑪隤然示人簡：柔順委婉地將簡約顯示於人。隤（ㄊㄨㄟˊ），柔順。⑫此：指前述天地乾坤之道。⑬爻象動乎內句：指一卦之內爻象的變動（形成不同卦爻象），預示著一卦之外人事的吉凶變化趨勢。見，同「現」，出現，顯現，表現，形成。下文的「見」義同。⑭功業見乎變：事功業績就形成於卦爻所示的吉凶變化之中。⑮聖人之情見乎辭：聖人的分析判斷情況就反映在卦爻辭中。⑯天地之大德曰生：天地最偉大的功德就是化生萬物。⑰聖人之大寶曰位：聖人最重要的作用就是使萬物（包括人類）各就其位、有序運行。位，位置。這裏是名詞活用作動詞，屬使動用法，意為「使……就位」。這是古漢語中常見語法現象。⑱何以守位曰仁：（聖人）保持萬物有序運行的法寶就是仁德。⑲正辭：制定正確的法令制度。辭，文辭，這裏指有關法令制度的條文。

古者包犧氏①之王②天下也，仰則觀象於天，俯則觀法於地，觀鳥獸之文③與地之宜④，近取諸⑤身，遠取諸物，於是始作八卦，以通神明之德⑥，以類萬物之情⑦。作結繩而為網罟⑧，以佃⑨以漁，蓋取諸《離》。包犧氏沒，神農氏作，斲⑩木為耜⑪，揉木為耒⑫，耒耨⑬之利⑭，以教天下，蓋取諸《益》。日中為市，致天下之民，聚天下之貨，交易而退，各得其所，蓋取諸《噬嗑》。神農氏沒，黃帝、堯、舜氏作，通其變⑮，使民不倦，神而化之，使民宜之。《易》，窮則變，變則通，通則久。是以自天祐之，吉無不利。黃帝、堯、舜垂衣裳⑯而天下治，蓋取諸《乾》《坤》。刳⑰木為舟，剡⑱木為楫，舟楫之利，以濟不通，致遠以利天下，蓋取諸《渙》。服牛乘馬⑲，引重致遠，以利天下，蓋取諸《隨》。重門擊㯺⑳，以待暴客㉑，蓋取諸《豫》。斷木為杵，掘地為臼，臼杵之利，萬民以濟，蓋取諸《小過》。弦木為弧㉒，剡木為矢，弧矢之利，以威天下，蓋取諸《睽》。上古穴居而野處，後世聖人易之以宮室，上棟下宇㉓，以待風雨，蓋取諸《大壯》。古之葬者，厚衣之以薪㉔，葬之中野，不封不樹，喪期無數㉕。後世聖人易之以棺槨，蓋取諸《大過》。上古結繩而治，後世聖人易之以書契㉖，百官以治㉗，萬民以察㉘，蓋取諸《夬》。

【注】《周易本義》：「此第二章，言聖人制器尚象之事。」①包犧氏：即伏羲氏。古書中還寫作「伏犧氏」。②王（ㄨㄤˋ）：統治，治理。③文：指鳥獸皮毛的紋理。④地之宜：地上的事物。宜，事宜，事物。⑤諸：兼詞，相當於「之於」。⑥通神明之德：通曉領會神妙顯明的變化性質。⑦類萬物之情：按類區分萬物的情況。類，分類，依類區分。《周易本義》：「神明之德如健順動止之性，萬物之情如雷風山澤之象。」⑧網罟：羅網，指漁獵的網具。罟（ㄍㄨˇ），也是網的名稱。⑨佃（ㄊㄧㄢˊ）：打獵。⑩蓋取諸《離》：大概取象於《離》卦。⑪斲（ㄓㄨㄛˊ）：即「斫」，砍削。⑫耜（ㄙˋ）：古代農具木鍬，形似鍬。⑬耒（ㄌㄟˇ）：古代農具木犁。⑭耒耨之

利：鋤和犁等農具的使用。耨（ㄖㄨˋ），即耜。利，利用，使用。⑮通其變：不斷地改進。通，一直，不停，不斷。⑯垂衣裳：傳授製作衣服的方法。垂，流傳，傳授。⑰刳（ㄎㄨ）：挖空。⑱剡（ㄧㄢˇ）：削。⑲服牛乘馬：用牛馬駕車。服，乘，皆為駕車的意思。⑳重門擊柝：設置多重門戶而夜晚敲梆巡邏警戒。欜（ㄊㄨㄛˋ），古代巡夜者用來敲擊示警報更的木梆子。㉑以待暴客：用來防備盜賊。待，等待，此指防備。暴客，盜賊。㉒弦木為弧：指將木彎曲安上弦做成弓。弧，木弓。㉓上棟下宇：頂上有棟樑，下邊有屋簷。宇，此指屋蓋四邊的屋簷。㉔厚衣之以薪：用柴草厚厚地裹纏覆蓋。㉕喪期無數：指居喪的時間沒有定數。㉖書契：文字。書指書寫，契指契刻，這裏泛指用文字記錄的方法。㉗以治：用來治理政事。㉘以察：用來明察事理。

是故《易》者，象①也，象也者，像②也。彖③者，材④也，爻也者，效⑤天下之動者也。是故吉凶生而悔吝著⑥也。

【注】《周易本義》：「此第三章。」

①象：指卦象。②像：動詞，意為「使相像」，指卦像是模仿反映事物的。③彖（ㄊㄨㄢˋ）：彖辭，泛指卦辭。彖，斷也，卦辭斷卦，故簡稱為彖。④材：通「裁」，裁判，判斷。⑤效：效仿，模寫，描寫。⑥悔吝著：指由於「吉凶

生」的客觀變化而導致人的主觀悔恨遺憾之情的出現。著，顯現，出現，顯著。

陽卦多陰[1]，陰卦多陽[2]，其故何也？陽卦奇[3]，陰卦耦[4]。其德行何也？陽一君而二民，君子之道也。陰二君而一民，小人之道也[5]。

【注】《周易本義》：「此第四章。」

①陽卦多陰：陽卦指震、坎、艮三卦，皆兩陰爻一陽爻，故曰多陰。②陰卦多陽：陰卦指巽、離、兌三卦，皆兩陽爻一陰爻，故曰多陽。③陽卦奇：此答上問。震坎艮三卦，其爻筆劃數為五，為奇數，奇數為陽，故此三卦為陽卦。④陰卦耦：巽離兌三卦的爻畫數為四，為偶數屬陰，故為陰卦。另乾卦爻畫數為三，坤卦爻畫數為六，為純陽純陰之卦，不言自明。⑤陽爻：指君、陰爻指民。陽卦多陰者為民多君少故為君子之道；陰卦多陽者君多民少故為小人之道。

《易》曰：「憧憧往來，朋從爾思。」[1]子曰：「天下何思何慮？天下同歸而殊途，一致而百慮[2]。天下何思何慮？日往則月來，月往則日來，日月相推而明生焉。寒往則暑來，暑往則寒來，寒暑相推而歲成焉。往者屈也，來者信[3]也，屈信相感而利生焉。尺蠖[4]之屈，以求信也。龍蛇之蟄，以存身也。精義入神[5]，以致用也。利用安身[6]，以崇德也。過此以往，未之或知也。窮神知化[7]，德之盛也。」

《易》曰：「困于石，據於蒺藜，入於其宮，不見其妻，凶。」[8]子曰：「非所困而困焉，名必辱。非所據而據焉，身必危。既辱且危，死期將至，妻其[9]可得見耶！」

《易》曰：「公用射隼于高墉之上，獲之，無不利。」[10]子曰：「隼者，禽也。弓矢者，器也。射之者，人也。君子藏器于身，待時而動，何不利之有？動而不括，是以出而有獲，語成器而動者也[11]。」

子曰：「小人不恥不仁[12]，不畏不義[13]，不見利不勸[14]，不威不懲[15]。小懲而大誡，此小人之福也。《易》曰：『履校滅趾，無咎。』[16]此之謂也。」「善不積不足以成名。惡不積不足以滅身。小人以小善為無益而弗為也，以小惡為無傷而弗去也，故惡積而不可掩，罪大而不可解。《易》曰：『何校滅耳，凶。』[17]」

子曰：「危者，安其位者也[18]。亡者，保其存者也。亂者，有其治者也。是故君子安而不忘危，存而不忘亡，治而不忘亂，是以身安而國家可保也。《易》曰：『其亡其亡，繫于苞桑。』」[19]

子曰：「德薄而位尊，知小而謀大，力小而任重，鮮不及[20]矣。《易》曰：『鼎折足，覆公餗，其形渥，凶。』[21]言不勝其任也。」

子曰：「知幾其神乎[22]！君子上交不諂，下交不瀆，其知幾乎？幾者，動之微，吉凶之先見者也。君子見幾而作，不俟終日[23]。《易》曰：『介於石，不終日，貞吉。』㉔介如石焉，寧用終日，斷可識矣。君子知微知彰，知柔知剛，萬夫之望。」

子曰：「顏氏之子，其殆庶幾乎？㉕有不善未嘗不知，知之未嘗復行也。《易》曰：『不遠復，無祇悔，元吉。』㉖」

天地絪縕㉗，萬物化醇㉘。男女構精，萬物化生㉙。《易》曰：「三人行則損一人，一人行則得其友。」㉚言致一㉛也。

子曰：「君子安其身而後動，易㉜其心而後語，定其交而後求。君子修此三者，故全㉝也。危以動，則民不與㉞也。懼以語，則民不應也。無交而求，則民不與㉟也。莫之與㊱，則傷之者至矣。《易》曰：『莫益之，或擊之，立心勿恒，凶。』㊲」

【注】《周易本義》：「此第五章。」

①此引《咸》卦九四爻辭。參見其注。　一致而百慮：為達同一目標而進行百方思考。③信：通伸，伸展。④尺蠖（ㄏㄨㄛˋ）：《說文解字》：「蠖，尺蠖，屈申蟲也。」屈伸蟲爬行前進時身體一屈一伸地進行。⑤精義入神：精究事物義理，深入神妙境地。⑥利用安身：《周易正義》：「利用之道，皆安其身而後動也。」《周易本義》：「利其施用，無適不安，伸之極也。」⑦窮神知化：窮究事物的精神，認識事物的變化。⑧此引《困》卦九三爻辭。可參其注。⑨其：猶豈也。⑩此引《解》卦上六爻辭。可參其注。⑪語成器而動者也：講的是先配好完備的器械然後再行動的道理。⑫不恥不仁：不知羞恥，不明仁德。或

曰不以不仁為恥。⑬不畏不義：不怕做不義之事。⑭不見利不勸：不見到好處就不願勤勉。勸，勉力，勤勉。⑮不威不懲：不遇威重的督壓則不知懲戒。⑯此引《噬嗑》卦初九爻辭。可參其注。⑰此引《噬嗑》卦上六爻辭。可參其注。⑱安其位者也：由於過去平安地居處其位（而未居安思危）的緣故。⑲此引《否》卦九五爻辭。可參其注。⑳鮮不及：指很少有不至於禍患的。㉑此引《鼎》卦九四爻辭。可參其注。㉒知幾其神乎：能夠預知事物變化的細微徵兆，這是很神奇的啊！幾（ㄐㄧ），變化的細微徵兆。㉓不俟終日：不等一整日，指一天也不等待。俟（ㄙˋ），等待。㉔此引《豫》卦六二爻辭。可參其注。㉕其殆庶幾乎：他（顏回）大概差不多吧？他還行吧？殆，大概。庶幾，接近，差不多。指其修養境界。㉖此引《復》卦初九爻辭。可參其注。㉗絪縕（ㄧㄣ ㄩㄣˋ運）：指氣盛交融之狀。㉘化醇：指陰陽二氣交感變化濃厚而凝結。《周易本義》：「醇，謂厚而凝也，言氣化者也。」㉙化生：《周易本義》：「化生，形化者也。」指陰陽二氣交感化合而生成萬物的形體。㉚此引《損》卦六三爻辭。可參其注。㉛致一：達到專一。指陰陽二氣交合而達到專一，而形成一種新的事物。㉜易：平易，平和。這裏為形容詞活用作動詞，為古漢語中常見的使動用法，意為「使……平和」。猶言平心靜氣，平和心態。㉝全：指于人於己兩全其美。㉞不與：不贊成。指百姓不贊成不配合。㉟不與：此處意為「不給予」。

指百姓不相助。㊱莫之與：沒有人幫助他。這是古漢語中常見的否定句賓語前置句式，猶言「莫與之」。㊲此引《益》卦上九爻辭。可參其注。

子曰：「乾坤①，其《易》之門邪？」乾，陽物也；坤，陰物也。陰陽合德②，而剛柔有體。以體天地之撰③，以通神明之德。其稱名④也，雜而不越⑤。於稽其類⑥，其衰世之意邪？⑦夫《易》彰往而察來，而微顯闡幽⑧，開而當名辨物正言斷辭，則備矣⑨。其稱名也小⑩，其取類也大⑪。其旨遠，其辭文⑫，其言曲而中⑬，其事肆而隱⑭。因貳以濟民行⑮，以明失得之報⑯。

【注】《周易本義》：「此第六章，多闕文疑字，不可盡通，後皆放此。」放通「仿」。

①乾坤：指八經卦之《乾》《坤》二卦。②德：品德，品性，性質。③體天地之撰：以反映天地之事象數理。體，體現，反映。撰，《周易本義》：「撰，猶事也。」《周易正義》：「撰，數也。」④其稱名：《易經》對卦的命名。稱名，稱呼其名，即命名。⑤雜而不越：品類繁雜而不相乖亂。⑥於稽其類：考察分析其類別。於，語助詞，猶爰也。⑦其衰世之意邪：莫非是事關殷紂衰世的內容嗎？其，豈，難道，莫非。⑧微顯闡幽：一般認為當作「顯微闡幽」，即彰顯細微，闡明幽隱。⑨開而句：開卷展讀而見名稱適當、物象辨明、語言正確、

措辭決斷，就都完備了。名、物、言、辭，均指卦爻辭；當、辨、正、斷，均為使動用法。⑩其稱名也小：指卦爻辭簡潔，概念內涵較小。⑪其取類也大：指卦爻辭比象取類的範圍很廣大，概念外延較大。⑫其辭文：指卦爻辭的語言有文采。⑬其言曲而中：卦爻辭的言辭曲折周全而切中事理。⑭其事肆而隱：卦爻辭所涉事例廣泛而含義幽隱。肆，廣大，廣泛。⑮因貳以濟民行：依據陰陽變易之理來支助百姓的行動。貳，指陰和陽。⑯以明失得之報：（依據陰陽變易之理）來闡明行為得失（吉凶）的應驗情況。

《易》之興①也，其於中古②乎？作《易》者，其有憂患乎？是故《履》，德之基也；《謙》，德之柄③也；《復》，德之本也；《恒》，德之固也；《損》，德之修④也；《益》，德之裕⑤也；《困》，德之辨也；《井》，德之地也；《巽》，德之制也。《履》，和而至⑥；《謙》，尊而光⑦；《復》，小而辨於物⑧；《恒》，雜而不厭⑨；《損》，先難而後易；《益》，長裕而不設⑩；《困》，窮而通；《井》，居其所而遷；《巽》，稱而隱⑪。《履》以和行⑫，《謙》以制禮⑬，《復》以自知⑭，《恒》以一德⑮，《損》以遠害，《益》以興利，《困》以寡怨，《井》以辨義，《巽》以行權⑯。

【注】《周易本義》：「此第七章，三陳九卦以明處憂患之道。」

①興：興起，產生。②中古：據《繫辭下傳》第十一章所云「殷之末世」（見後面），當指商朝末年。③柄：把柄。此指掌握執行道德的樞機要領。④修：修補，彌補。⑤裕：寬裕。此處用為動詞，有擴充、拓展之意。⑥和而至：和諧才能達至禮。⑦尊而光：自我謙抑而光榮。尊，讀為撙（ㄗㄨㄣ），貶抑。⑧小而辨於物：於細微徵兆處分辨事物。⑨雜而不厭：事物繁雜而不厭倦。⑩長裕而不設：不斷增益（道德）而不特意造作。⑪稱而隱：處事得宜而且不露痕跡。稱，相稱，合適。⑫《履》以和行：指《履》卦為實踐、行動，以和諧為行為的要領，即和諧地行動。⑬《謙》以制禮：謙遜作為制定禮節的標準。⑭《復》以自我：《復》卦用來自我反省（自知過失）。⑮《恒》以一德：《恒》卦用來始終堅守道德，一，一貫，一直，引申為始終堅持。⑯《巽》以行權：《巽》卦用來隨機應變。權，權變，權宜。

《易》之為書也不可遠①，為道也屢遷②，變動不居，周流六虛③，上下無常，剛柔相易，不可為典要，唯變所適④。其出入以度外內⑤，使知懼。又明於憂患與故⑥。無有師保，如臨父母。初率⑦其辭而揆其方⑧，既有典常⑨。苟非其人，道不虛行。

【注】《周易本義》：「此第八章。」

①《易》之為書也不可遠：《易》作為書不可以遠離它。意即要常讀。②為

道也屢遷：（《易》）闡述的易道是不斷變遷的。③周流六虛：在六個爻位上循環流轉變動。六虛，指六爻之位。④以上言《易經》所載易道之變化規律體現在卦爻的象數變易之中。典要，固定不變的綱要，即固定的模式。唯變所適，只有根據其變化的情況而採取相應的變化。所適，變化發展的情況。適，往，變化發展。⑤其出入以度外內：爻象往來變化以填入外卦和內卦。度（ㄉㄨㄛˊ），投入，填入。《詩經・大雅・綿》：「度之薨薨。」鄭玄箋：「度，猶投也。」陸德明釋文引《韓詩》云：「填也。」 外內：指外卦和內卦，六十四卦每卦由八經卦兩兩相重而成，下三爻的經卦稱內卦，上三爻的經卦為外卦。⑥與故：及其緣故，道理。⑦率：遵循。⑧揆其方：推斷其義理所指。揆，揣度，推斷。⑨既有典常：就有了規範、常規。

《易》之為書也，原始要終①，以為質②也。六爻相雜，唯其時物③也。其初難知④，其上易知⑤，本末也⑥。初辭擬之，卒成之終。若夫雜物撰德⑦，辯是與非，則非其中爻不備⑧。噫！亦要存亡吉凶⑨，則居可知矣⑩。知者觀其彖辭⑪，則思過半矣。二與四同功⑫而異位，其善⑬不同，二多譽⑭，四多懼⑮，近也⑯。柔之為道不利遠者⑰。其要無咎⑱，其用柔中⑲也。三與五同功而異位，三多凶⑳，五多功㉑，貴賤之等㉒也。其柔危㉓，其剛勝耶？

【注】①原始要終：探索事物起源、研究事物結束。指探求事物源流始末的整個情況。②以為質：作為它的本質內容。③唯其時物：只反映各自特定時間的物象。④其初難知：其初爻（只反映事物初始之徵象）尚難反映事物本質全貌。⑤其上易知：其上爻（已反映事物終了時的徵象）則容易反映事物本質全貌了。⑥本末也：由初爻直至上爻反映事物起始直至結尾的全部過程了。⑦若夫雜物撰德：至於雜陳物象歸納其物性。撰，《周易正義》：「撰，數也。」即計算，歸納。⑧不備：不完備。⑨亦要存亡吉凶：若須求得趨吉避凶。要，求。存亡吉凶，猶言存吉亡凶，即趨吉避凶。⑩則居可知矣：那就由整體觀察而預知了。居，積累，總結，即綜合考察。⑪彖辭：此泛指卦爻辭。彖，判斷。⑫二與四同功：指第二爻與第四爻同處偶數爻位，各處上下卦的中位而言，有相同的作用。⑬善：吉。代指吉凶。⑭二多譽：第二爻多讚譽之辭。⑮四多懼：第四爻多惕懼之辭。⑯近也：指第四爻接近第五爻君位。⑰柔之為道不利遠者：二、四陰位所體現的義理不宜於反映很久遠的事理。⑱其要無咎：大抵不會有災患。⑲其用柔中：因為其性質柔順居中。⑳三多凶：三爻爻辭多反映兇險之事象。㉑五多功：五爻爻辭多反映效驗之事理。㉒貴賤之等：指爻位高低的差別。㉓其柔危句：（指處三、五爻位的）如果是陰爻則危凶，如果是陽爻則優勝。

《易》之為書也，廣大悉備。有天道焉，有人道焉，有地道焉。兼三才而兩之，故六[1]。六者非它也，三材之道也。道有變動，故曰爻。爻有等，故曰物[2]。物相雜[3]，故曰文。文不當[4]，故吉凶生焉。

【注】《周易本義》：「此第十章。」

①兼三才而兩之：故六：指《易經》每卦中兼具天地人三才爻位，且各有二爻位，因此每卦為六個爻位。（初二爻位為地，三四爻位為人，五上爻位為天）②爻有等：故曰物：爻位有上下等級差別，因此反映不同事物。③物相雜：《周易本義》：「相雜，謂剛柔之位相間。」④文不當：《周易本義》：「不當，謂爻不當位。」

《易》之興[1]也，其當殷之末世，周之盛德邪[2]？當文王與紂之事邪？是故其辭危。危者使平[3]，易者使傾[4]。其道甚大，百物不廢[5]。懼以終始[6]，其要[7]無咎，此之謂《易》之道也。

【注】《周易本義》：「此第十一章。」

①興：產生，形成。指《易經》的成書。②周之盛德：指殷商末期西伯周族在姬昌的治理下國勢強盛的歷史時期。這幾句推測《易經》的成書時代。③危者使平：危懼憂患者便會獲得平安。④易者使傾：輕易怠慢者便會導致傾覆。⑤

百物不廢：泛指所有的事物概莫能外。廢，廢除，除外。 ⑥懼以終始：危懼憂患貫徹始終。 ⑦要：大要，大抵。

夫乾，天下之至健也，德行恒易以知險①。夫坤，天下之至順也，德行恒簡以知阻②。能說諸心③，能研諸（侯之）慮④，定天下之吉凶，成天下之亹亹者⑤。是故變化云為⑥，吉事有祥。象事知器⑦，占事知來。天地設位，聖人成能⑧。人謀鬼謀⑨，百姓與能⑩。八卦以象告⑪，爻彖以情言⑫，剛柔雜居⑬，而吉凶可見矣。變動以利言⑭，吉凶以情遷⑮。是故愛惡相攻而吉凶生，遠近相取⑯而悔吝生，情偽相感⑰而利害生。凡《易》之情，近而不相得則凶，或害之，悔且吝。將叛者其辭慚⑱，中心疑者其辭枝，吉人之辭寡，躁人之辭多，誣善之人其辭遊，失其守者其辭屈。

【注】《周易本義》：「此第十二章。」

①德行恒易以知險：德行永久平易而卻知道險難（如天有大旱、大雨等）。

②德行恒簡以知阻：德行永久簡約而卻知道險阻（如地有高山、大川等）。 ③能說諸心：能夠在心裏察閱（天道）。說，即閱，閱讀考察。 ④能研諸侯之慮：「侯之」二字為衍文，當作能研諸慮，意指在思慮上研究（地理）。 ⑤成天下之亹亹者：致使促成天下萬物勤免奮發的狀態。 ⑥變化云為：指對於變化的口頭談說與躬身實踐。云，口講；為，行動。 ⑦象事知器：模仿事象（探究物理）以製

作器具。指前所言觀象制器。⑧聖人成能：聖人（法天地之道）成長能力，以成其能事。⑨人謀鬼謀：人來謀劃和通過筮占得到鬼的謀劃。⑩百姓與能：老百姓贊助能者。與，助也。⑪八卦以象告：八卦用卦象告訴人。⑫爻象以情言：卦爻辭把情況言說。⑬剛柔雜居：指陽爻陰爻雜處（一卦之中）。⑭變動以利言：卦爻象的變化把利害言說。⑮吉凶以情遷：吉凶判斷據情況而改變。⑯遠近相取：指人們據親疏關係相去取。⑰情僞相感：指真情與虛僞對人的感觸。⑱將叛者其辭慚：將要背叛的人，他的言語會表現出慚愧（言行不一致）。

說卦

昔者聖人之作《易》也，幽贊於神明而生蓍①，參天兩地而倚數②，觀變於陰陽而立卦，發揮於剛柔而生爻，和順于道德而理於義③，窮理盡性以至於命④。

【注】《說卦》主要解說八經卦所象的事理。《周易本義》：「此第一章。」

①幽贊於神明而生蓍：得到神靈的暗中贊助從而生長出（可以用來筮占的）蓍草。即《繫辭》所言「天生神物」。②參天兩地而倚數：指以奇數代天屬陽而以偶數代地屬陰，從而有了可以用來演算的數位。參，即三，代指奇數；兩代指偶數。③和順于道德而理於義：用道德作標準來調和順從，以義理為旨歸加以分析治理。④窮理盡性以至於命：徹底研究道理、性質以至於性命。

昔者聖人之作《易》也，將以順性命之理，是以立天之道曰陰與陽，立地之道曰柔與剛，立人之道曰仁與義①。兼三才而兩之，故《易》六畫而成卦。分陰分陽，迭用柔剛，故《易》六位而成章。

【注】《周易本義》：「兼三才而兩之，總言六畫又細分之，則陰陽之位間雜而成文章也。此第二章。」

①兼三才而兩之：綜合概括為天地人三才，而又各分為二。即指一卦六爻，初、二兩爻為地，三、四兩爻為人，五、上兩爻為天。

天地定位，山澤通氣，雷風相薄，水火不相射，八卦相錯①。數往者順②，知來者逆③，是故《易》逆數④也。

【注】《周易本義》：「此第三章。」

①《周易本義》：「邵子曰：此伏羲八卦之位。乾南坤北離東坎西，兌居東南震居東北，巽居西南艮居西北，於是八卦相交而成六十四卦，所謂先天之學也。」②數往者順：列述既往（由往古數至來今）是順序總結。③知來者逆：預知未來（由今往後）是逆推。④逆數：指《易經》筮占預測未來是逆序而數的。

雷以動之①，風以散之，雨以潤之，日以烜②之，艮以止之，兌以說③之，乾以君④之，坤以藏之。

【注】《周易本義》：「此卦位相對，與上章同。此第四章。」

①之：代指萬物。下同。②烜（ㄒㄩㄢ）：曬乾。③說：同悅。④君：統治。

帝出乎震①，齊乎巽②，相見乎離③，致役乎坤④，說言乎兌⑤，戰乎乾⑥，勞乎坎[7]，成言乎艮[8]。萬物出乎震，震東方也。齊乎巽，巽東南也，齊也者言萬物之絜齊[9]也。離也者明也，萬物皆相見，南方之卦也。聖人南面而聽天下[10]，向明而治，蓋取諸此也。坤也者地也，萬物皆致養焉，故曰：致役乎坤。兌，正秋也，萬物之所說也，故曰：說言乎兌。戰乎乾，乾，西北之卦也，言陰陽相薄也。坎者水也，正北方之卦也，勞卦也，萬物之所歸也，故曰：勞乎坎。艮，東北之卦也。萬物之所成終而成始也，故曰：成言乎艮。

【注】《周易本義》：「此第五章。所推卦位之說多未詳者。」

①帝出乎震：天帝（主宰大自然）使萬物萌生于春分時季。帝，天帝，古人認為的自然之主宰。出，出生，萌生。震，震卦於方位象徵東方，於時令象徵春分。②齊乎巽：（使萬物）整齊順暢生長于立夏時節。巽卦於方位、時令象徵東南、立夏。③相見乎離：（使萬物）旺盛生長顯現於夏至時節。④致役乎坤：（使萬物）獲得奉養于立秋時節。致役，猶獲養。致猶獲，役猶養。⑤說言乎兌：（使萬物）成熟喜悅于秋分時節。言，同焉，語氣助詞。⑥戰乎乾：（使萬物）陰陽交接于立冬時節。戰，交戰，交接。此指自然時令陰盛甫盡而陽氣將回復之陰陽交接之時。⑦勞乎坎：（使萬物）疲勞歸藏於冬至時節。⑧成言乎艮：（使萬物）完成一年的生長週期（而又重新萌生）于立春時節。言，同焉。以上八句是關於八卦綱要，下文逐一解釋。《周易本義》總釋此八句言：「帝者天

之主宰。邵子曰此卦位乃文王所定，所謂後天之學也。」⑨絜齊：整潔一致。絜（ㄐㄧㄝˊ），這裏即潔的異體字。⑩聽天下：指聽政治理天下。聽，聽政，治理。

神也者，妙萬物而為言者也①。動萬物者莫疾②乎雷，橈萬物者莫疾乎風，躁萬物者莫熯③乎火，說萬物者莫說乎澤，潤萬物者莫潤乎水，終萬物始萬物者莫盛乎艮④。故水火相逮⑤，雷風不相悖，山澤通氣，然後能變化，既成萬物也。

【注】《周易本義》：「此去乾坤而專言六子，以見神之所為。然其位序亦用上章之說，未詳其義。　此第六章。」

①神也者：妙萬物而為言者也。神，是指萬物的化育生長變化極其神妙而說的。「……也者……而為言者也」，是表示說明性判斷的古漢語句式。②疾：快速。（後一「疾」字同）③熯（ㄏㄢˋ）：炎熱。同「暵」。④此句即前章「……所成終所成始也」之義，參其注。⑤逮（ㄉㄞˋ）：及，與，引申為資助。

乾，健也。坤，順也。震，動也。巽，入也。坎，陷也。離，麗也。艮，止也。兌，說也。

【注】《周易本義》：「此言八卦之性情。　此第七章。」

乾為馬。坤為牛。震為龍。巽為雞。坎為豕。離為雉。艮為狗。兌為羊。

【注】《周易本義》：「遠取諸物如此。　此第八章。」

乾為首。坤為腹。震為足。巽為股。坎為耳。離為目。艮為手。兌為口。

【注】《周易本義》：「近取諸身如此。　此第九章。」

乾，天也，故稱乎父。坤，地也，故稱乎母。震一索①而得男，故謂之長男。巽一索而得女，故謂之長女。坎再索而得男。故謂之中男。離再索而得女，故謂之中女。艮三索而得男，故謂之少男。兌三索而得女，故謂之少女②。

【注】《周易本義》：「索，求也。謂揲蓍以求爻也。男女指卦中一陰一陽之爻而言。此第十章。」

①索：求，求合。此指陰陽相求合。②本章文字：首明乾坤為父母，繼言其餘六卦並屬父母相互求合所生的男女（六子）。其例以乾陽求合坤陰得男性，以坤陰求合乾陽得女性。陰陽卦之長幼又取決於主爻所居位序之先後，故震陽居初位（☳）謂「長男」，坎陽居二位（☵）謂「中男」，艮陽居三位（☶）謂「少男」；巽陰居初位（☴）為「長女」，離陰居二位（☲）為「中女」，兌陰居三位（☱）為「少女」。

乾為天，為圜①，為君，為父，為玉，為金，為寒，為冰，為大赤，為良馬，為老馬，為瘠[2]馬，為駁馬，為木果。

坤為地，為母，為布[3]，為釜，為吝嗇[4]，為均，為子母牛，為大輿[5]，為文，為眾，為柄，其於地也為黑。

震為雷，為龍，為玄黃，為旉[6]，為大途，為長子，為決躁[7]，為蒼筤竹[8]，為萑葦[9]。其於馬也，為善鳴，為馵足[10]，為作足[11]，為的顙[12]。其於稼也，為反生[13]。其究為健[14]，為蕃鮮[15]。

巽為木，為風，為長女，為繩直，為工，為白，為長，為高，為進退，為不果，為臭。其於人也，為寡髮，為廣顙，為多白眼，為近利市三倍[16]，其究為躁卦[17]。

坎為水，為溝瀆，為隱伏，為矯輮，為弓輪。其於人也，為加憂，為心病，為耳痛，為血卦，為赤。其於馬也，為美脊，為亟心[18]，為下首，為薄蹄，為曳。其於輿也，為多眚，為通，為月，為盜。其於木也，為堅多心。

離為火，為日，為電，為中女，為甲冑，為戈兵。其於人也，為大腹。為乾卦，為鱉，為蟹，為蠃[19]，為蚌，為龜。其於木也，為科上槁[20]。

艮為山，為徑路，為小石，為門闕，為果蓏[21]，為閽寺[22]，為指，為狗，為鼠，為黔喙[23]之屬。其於木也，為堅多節。

兌為澤，為少女，為巫，為口舌，為毀折，為附決[24]。其於地也，為剛鹵[25]。為妾，為羊。

【注】《周易本義》：「此第十一章。廣八卦之象。」①圜（ㄩㄢˊ）：同圓。此處另含周轉循環之義。②瘠（ㄐㄧˊ）：瘦。③布：古代貨幣名。④吝嗇：大意指大地生物不可離地，離地則死，故云。⑤大輿：大車。輿，車。⑥旉（ㄈㄨ）：花朵。⑦決躁：決斷急躁，行動迅速。⑧蒼筤竹：色澤青嫩的竹子。蒼筤（ㄌㄤˊ），竹色青嫩。⑨萑（ㄏㄨㄢˊ）葦：即蒹葭，為兩種蘆類植物。⑩馵（ㄓㄨˋ）足：膝以上為黃色的馬。⑪作足：行動矯健的馬。⑫的顙：白色的額頭。⑬反生：倒生，果實在地下，如蔥蒜蘿蔔等。⑭究為健：指震雷之動極健。究，極。⑮蕃鮮：指草木茂盛而新鮮。蕃，茂盛。⑯近利市三倍：（指木材果實可得）近於三倍之利於市。⑰其究為躁卦：指巽卦之終極為躁動不止之卦。⑱亟心：指馬心性急敏。亟，急也。⑲蠃（ㄌㄨㄛˇ）：通「螺」，螺類動物的統稱。⑳科上槁：指植物木幹之上部枯槁。科，借為棵。棵，木幹也。㉑果蓏（ㄌㄨㄛˇ）：瓜、果的總稱。木實曰果，草實曰蓏。㉒閽寺：指門禁守護者。閽人守門，寺人守巷，禁止人妄入門巷，艮為止，故艮為閽寺。閽（ㄏㄨㄣ），守門人；也指宮門。㉓黔喙：黑嘴，豺狼之類猛獸其嘴黑色，故黔喙泛指猛獸。黔（ㄑㄧㄢˊ），黑色。㉔附決：聽從裁決。附，從，聽從。㉕剛鹵（ㄌㄨˇ）：指土地堅硬而含鹽質，即今所謂鹽鹼地。此處含剛鹵之地亟待潤澤之義。

序卦

有天地[1]，然後萬物生焉。盈天地之間者唯萬物，故受[2]之以《屯》。《屯》者，盈也。屯者，物之始生也。物生必蒙，故受之以《蒙》。《蒙》者，蒙也，物之稚也。物稚不可不養也，故受之以《需》。《需》者，飲食之道也。飲食必有訟[3]，故受之以《訟》。訟必有衆起，故受之以《師》。《師》者，衆也。衆必有所比[4]，故受之以《比》。《比》者，比也。比必有所畜[5]，故受之以《小畜》。物畜然後有禮[6]，故受之以《履》。《履》者，禮也。履而泰然後安，故受之以《泰》。《泰》者，通也。物不可以終通，故受之以《否》。物不可以終否，故受之以《同人》[7]。與人同者，物必歸焉，故受之以《大有》。有大者不可以盈，故受之以《謙》。有大而能謙必豫，故受之以《豫》。豫必有隨，故受之以《隨》。以喜隨人者必有事[8]，故受之以《蠱》。《蠱》者，事也。有事而後可大，故受之以《臨》。《臨》者，大也。物大然後可觀，故受之以《觀》。可觀而後有所合，故受之以《噬嗑》。嗑者，合也。物不可以苟合而已，故受之以《賁》。《賁》者，飾也。致飾然後亨則盡矣，故受之以《剝》。《剝》者，剝也。物不可以終盡剝，窮上反下[9]，故受之以《復》。復則不妄矣，故受之以《無妄》。有無妄，物然後可畜，故受之以《大畜》。物畜然後可養，故受之以《頤》。《頤》者，養也。不養則不可動⑩，故受之以《大過》。物不可以終過，故受之以《坎》。《坎》者，陷也。陷必有所麗，故受之以《離》。《離》者，麗⑪也。

【注】《周易正義》：「《序卦》者，文王既繇六十四卦，分為上下二篇。其先後之次，其理不見，故孔子就上下二《經》，各序其相次之義，故謂之《序卦》焉。」繇（ㄧㄡˊ），通「由」，從，自。這段為上經三十卦之順序的解釋。

①天地：指《乾》《坤》二卦象徵天地。②受：承繼，接著。「受之以」，猶言「接著是」。③飲食必有訟：此以飲食代指生活資料，謂生活資料分配與私有諸問題，必引起爭訟。④眾必有所比：謂興師動眾則肯定（有主有輔）有所依附親輔。比，隨附，輔助。⑤比必有所畜：謂輔佐人者必受封土俸祿等以為積蓄。畜，讀為蓄，參見《小畜》卦注釋。以下各卦名均可參見前面六十四卦中各卦的注釋內容。⑥禮：禮儀。其中包含規定人佔有財物之等級等。⑦受之以《同人》句：謂否則思泰，則爭取有人同心相助，故《否》卦之後繼之以《同人》卦。⑧有事：指為人辦事。⑨窮上反下句：謂窮於上位而剝落，必返自下位而復升。反，借為返，還復也。⑩不養則不可動：不頤養就不可有所作為。⑪麗：附麗，依靠。

有天地然後有萬物，有萬物然後有男女，有男女然後有夫婦，有夫婦然後有父子，有父子然後有君臣，有君臣然後有上下，有上下然後禮義有所錯①。夫婦之道不可以不久也，故受之以《恒》。《恒》者，久也。物不可以久居其所，故受之以《遯》。《遯》者，退也。物不可以終遯，故受之以《大壯》。物不可以終壯，故受之以《晉》。《晉》者，進也。進必有所傷，故受之以《明夷》。夷者，傷也。傷於外者必反於家，故受之以《家人》。家道窮必乖，故受之以《睽》。《睽》者，乖也。乖必有難，故受之以《蹇》。《蹇》者，難也。物不可以終難，故受之以《解》。《解》者，緩也。緩必有所失，故受之以《損》。損而不已必益，故受之以《益》。益而不已必決，故受之以《夬》。《夬》者，決也。決必有遇②，故受之以《姤》。《姤》者，遇也。物相遇而後聚，故受之以《萃》。《萃》者，聚也。聚而上者謂之升，故受之以《升》。升而不已必困，故受之以《困》。困乎上者必反下，故受之以《井》。井道不可不革，故受之以《革》。革物者莫若鼎，故受之以《鼎》。主器者莫若長子③，故受之以《震》。《震》者，動也。物不可以終動，止之，故受之以《艮》。《艮》者，止也。物不可以終止，故受之以《漸》。《漸》者，進也。進必有所歸④，故受之以《歸妹》。得其所歸者必大，故受之以《豐》。《豐》者，大也。窮大者必失其居，故受之以《旅》。旅而無所容，故受之以《巽》。《巽》者，入也。入而後說之⑤，故受之以《兌》。《兌》者，說也。說而後散之，故受之以《渙》。《渙》者，離也。物不可以終離，故受之以《節》。節而信之，故受之以《中孚》。有其信者必行之，故受之以《小過》。有過物者必濟，故受之以《既濟》。物不可窮也，故受之以《未濟》，終焉。

【注】本段為下經三十四卦之順序的解釋。

①錯：借為措，措施，施行，操作。②決必有遇：指瀉祛邪穢必有新喜之遇。③主器者莫若長子：主持一家禮儀主權的沒有比長子更合適的。器，指鼎為象徵權力的法器。震卦為長男之象，參見《說卦傳》的相關內容。④進必有所歸：指女子長大必定會嫁歸夫家。⑤入而後說之：指旅客進入一所客館有所棲宿而喜悅之。說，借為悅。

雜卦

《乾》剛《坤》柔。《比》樂《師》憂[1]。《臨》《觀》之義，或與或求[2]。《屯》見而不失其居。《蒙》雜而著。《震》，起也。《艮》，止也。《損》《益》，盛衰之始也。《大畜》，時[3]也。《無妄》，災也。《萃》聚而《升》不來[4]也。《謙》輕而《豫》怠也。《噬嗑》，食也。《賁》，無色也。《兌》見而《巽》伏也。《隨》無故也。《蠱》則飭[5]也。《剝》，爛也。《復》，反也。《晉》，晝也。《明夷》，誅也。《井》通而《困》相遇也。《咸》速也。《恒》，久也。《渙》，離也。《節》，止也。《解》，緩也。《蹇》，難也。《睽》，外也。《家人》，內也。《否》《泰》，反其類也。《大壯》則止，《遯》則退也。《大有》，眾也。《同人》，親也。《革》，去故也。《鼎》，取新也。《小過》，過也。《中孚》，信也。《豐》，多故也。親寡《旅》也。《離》上而《坎》下也。《小畜》，寡也。《履》，不處也。《需》，不進也。《訟》，不親也。《大過》，顛也。《姤》，遇也，柔遇剛也。《漸》，女歸待男行也。《頤》，養正也。《既濟》，定也。《歸妹》，女之終也。《未濟》，男之窮也。《夬》，決也，剛決柔也。君子道長，小人道憂[6]也。

【注】《雜卦》講解《易經》六十四卦的含義，不按順序而是錯雜地講解，故稱為《雜卦》。

①《比》樂《師》憂：比義主親近，親近故歡樂。師指出兵打仗，有戰敗兵死之危險故憂愁。②或與或求：臨主義指臨民，意在施政，故為與；觀是考察民眾，意在得到民情民意，故為求。③時：《周易大傳今注》：「時疑借為庤。《說文》：『庤，儲置屋下也，從廣，寺聲。』」④《升》不來：《周易正義》引韓康伯注：「來，還也。方在上升，故不還也。」⑤《蠱》則飭：《周易正義》引韓康伯注：「飭，整治也。《蠱》所以整治其事也。」⑥憂：《周易大傳今注》：「《集解》本憂作消。憂當讀為消，古音相近而通用也。（《泰・彖傳》曰『君子道長，小人道消也』可證）」

下篇

歷代名家解讀

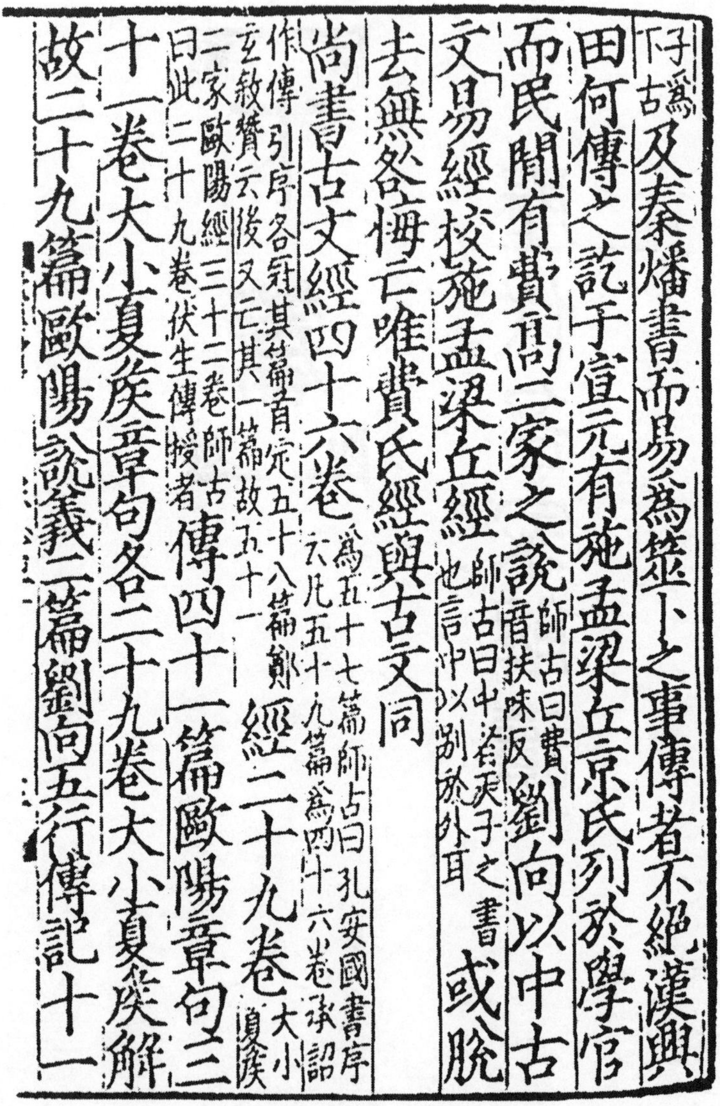

子爲下古及秦燔書而易爲筮卜之事傳者不絕漢興田何傳之訖于宣元有施孟梁丘京氏列於學官而民間有費高二家之說師古曰費音扶味反劉向以中古文易經校施孟梁丘經師古曰中者天子之書也言中以別於外耳或脫去無咎悔亡唯費氏經與古文同

尚書古文經四十六卷爲五十七篇師古曰孔安國書序云凡五十九篇爲四十六卷承詔作傳引序各冠其篇首定五十八篇鄭玄敘贊云後又亡其一篇故五十一

經二十九卷大小夏侯二家歐陽經三十二卷師古曰此二十九卷伏生傳授者

傳四十一篇歐陽章句三十一卷大小夏侯章句各二十九卷大小夏侯解故二十九篇歐陽說義二篇劉向五行傳記十一

宋慶元刊本《漢書》書影

一 《周易略例》

〔魏〕王弼

夫象者，出意者也。言者，明象者也。盡意莫若象，盡象莫若言。言生於象，故可尋言以觀象；象生於意，故可尋象以觀意。意以象盡，象以言著。故言者所以明象，得象而忘言；象者所以存意，得意而忘象。猶蹄者所以在兔，得兔而忘蹄；筌者所以在魚，得魚而忘筌也。

明《彖》

夫《彖》者，何也？統論一卦之體，明其所由之主也。夫眾不能治眾，治眾者，至寡者也。夫動不能制動，制天下之動者，貞夫一者也。故眾之所以得咸存者，主必致一也；動之所以得咸運者，原必無二也。物無妄然，必由其理。統之有宗，會之有元，故繁而不亂，眾而不惑。故六爻相錯，可舉一以明也；剛柔相乘，可立主以定也。是故「雜物撰德，辯是與非，則非其中爻」，莫之備矣！故自統而尋之，物雖眾，則知可以執一御也。由本以觀之，義雖博，則知可以一名舉也。故處璇璣以觀大運，則天地之動未足怪也；據會要以觀方來，則六合輻輳未足多也。故舉卦之名，義有主矣；觀其彖辭，則思過半矣！夫古今雖殊，軍國異容，中之為用，故未可遠也。品制萬變，宗主存焉；《彖》之所尚，斯為盛矣。

夫少者，多之所貴也；寡者，眾之所宗也。一卦五陽而一陰，則一陰為之主矣；五陰而一陽，則一陽為之主矣。夫陰之所求者陽也，陽之所求者陰也。陽苟一焉，五陰何得不同而歸之？陰苟只焉，五陽何得不同而從之？故陰爻雖賤，而為一卦之主者，處其至少之地也。或有遺爻而舉二體者，卦體不由乎爻也。繁而不憂亂，變而不憂惑，約以存博，簡以濟眾，其唯《彖》乎！亂而不能惑，變而不能渝，非天下之至賾，其孰能與於此乎！故觀《彖》以斯，義可見矣。

明爻通變

夫爻者，何也？言乎變者也。變者，何也？情偽之所為也。夫情偽之動，非數之所求也；故合散屈伸，與體相乖。形躁好靜，質柔愛剛，體與情反，質與願違。巧曆不能定其算數，聖明不能為之典要；法制所不能齊，度量所不能均也。為之乎豈在夫大哉！陵三軍者，或懼於朝廷之儀；暴威武者，或困於酒色之娛。

近不必比，遠不必乖。同聲相應，高下不必均也；同氣相求，體質不必齊也。召雲者龍，命呂者律。故二女相違，而剛柔合體。隆墀永歎，遠壑必盈。投戈散地，則六親不能相保；同舟而濟，則胡越何患乎異心。故苟識其情，不憂乖遠；苟明其趣，不煩強武。能說諸心，能研諸慮，睽而知其類，異而知其通，其唯明爻者乎？故有善邇而遠至，命宮而商應；修下而高者降，與彼而取此者服矣！

是故情偽相感，遠近相追；愛惡相攻，屈伸相推；見情者獲，直往則違。故擬議以成其變化，語成而後有格。不知其所以為主，鼓舞而天下從者，見乎其情者也。

是故「範圍天地之化而不過，曲成萬物而不遺，通乎晝夜之道」而無體，一陰一陽而無窮。「非天下之至變，其孰能與於此」哉！是故卦以存時，爻以示變。

明卦適變通爻

夫卦者，時也；爻者，適時之變者也。

夫時有否泰，故用有行藏；卦有小大，故辭有險易。一時之制，可反而用也；一時之吉，可反而凶也。故卦以反對，而爻亦皆變。是故用無常道，事無軌度，動靜屈伸，唯變所適。故名其卦，則吉凶從其類；存其時，則動靜應其用。尋名以觀其吉凶，舉時以觀其動靜，則一體之變，由斯見矣。夫應者，同志之象也。位者，爻所處之象也。承乘者，逆順之象也。遠近者，險易之象也。內外者，出處之象也。初上者，始終之象也。是故雖遠而可以動者，得其應也；雖險而可以處者，得其時也。弱而不懼於敵者，得所據也。憂而不懼於亂者，得所附也。柔而不憂於斷者，得所禦也。雖後而敢為之先者，應其始也。物競而獨安於靜者，要其終也。故觀變動者，存乎應；察安危者，存乎位；辯逆順者，存乎承乘；明出處者，存乎外內。

遠近終始，各存其會；辟險尚遠，趣時貴近。《比》、《復》好先，《乾》、《壯》惡首；《明夷》務暗，《豐》尚光大。吉凶有時，不可犯也；動靜有適，不可過也。犯時之忌，罪不在大；失其所適，過不在深。動天下，滅君主，而不可危也；侮妻子，用顏色，而不可易也。故當其列貴賤之時，其位不可犯也；遇其憂悔吝之時，其介不可慢也。觀爻思變，變斯盡矣。

明象

夫象者，出意者也。言者，明象者也。盡意莫若象，盡象莫若言。言生於象，故可尋言以觀象；象生於意，故可尋象以觀意。意以象盡，象以言著。故言者所以明象，得象而忘言；象者所以存意，得意而忘象。猶蹄者所以在兔，得兔而忘蹄；筌者所以在魚，得魚而忘筌也。然則言者象之蹄也，象者意之筌也。是故存言者，非得象者也；存象者，非得意者也。象生於意而存象焉，則所存者乃非其象也；言生於象而存言焉，則所存者乃非其言也。然則忘象者，乃得意者也；忘言者，乃得象者也。得意在忘象，得象在忘言。故立象以盡意，而象可忘也；重畫以盡情，而畫可忘也。

是故觸類可為其象，合義可為其徵。義苟在健，何必馬乎？類苟在順，何必牛乎？爻苟合順，何必坤乃為牛？義苟應健，何必乾乃為馬？而或者定馬於乾，案文責卦，有馬無乾，則偽說滋漫，難可紀矣。互體不足，遂及卦變；變又不足，推致五行。一失其原，巧愈彌甚。縱復或值，而義無所取。蓋存象忘意之由也，忘象以求其意，義斯見矣。

辯位

案，《象》無初上得位、失位之文。又，《繫辭》但論三五、二四同功異位，亦不及初上，何乎？唯《乾》上九《文言》云「貴而無位」，《需》上六云「雖不當位」。若以上為陰位邪？則《需》上六不得云「不當位」也；若以上為陽位邪？則《乾》上九不得云「貴而無位」也。陰陽處之，皆云非位，而初亦不說當位失位也。然則初上者是事之終始，無陰陽定位也。故《乾》初謂之「潛」，過五謂之無位。未有處其位而云潛，上有位而云無者也。歷觀眾卦，盡亦如之，初上無陰陽定位，亦以明矣。

夫位者，列貴賤之地，待才用之宅也。爻者，守位分之任，應貴賤之序者也。位有尊卑，爻有陰陽。尊者陽之所處，卑者陰之所履也。故以尊為陽位，卑為陰位。去初上而論位分，則三五各在一卦之上，亦何得不謂之陽位？二四各在一卦之下，亦何得不謂之陰位？初上者，體之終始，事之先後也，故位無常分，事無常所，非可以陰陽定也。尊卑有常序，終始無常主。故《繫辭》但論四爻功位之通例，而不及初上之定位也。然事不可無終始，卦不可無六爻，初上雖無陰陽本位，是終始之地也。統而論之，爻之所處則謂之位；卦以六爻為成，則不得不謂之六位時成也。

略例下

凡體具四德者，則轉以勝者為先，故曰「元亨，利貞」也。其有先貞而後亨者，亨由於貞也。

凡陰陽者，相求之物也，近而不相得者，志各有所存也。故凡陰陽二爻，率相比而無應，則近而不相得；有應，則雖遠而相得。

然時有險易，卦有小大。同救以相親，同鬪以相疏。故或有違斯例者也，然存時以考之，義可得也。

凡《彖》者，統論一卦之體者也。《象》者，各辯一爻之義者也。故《履》卦六三，為《兌》之主，以應於《乾》；成卦之體，在斯一爻，故《彖》敘其應，雖危而亨也。《象》則各言六爻之義，明其吉凶之行。去六三成卦之體，而指說一爻之德，故危不獲亨而見咥也。《訟》之九二，亦同斯義。

凡《彖》者，通論一卦之體者也。一卦之體必由一爻為主，則指明一爻之美以統一卦之義，《大有》之類是也。卦體不由乎一爻，則全以二體之義明之，《豐》卦之類是也。

凡言「無咎」者，本皆有咎者也。防得其道，故得無咎也。「吉，無咎」者，本亦有咎，由吉故得免也。「無咎，吉」者，先免於咎，而後吉從之也。或亦處得其時，吉不待功，不犯於咎，則獲吉也。或有罪自己招，無所怨咎，亦曰「無咎」。故《節》六三曰：「不節若，則嗟若，無咎。」《象》曰：「不節之嗟，又誰咎也？」此之謂矣。

卦略

䷂屯。此一卦，皆陰爻求陽也。屯難之世，弱者不能自濟，必依於強，民思其主之時也。故陰爻皆先求陽，不召自往；「馬」雖「班如」，而猶不廢；不得其主，無所馮也。初體陽爻，處首居下，應民所求，合其所望，故大得民也。

䷃蒙。此一卦，陰爻亦先求陽。夫陰昧而陽明，陰困童蒙，陽能發之。凡不識者求問識者，識者不求所告；暗者求明，明者不諮於暗。故「童蒙求我，匪我求童蒙」也。故六三先唱，則犯於為女；四遠於陽，則「困蒙，吝」；初比於陽，則「發蒙」也。

䷉履。《雜卦》曰：「履，不處也。」又曰：「履者，禮也。」謙以制禮。陽處陰位，謙也。故此一卦，皆以陽處陰為美也。

䷒臨。此剛長之卦也。剛勝則柔危矣，柔有其德，乃得免咎。故此一卦，陰爻雖美，莫過無咎也。

䷓觀之為義，以所見為美者也。故以近尊為尚，遠之為吝。

䷛大過者，棟橈之世也。本末皆弱，棟已橈矣，而守其常，則是危而弗扶，凶之道也。以陽居陰，拯弱之義也，故陽爻皆以居陰位為美。濟衰救危，唯在同好，則所贍褊矣。故九四有應，則有它吝；九二無應，則無不利也。

䷠遯。小人浸長。難在於內，亨在於外，與《臨》卦相對者也。《臨》，剛長則柔危；《遯》，柔長故剛遁也。

䷡大壯。未有違謙越禮能全其壯者也，故陽爻皆以處陰位為美。用壯處謙，壯乃全也；用壯處壯，則「觸藩」矣。

䷣明夷。為暗之主，在於上六。初最遠之，故曰「君子于行」。五最近之而難不能溺，故謂之「箕子之貞，明不可息也」。三處明極而征至暗，故曰「南狩獲其大首」也。

䷥睽者，睽而通也。於兩卦之極觀之，義最見矣。極睽而合，極異而通，故先見怪焉，洽乃疑亡也。

䷶豐。此一卦明以動之卦也。尚於光顯，宣揚發暢者也。故爻皆以居陽位又不應陰為美，其統在於惡暗而已矣。小暗謂之沛，大暗謂之蔀。暗甚則明盡，未盡則明昧。明盡則斗星見，明微故見昧。無明則無與乎世，見昧則不可以大事。折其右肱，雖左肱在，豈足用乎？日中之盛而見昧而已，豈足任乎？

據線裝書局二〇〇七年仿真影印線裝版《天一閣藏范氏奇書》本《周易略例》標點。該本原署「晉王弼著，唐邢璹注，明范欽訂」。

王弼（二二六—二四九），字輔嗣。三國魏玄學家。其注《易》偏重哲理，掃除漢代經學象數繁瑣之風。著有《周易注》、《周易略例》、《老子注》、《老子指略》等書。

二《周易正義》卷首八論

〔唐〕孔穎達

正義曰：夫《易》者，變化之總名，改換之殊稱。自天地開闢，陰陽運行，寒暑迭來，日月更出，孚萌庶類，亭毒群品，新新不停，生生相續，莫非資變化之力，換代之功。然變化運行，在陰陽二氣，故聖人初畫八卦，設剛柔兩畫，象二氣也；布以三位，象三才也。謂之為《易》，取變化之義。

以此言之，則上下二篇，文王所定，夫子作《緯》以釋其義也。

自此下分為八段

第一　論《易》之三名　　第二　論重卦之人
第三　論三代《易》名　　第四　論卦辭爻辭誰作
第五　論分上下二篇　　第六　論夫子《十翼》
第七　論傳《易》之人　　第八　論誰加「經」字

第一　論《易》之三名

正義曰：夫《易》者，變化之總名，改換之殊稱。自天地開闢，陰陽運行，寒暑迭來，日月更出，孚萌庶類，亭毒群品，新新不停，生生相續，莫非資變化之力，換代之功。然變化運行，在陰陽二氣，故聖人初畫八卦，設剛柔兩畫，象二氣也；布以三位，象三才也。謂之為《易》，取變化之義。既義總變化，而獨以《易》為名者，《易緯・乾鑿度》云：「《易》一名而含三義，所謂易也，變易也，不易也。」又云：「『易』者，其德也，光明四通，簡易立節，天以爛明，日月星辰，佈設張列，通精無門，藏神無穴，不煩不擾，淡泊不失，此其『易也』。『變易』者，其氣也。天地不變，不能通氣，五行迭終，四時更廢，君臣取象，變節相移，能消者息，必專者敗，此其『變易』也。『不易』者，其位也。天在上，地在下，君南面，臣北面，父坐子伏，此其『不易』也。」鄭玄依此義作《易贊》及《易論》云：「《易》

一名而含三義：易簡，一也；變易，二也；不易，三也。」故《繫辭》云：「乾坤，其易之蘊邪？」又云：「易之門戶邪？」又云：「夫乾，確然示人易矣。夫坤，隤然示人簡矣。」「易則易知，簡則易從。」此言其「易簡」之法則也。又云：「為道也屢遷，變動不居，周流六虛，上下無常，剛柔相易，不可為典要，唯變所適。」此言順時變易，出入移動者也。又云：「天尊地卑，乾坤定矣。卑高以陳，貴賤位矣。動靜有常，剛柔斷矣。」此言其張設布列「不易」者也。崔覲、劉貞簡等並用此義，云：「《易》者謂生生之德，有易簡之義。不易者，言天地定位，不可相易。變易者，謂生生之道，變而相續。」皆以《緯》稱「不煩不擾，淡泊不失」，此明是「易簡」之義，無為之道。故《易》者易也，作難易之音。而周簡子云：「易者，易（音亦）也，不易者，變易也。《易》者易代之名。凡有無相代，彼此相易，皆是易義。『不易』者，常體之名，有常有體，無常無體，是『不易』之義。『變易』者，相變改之名，兩有相變，此為『變易』。」張氏、何氏並用此義，云：「《易》者換代之名，待奪之義。」因於《乾鑿度》云「《易》者其德也」。或沒而不論，或云德者得也。萬法相形，皆得相易。不顧《緯》文「不煩不擾」之言，所謂用其文而背其義，何不思之甚？故今之所用，同鄭康成等。易者，易也，音為難易之音，義為簡易之義，得《緯》文之本實也。蓋《易》之三義，唯在於有，然有從無出，理則包無，故《乾鑿度》云：「夫有形者生於無形，則乾坤安從而生？故有太易，有太初，有太始，有太素。太易者，未見氣也。太初者，氣之始也。太始者，形之始也。太素者，質之始也。氣、形、質具而未相離謂之渾沌。渾沌者，言萬物相渾沌而未相離也。視之不見，聽之不聞，循之不得，故曰《易》也。」是知易理備包有無，而易象唯在於有者，蓋以聖人作《易》，本以垂教，教之所備，本備於有。故《繫辭》云「形而上者謂之道」，道即無也；「形而下者謂之器」，器即有也。故以無言之，存乎道體；以有言之，存乎器用；以變化言之，存乎其神；以生成言之，存乎其易；以真言之，存乎其性；以邪言之，存乎其情；以氣言之，存乎陰陽；以質言之，存乎爻象；以教言之，存乎精義；以人言之，存乎景行。此等是也。且易者象也，物無不可象也。作《易》所以垂教者，即《乾鑿度》云：「孔子曰：上古之時，人民無別，群物未殊，未有衣食器用之利，伏犧乃仰觀象於天，俯觀法於地，中觀萬物之宜。於是始作八卦，以通神明之德，以類萬物之情。故《易》者所以斷①天地，理人倫，而明王道。是以畫八卦，建五氣，以立五常之行；象法乾坤，順陰陽，以正君臣、父子、夫婦之義；度時制宜，作為罔罟，以佃以漁，以贍民用。於是人民乃治，君親以尊，臣子以順，群生和洽，各安其性。」此其作《易》垂教之本意也。

①「斷」，盧文招云：案《乾鑿度》本作「繼天地」，此「斷」字疑誤。

第二 論重卦之人

《繫辭》云：「河出圖，洛出書，聖人則之。」又《禮緯．含文嘉》曰：「伏犧德合上下，天應以鳥獸文章，地應以《河圖》、《洛書》，伏犧則而象之，乃作八卦。」故孔安國、馬融、王肅、姚信等並云：「伏犧得《河圖》而作《易》。」是則伏義雖得《河圖》，復須仰觀俯察，以相參正，然後畫卦。伏犧初畫八卦，萬物之象，皆在其中。故《繫辭》曰「八卦成列，象在其中矣」是也。雖有萬物之象，其萬物變通之理，猶自未備，故因其八卦而更重之。卦有六爻，遂重為六十四卦也。《繫辭》曰「因而重之，爻在其中矣」是也。然重卦之人，諸儒不同，凡有四說：王輔嗣等以為伏犧重卦，鄭玄之徒以為神農重卦，孫盛以為夏禹重卦，史遷等以為文王重卦。其言夏禹及文王重卦者，案《繫辭》，神農之時已有，蓋取《益》與《噬嗑》。以此論之，不攻自破。其言神農重卦，亦未為得。今以諸文驗之，案《說卦》云：「昔者聖人之作《易》也，幽贊於神明而生蓍。」凡言「作」者，創造之謂也。神農以後，便是述修，不可謂之「作」也。則幽贊用蓍，謂伏犧矣。故《乾鑿度》云：「垂皇策者犧。」《上繫》論用蓍云：「四營而成易，十有八變而成卦。」既言聖人作《易》，十八變成卦，明用蓍在六爻之後，非三畫之時。伏犧用蓍，即伏犧已重卦矣。《說卦》又云：「昔者聖人之作《易》也，將以順性命之理。是以立天之道曰陰與陽，立地之道曰柔與剛，立人之道曰仁與義，兼三才而兩之，故易六畫而成卦。」既言聖人作《易》，「兼三才而兩之」，又非神農始重卦矣。又《上繫》云：「《易》有聖人之道四焉，以言者尚其辭，以動者尚其變，以制器者尚其象，以卜筮者尚其占。」此之四事，皆在六爻之後。何者？三畫之時，未有《彖》、《繇》，不得有「尚其辭」。因而重之，始有變動，三畫不動，不得有「尚其變」。揲蓍布爻，方用之卜筮，蓍起六爻之後，三畫不得有「尚其占」。自然中間以制器者「尚其象」，亦非三畫之時。今伏犧結繩而為罔罟，則是制器，明伏犧已重卦矣。又《周禮・小史》「掌三皇五帝之書」，明三皇已有書也。《下繫》云：「上古結繩而治，後世聖人易之以書契……蓋取諸《夬》。」既象《夬》卦而造書契，伏犧有書契則有《夬》卦矣。故孔安國《書序》云：「古者伏犧氏之王天下也，始畫八卦，造書契，以代結繩之政。」又曰「伏犧、神農、黃帝之書謂之《三墳》」是也。又八卦小成，爻象未備，重三成六，能事畢矣。若言重卦起自神農，其為功也，豈比《繫辭》而已哉！何因《易緯》等數所歷三聖，但云伏犧、文王、孔子，竟不及神農，明神農但有蓋取諸《益》，不重卦矣。故今依王輔嗣以伏犧既畫八卦，即自重為六十四卦，為得其實。其重卦之意，備在《說卦》，此不具敘。伏犧之時，道尚質素，畫卦重爻，足以垂法。後代澆訛，德不如古，爻象不足以為教，故作《繫辭》以明之。

第二 論三代《易》名

案《周禮・大卜》「三易」云：「一曰《連山》，二曰《歸藏》，三曰《周易》。」杜子春云：「《連山》，伏犧。《歸藏》，黃帝。」鄭玄《易贊》及《易論》云：「夏曰《連山》，殷曰《歸藏》，周曰《周易》。」鄭玄又釋云：「《連山》者，象山之出雲，連連不絕；《歸藏》者，萬物莫不歸藏於其中；《周易》者，言易道周普，無所不備。」鄭玄雖有此釋，更無所據之文。先儒因此遂為文質之義，皆煩而無用，今所不取。案《世譜》等群書，神農一曰連山氏，亦曰列山氏，黃帝一曰歸藏氏。既連山、歸藏並是代號，則《周易》稱周，取岐陽地名。《毛詩》云「周原膴膴」是也。又文王作《易》之時，正在羑里，周德未興，猶是殷世也，故題周，別于殷。以此文王所演，故謂之《周易》，其猶《周書》、《周禮》，題「周」以別餘代。故《易緯》云「因代以題周」是也。先儒又兼取鄭說云：「既指周代之名，亦是普遍之義。」雖欲無所遐棄，亦恐未可盡通。其《易》題周，因代以稱周，是先儒更不別解，唯皇甫謐云：「文王在羑里演六十四卦，著七八九六之爻，謂之《周易》。」以此文王安「周」字。其《繫辭》之文，《連山》、《歸藏》無以言也。

第四　論卦辭爻辭誰作

其《周易‧繫辭》凡有二說：一說所以卦辭爻辭並是文王所作。知者，案《繫辭》云：「《易》之興也，其於中古乎？作《易》者其有憂患乎？」又曰：「《易》之興也，其當殷之末世，周之盛德邪？當文王與紂之事邪？」又《乾鑿度》云：「垂皇策者犧，卦道演德者文，成命者孔。」《通卦驗》又云：「蒼牙通靈昌之成，孔演命明道經。」准此諸文，伏犧制卦，文王繫辭，孔子作《十翼》，《易》歷三聖，只謂此也。故史遷云「文王囚而演《易》」，即是「作《易》者其有憂患乎」。鄭學之徒並依此說也。二以為驗爻辭多是文王後事。案《升》卦六四：「王用亨於岐山。」武王克殷之後，始追號文王為王。若爻辭是文王所制，不應云「王用亨於岐山」。又《明夷》六五：「箕子之明夷。」武王觀兵之後，箕子始被囚奴，文王不宜豫言「箕子之明夷」。又《既濟》九五：「東鄰殺牛，不如西鄰之禴祭。」說者皆云「西鄰」謂文王，「東鄰」謂紂。文王之時，紂尚南面，豈容自言己德受福勝殷，又欲抗君之國，遂言東西相鄰而已。又《左傳》韓宣子適魯，見《易象》云：「吾乃知周公之德。」周公被流言之謗，亦得為憂患也。驗此諸說，以為卦辭文王，爻辭周公。馬融、陸績等並同此說，今依而用之。所以只言三聖，不數周公者，以父統子業故也。案《禮‧稽命征》曰：「文王見禮壞樂崩，道孤無主，故設禮經三百，威儀三千。」

其三百、三千，即周公所制《周官》、《儀禮》。明文王本有此意，周公述而成之，故繫之文王。然則《易》之爻辭，蓋亦是文王本意，故《易緯》但言「文王」也。

第五　論分上下二篇

案《乾鑿度》云：「孔子曰：陽三陰四，位之正也。故《易》卦六十四，分為上下而象陰陽也。夫陽道純而奇，故上篇三十，所以象陽也。陰道不純而偶，故下篇三十四，所以法陰也。乾坤者，陰陽之本始，萬物之祖宗，故為上篇之始而尊之也。離為日，坎為月，日月之道，陰陽之經，所以始終萬物，故以《坎》、《離》為上篇之終也。《咸》、《恒》者，男女之始，夫婦之道也。人道之興，必由夫婦，所以奉承祖宗，為天地之主，故為下篇之始而貴之也。《既濟》、《未濟》為最終者，所以明戒慎而全王道也。」以此言之，則上下二篇，文王所定，夫子作《緯》以釋其義也。

第六　論夫子《十翼》

其《彖》、《象》等《十翼》之辭，以為孔子所作，先儒更無異論，但數《十翼》亦有多家。既文王《易經》本分為上下二篇，則區域各別，《彖》、《象》釋卦，亦當隨《經》而分。故一家數《十翼》云：《上彖》一，《下彖》二，《上象》三，《下象》四，《上繫》五，《下繫》六，《文言》七，《說卦》八，《序卦》

九，《雜卦》十。鄭學之徒，並同此說，故今亦依之。

第七　論傳《易》之人

孔子既作《十翼》，《易》道大明，自商瞿已後，傳授不絕。案《儒林傳》云：「商瞿子木本受《易》於孔子，以授魯橋庇子庸，子庸授江東馯臂子弓，子弓授燕周醜子家，子家授東武孫虞子乘，子乘授齊田何子莊。及秦燔書，《易》為卜筮之書，獨得不禁，故傳授者不絕。漢興，田何授東武王同子中及雒陽周王孫、梁人丁寬、齊服生，皆著《易傳》數篇。同授菑川楊何字叔元，叔元傳京房，京房傳梁丘賀，賀授子臨，臨授御史大夫王駿。其後丁寬又別授田王孫，孫授施讎，讎授張禹，禹授彭宣。」此前漢大略傳授之人也。其後漢則有馬融、荀爽、鄭玄、劉表、虞翻、陸績等及王輔嗣也。

第八　論誰加「經」字

但《子夏傳》云：雖分為上下二篇，未有「經」字。「經」字是後人所加，不知起自誰始。案：前漢孟喜《易本》云「分上下二《經》」，是孟喜之前，已題「經」字。其篇題「經」字，雖起於後，其稱「經」之理則久在於前。故《禮記・經解》云：「潔靜精微，《易》教也。」既在《經解》之篇，是《易》有稱「經」之理。案

《經解》之篇，備論六藝，則《詩》、《書》、《禮》、《樂》併合稱「經」。而《孝經緯》稱《易》建八卦，序六十四卦，轉成三百八十四爻，運機布度，其氣轉易，故稱「經」也。但《緯》文鄙偽，不可全信。其八卦方位之所，六爻上下之次，七八九六之數，內外承乘之象，入《經》別釋，此未具論也。

據《十三經注疏・周易正義》，版本詳見書後《參考書目》。

孔穎達（五七四—六四八），字沖遠，冀州衡水（今屬河北）人。《舊唐書》《新唐書》俱有傳。

孔穎達編訂《五經正義》，排除經學內部的家法師說等門戶之見，於眾學中擇優而定一尊，廣采以備博覽，從而結束了自西漢以來的各種紛爭；是他摒棄南學與北學的地域偏見，相容百氏，融合南北，將西漢以來的經學成果盡行保存，使前師之說不致泯滅，後代學者有所鑽仰；也由於他的《五經正義》被唐王朝頒為經學的標準解釋，從而完成了中國經學史上從紛爭到統一的演變過程。在中國歷史上，繼承漢學風格，完成解決儒學內部不同流派和不同風格之爭，鞏固儒學壁壘這一統一工程的巨匠，便是唐初大儒——孔穎達。

三　醫易義

〔明〕張介賓

乃知天地之道，以陰陽二氣而造化萬物；人生之理，以陰陽二氣而長養百骸。《易》者，易也，具陰陽動靜之妙；醫者，意也，合陰陽消長之機，雖陰陽已備於《內經》，而變化莫大乎《周易》。故曰：天人一理者，一此陰陽也；醫易同原者，同此變化也。豈非醫易相通，理無二致？可以醫不知《易》乎？

是以《易》之為書，一言一字，皆藏醫學之指南；一象一爻，皆寓尊生之心鑒。然則醫不可以無《易》，《易》不可以無醫，設能兼而有之，則《易》之變化出乎天，醫之運用由乎我。運一尋之木，轉萬斛之舟；撥一寸之機，發千鈞之弩。

賓嘗聞之孫真人曰：「不知《易》，不足以言太醫」。每竊疑焉。以謂《易》之為書，在開物成務，知來藏往；而醫之為道，則調元贊化，起死回生。其義似殊，其用似異。且以醫有《內經》，何借于《易》？捨近求遠，奚必其然？

而今也年逾不惑，茅塞稍開，學到知羞，方克漸悟。乃知天地之道，以陰陽二氣而造化萬物；人生之理，以陰陽二氣而長養百骸。《易》者，易也，具陰陽動靜之妙；醫者，意也，合陰陽消長之機，雖陰陽已備於《內經》，而變化莫大乎《周易》。故曰：天人一理者，一此陰陽也；醫易同原者，同此變化也。豈非醫易相通，理無二致？可以醫不知《易》乎？

予因默契斯言，潛心有日，管窺一得，罔敢自私，謹摭《易》理精義，用資醫學變通，不揣鄙俚而為之論曰：

易有太極，是生兩儀。兩儀生四象，四象生八卦。天尊地卑，乾坤定矣，卑高以陳，貴賤位矣；動靜有常，剛柔斷矣；方以類聚，物以群分，吉凶生矣；在天成象，在地成形，乾坤設位而易行乎其中矣。

是故天生神物，聖人格之；天地變化，聖人效之；天垂象，見吉凶，聖人象之；河出圖，洛出書，聖人則之。於是乎近取諸身，遠取諸物，作八卦以通神明之德，以順性命之理。

八卦成列，象在其中矣；因而重之，爻在其中矣；剛柔相摩，變在其中矣；繫辭焉而命之，動在其中矣。吉凶悔吝生乎動，而天地鬼神之為德，萬物一體之為能，森乎昭著，而無所遁乎《易》矣。

偉哉人身，稟二五之精，為萬物之靈；得天地之中和，參乾坤之化育；四象應天，四體應地；天地之合闢，即吾身之呼吸也；晝夜之潮汐，即吾身之脈息也。天之北辰為群動之本，人之一心為全體之君也。

由是觀之，天之氣即人之氣，人之體即天之體。故康節曰：「思慮未起，鬼神未知，不由乎我，更由乎誰？」蓋謂一念方萌，便達乎氣，神隨氣見，便與天地鬼神相感通。

然則天人相與之際，精哉妙哉，誠可畏矣；人身小天地，真無一毫之相間矣。今夫天地之理具乎「易」，而身心之理獨不具乎「易」乎？矧天地之「易」，外易也；身心之「易」，內易也。內外孰親？天人孰近？故必求諸己而後可以求諸人，先乎內而後可以及乎外；是物理之「易」猶可緩，而身心之「易」不容忽。醫之為道，身心之「易」也。醫而不「易」，其何以行之哉？

然「易」道無窮，而萬生於一，一分為二，二分為四，四分為八，八分為十六，自十六而三十二，三十二而六十四，以至三百八十四爻，萬有一千五百二十策。而交感之妙，化生之機，萬物之數，皆從此出矣。

詳而言之，則其所謂「一」者，易有太極也。太極本無極，無極即太極。象數未形理已具，萬物所生之化原。故曰：五行不到處，父母未生前。又曰，杳杳冥冥，其中有精；其精甚真，其中有信。

是為造物之初，因虛以化氣，因氣以造形：而為先天一氣之祖也。醫而明此，乃知生生化化，皆有所原，則吾身於未有之初，便可因之以知其肇基於父母，而預占其稟受之象矣。

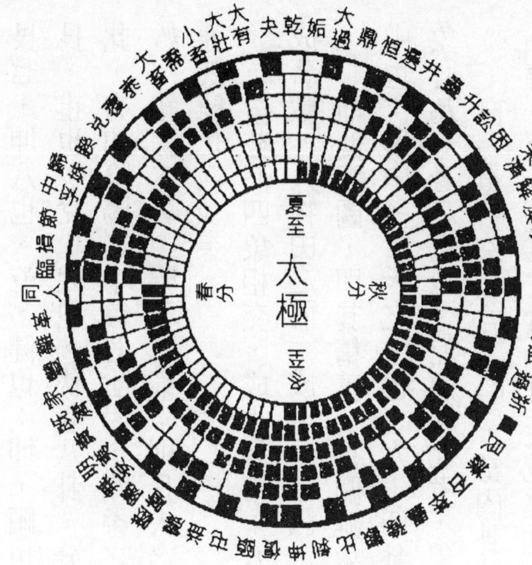

伏羲六十四卦圓圖

所謂一分為二者，是生兩儀也。太極動而生陽，靜而生陰。天生於動，地生於靜。陽為陰之偶，陰為陽之基。以體而言為天地，以用而言為乾坤，以道而言為陰陽。一動一靜，互為其根；分陰分陽，兩儀立焉。

是為有象之始，因形以寓氣，因氣以化神，而為後天體象之祖也。醫而明此，乃知防陽氣血，皆有所鍾，則凡吾身之形體氣質，可因之以知其純駁偏正，而默會其稟賦之剛柔矣。

所謂二分為四者，兩儀生四象也。謂動之始則陽生，動之極則陰生；靜之始則柔生，靜之極則剛生。太少陰陽，為天四象；太少剛柔，為地四體。耳目口鼻以應天，血氣骨肉以應地。醫而明此，乃知陽中有陰，陰中有陽；則凡人之似陽非陽、似陰非陰，可因之以知其真假逆順，而察其互藏之幽顯矣。

所謂四分為八者，四象生八卦也。謂乾一、兌二、離三、震四、巽五、坎六、艮七、坤八也。乾，健也；坤，順也；震，動也；巽，入也；坎，陷也；離，麗也；艮，止也；兌，說也。伏羲八卦，分陰陽之體象；文王八卦，明五行之精微。醫而明此，方知陰陽之中復有陰陽，剛柔之中復有剛柔，而其對待之體，消息之機，交感之妙，錯綜之義，昭乎已備；則凡人之性理神機，形情病治，可因此以得其綱領，而會通其變化之多矣。

自茲而四象相交，成十六事；八卦相蕩，為六十四。分內外以配六爻，推九六以成蓍數。人物由之而大成，萬象因之以畢具。

前閱圓圖，即其精義。是圖雖象乎萬有，尤切夫人之一身。故曰：先天圖者，環中也；環中者，天之象也。六十四卦列於外，昭陰陽交變之理也；太極獨運乎其中，象心為一身之主也。乾南坤北者，象首腹之上下也；離東坎西者，象耳目之左右也。

自「復」至「同人」，當內卦震離之地，為陰中少陽之十六，在人為二八；自「臨」至「乾」，當內卦兌乾之地，為陽中太陽之十六，在人為四八；自「姤」至「師」，當內卦巽坎之地，為陽中少陰之十六，在人為六八；自「遯」至「坤」，當內卦艮坤之地，為陰中太陰之十六，在人為八八。陽生於「子」而極於「午」，故「復」曰「天根」；至「乾」為三十二卦，以應前之一世。陰生於「午」而極於

「子」，故「姤」曰「月窟」；至「坤」為三十二卦，以應後之半世。前一世始於「復」之一陽，漸次增添，至「乾」而陽盛已極，乃象人之自少至壯；後半生始於「姤」之一陰，漸次耗減，至「坤」而陽盡以終，乃象人之自衰至老。

縱觀之，則象在初爻，其「乾」盡於午，「坤」盡於子，當「二至」之令，為天地之中而左右以判。左主升而右主降：升則陽居東南，主春、夏之發生，以應人之漸長。降則陰居西北，主冬，秋之收斂，以應人之漸消。橫觀之，則象在二爻，其「離」盡於卯，「坎」盡於酉，當「二分」之中，為陰陽之半而上下以分。上為陽而下為陰，陽則日出於卯，以應晝之為寤；陰則日入於酉，以應夜之為寐焉。即此一圖，而天下之妙，運氣之理，無不具矣。

再閱方圖，其義象地。乾始於西北，坤盡于東南。天不足西北，故圓圖之陽在東南；地不滿東南，故方圖之剛在西北。是皆伏羲之卦也。

又若文王八卦，位有不同。伏羲出自然之象，故乾上坤下，離左坎右；文王合「河圖」之數，故火南水北，木東金西。（原注：此節自方圖以下併河洛數義，詳方隅、氣數二論）。

質諸人身，天地形體也，乾坤性情也，陰陽氣血也。左右逢源，纖毫無間。詳求其道，無往不然。

故以爻象言之，則天地之道，以六為節。三才而兩，是為六爻。六奇六偶，是

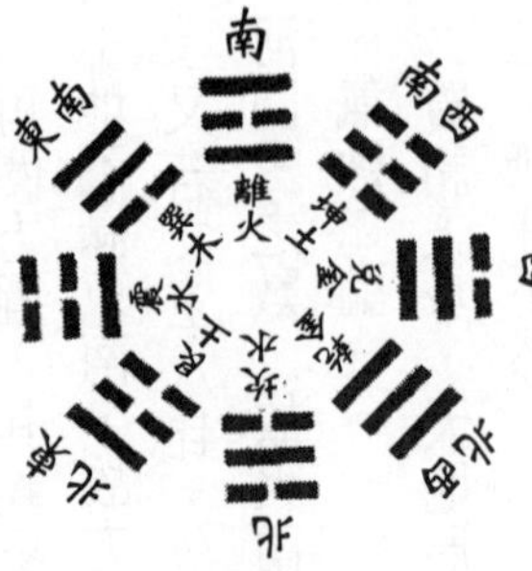

文王八卦方位

伏羲八卦方位

為十二。故天有十二月，人有十二臟；天有十二會，人有十二經；天有十二辰，人有十二節。知乎此，則營衛之周流，經絡之表裏，象在其中矣。

以藏象言之，則自初六至上六為陰為臟：初六次命門，六二次腎，六三次肝，六四次脾，六五次心，上六次肺；初九至上九為陽為腑：初九當膀胱，九二當大腸，九三當小腸，九四膽，九五當胃，上九當三焦。知乎此，而臟腑之陰陽，內景之高下，象在其中矣。

以形體言之，則乾為首，陽尊居上也；坤為腹，陰廣容物也；坎為耳，陽聰於內也；離為目，陰明而外也；兌為口，拆開於上也；巽為股，兩垂而下也；艮為手，陽居於前也；震為足，剛動在下也。天不足西北，故耳目之左明於右；地不滿東南，故手足之右強于左。知乎此，得人身之體用，象在其中矣。

以生育言之，則「天地絪縕，萬物化醇，男女構精，萬物化生。」天尊地卑，乾父坤母，乾道成男，坤道成女，震、坎、艮是為三男，巽、離、兌是為三女。欲知

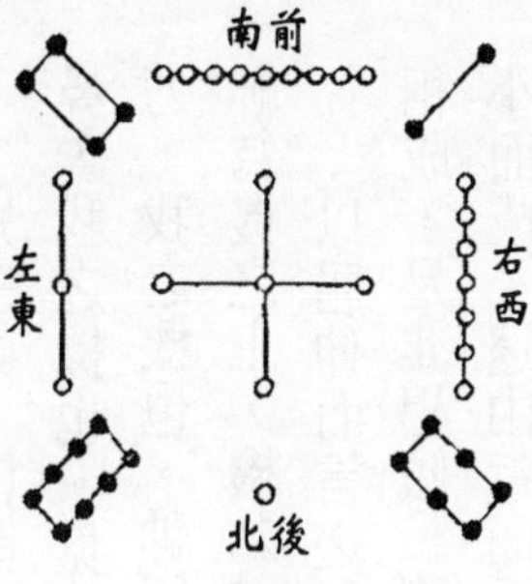

洛書

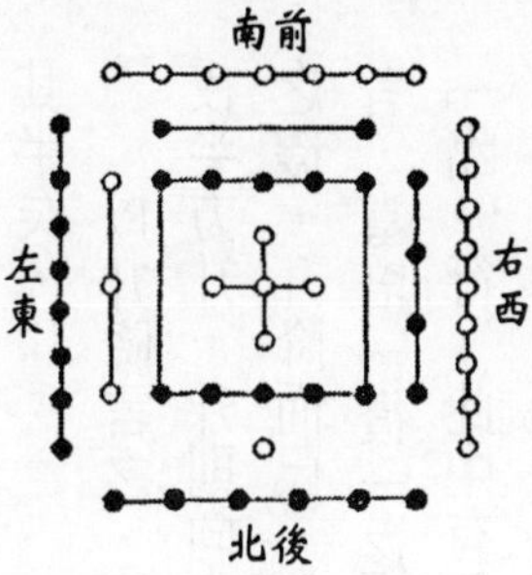

河圖

子強弱，則震巽進而前，艮兌退而止。欲辨脈息候，則乾健在東南，坤順向西北。欲為廣嗣謀，則畜坎填離宮，借兌為乾計。欲明布種法，則天時與地利，虧盈果由氣，冬至始陽強，陰勝須回避。知乎此，而胎孕交感之道，存乎其中矣。

以精神言之，則北一水，我之精，故曰腎藏精；南二火，我之神，故曰心藏神；東三木，我之魂，故曰肝藏魂；西四金，我之魄，故曰肺藏魄；中五土，我之意，故曰脾藏意。欲知魂魄之陰陽，須識精神之有類。木火同氣，故神魂藏于東、南，而二八、三七同為十。金水同原，故精魄藏於西、北，而一九、四六同為十。而意獨居中，其數唯五。而臟腑五行之象，存乎其中矣。

以動靜言之，則陽主乎動，陰主乎靜：天圓而動，地方而靜；靜者動之基，動者靜之機。剛柔推蕩，「易」之動靜也；陰陽升降，氣之動靜也；形氣消息，物之動靜也；晝夜興寢，身之動靜也。欲詳求乎動靜，須精察乎陰陽。動極者鎮之以靜，陰亢者勝之以陽。病治脈藥，須識動中有靜；聲色氣味，當知柔裏藏剛。知剛柔動靜之精微，而醫中運用之玄妙，思過其半矣。

以升降言之，則陽主乎升，陰主乎降；升者陽之生，降者陰之死。故日在於子，夜半方升，升則向生，海宇俱清；日在於午，午後為降，降則向死，萬物皆鬼。死生之機，升降而已。欲知升降之要，則宜降不宜升者，須防「剝」之再進；宜升不宜降者，當培「復」之始生。畏「剝」所以衰，須從「觀」始；求「復」之漸進，宜向「臨」行。此中有個肯綮，最在形情氣味。欲明消長之道，求諸此而得之矣。

以神機言之，則存乎中者神也，發而中者機也；寂然不動者神也，感而遂通者機也；蘊之一身者神也，散之萬殊者機也。

知乎此，則財原其始，直要其終，我之神也；揮邪如匠石之斤，忌器若郢人之鼻，我之機也。見可而進，知難而退，我之神也；疾徐如輪扁之手，輕重若庖丁之刀，我之機也。神與機，互相倚伏。故神有所主，機有所從；神有所決，機有所斷；神為機之主，機為神之使。知神知機，執而運之，是即醫之神也矣。

以屈伸而言之，如寒往則暑來，晝往則夜來，壯往則衰來，正往則邪來。故難易相成，是非相傾，剛柔相制，冰炭相刑。知乎此，則微者甚之基，盛者衰之漸；大由小而成，遠由近而遍。故安不可以忘危，治不可以忘亂；積羽可以沉舟，群輕可以折軸。是小事不可輕，小人不可慢，而調和相濟，以一成功之道，存乎其中矣。

以變化言之，則物生謂之化，物極謂之變，陰可變為陽，陽可變為陰。只此一二，交感生成，氣有不齊，物當其會，而變化之由，所從出矣。故陽始則溫，陽極則熱；陰始則涼，陰極則寒。溫則生物，熱則長物，涼則收物，寒則殺物，而變化之盛，於斯著矣。至若夷父羌母，蠻男苗女，子之肖形，虯髯短股；杏之接桃，梨之接李，實必異常，多甘少苦。迨夫以陰孕陽，以柔孕剛，以小孕大，以圓孕方，以水孕火，以紫孕黃，以曲孕直，以短孕長。知乎此，則可以和甘苦，可以平羶香，可以分經緯，可以調宮商，可以為蛇蠍，可以為鸞凰，可以為堯桀。可以為彭殤，庶胸次化同大象，而應用可以無方矣。

以常變言之，則常「易」不易，太極之理也；變「易」常易，造化之動也。常「易」不變，而能應變；變「易」不常，靡不體常。是常者「易」之體，變者「易」之用；古今不易「易」之體，隨時變易「易」之用；人心未動常之體，物欲一生變之用。由是以推，則屬陰屬陽者，稟受之常也；或寒或熱者，病生之變也。素大素小者，脈賦之常也；忽浮忽沉者，脈應之變也。恒勞恒逸者，居處之常也；乍榮乍辱者，盛衰之變也。瘦肥無改者，體貌之常也；聲色頓異者，形容之變也。常者易以知，變者應難識。故以寒治熱得其常，熱因熱用為何物？痛隨利減得其常，塞因塞用為何物？檢方療病得其常，圓底方蓋為何物？見病治病得其常，不治之治為何物？是以聖人仰觀俯察，遠求近取，體其常也；進德修業，因事制宜，通其變也。故曰：不通變，不足以知常；不知常，不足以通變。知常變之道者，庶免乎依樣畫瓠盧，而可與語醫中之權矣。

以鬼神言之，則陽之靈曰神，神者伸也；陰之靈曰鬼，鬼者歸也。鬼神往來，都只是氣。故曰鬼神者，二氣之良能也。陽為天地之神，陰為天地之鬼；春夏為歲候之神，秋冬為歲候之鬼；晝午為時日之神，暮夜為時日之鬼。推之於人，則仁義禮智，君子之神；奸盜詐偽，小人之鬼。樂天知命，道德之神；阿諛謟容，勢利之鬼。推之於醫，則神聖工巧，得其神也；凡庸淺陋，類乎鬼也。精進日新，志惟神也；苟且殃人，心猶鬼也。察之形聲，則堅凝深邃，形之神也；輕薄嬌柔，形之鬼也。長洪圓亮，聲之神也；短促輕微，聲之鬼也。診之脈色，則綿長和緩，脈之神也；細急休囚，脈之鬼也；清蒼明淨，色之神也，淺嫩灰頹，色之鬼也。是皆鬼神之徵兆也。至若鬼神之原，尚有所謂。夫天地之鬼神，既不能出天地之外；而人物之鬼神，又安能外乎人心？是以在天地則有天地之鬼神，在人物則有人物之鬼神。善惡出之吾衷，良心自然難泯；強弱皆由陽氣，神鬼判乎其中。以故多陽多善者，神強而鬼滅；多陰多惡者，氣戾而鬼生。然則鬼神從心，皆由我造；靈通變幻，匪在他求。知乎此，而吉凶禍福之機，求諸心而盡之矣。

以死生言之，則人受天地之氣以生，聚則為生，散則為死。故氣之為物，聚而有形；物之為氣，散歸無象。《丹經》云：「分陰未盡則不仙，分陽未盡則不死。」故原始而來屬乎陽，是生必生於「復」，陽生而至「乾」；反終而歸屬乎陰，是死必死於「坤」，陽盡而歸土。得其陽者生，故陽無十，陽無終也；得其陰者死，故陰無一，陰無始也。是以陽候多語，陰證無聲；無聲者死，多語者生。魂強者多寤，魄強者多眠；多眠者少吉，多寤者易安。故善操斯柄者，欲拯其死，勿害其生；將逐其寇，勿傷其君。陰陽聚散即其理，「剝」「復」消長即其機，而死生之道，盡乎其中矣。

以疾病言之，則「泰」為上下之交通，「否」是乾坤之隔絕。「既濟」為心腎相諧，「未濟」為陰陽各別。「大過」、「小過」，入則陰寒漸深，而出為癥痞之象；「中孚」、「頤」卦，「中」如土臟不足，而「頤」為鼓脹之形。「剝」「復」如隔陽脫陽，「夬」「姤」如隔陰脫陰。「觀」是陽衰之漸，「遯」藏陰長之因。姑象其概，無能贅陳。

又若「離」火臨「乾」，非頭即臟；若逢「兌」卦，口肺相連。交「坎」互相利害，入東木火防炎。「坤」、「艮」雖然喜暖，太過亦恐枯乾。「坎」為木母，「震」、「巽」相便；若逢土位，反克最嫌。金水本為同氣，失常燥濕相干。「坤」、「艮」居中，怕逢東旺；若當「乾」、「兌」，稍見安然。

此雖以卦象而測病情，以坎離而分水火；惟是坎本屬水而陽居乎中，離本屬火而陰藏乎內。故北方水地，一反存焉；南是火鄉，二偏居上；東方陽木，八在其中，西是陰金，九當其位。可見離陽屬火，半為假熱難猜；坎水是陰，豈盡真寒易識？雲從龍，風從虎，消長之機；水流濕，火就燥，死生之竅。倘知逆順堪憂，須識假真顛倒。

是以事變之多，譬諸人面；面人人殊，而天下之面皆相殊，古今之面無不殊。人面之殊，即如人心之殊；人心之殊，所以人病亦皆殊，此疾患之生，有不可以數計。今姑舉其大綱，而書不盡言，言不盡意，神而明之，存乎人耳。然神莫神于《易》，易莫易於醫，欲該醫易，理只陰陽。

故天下之萬聲，出於一闔一闢；天下之萬數，出於一偶一奇；天下之萬理，出於一動一靜；天下之萬象，出於一方一圓。方圓也，動靜也，奇偶也，闔闢也，總不出於一與二也。故曰天地形也，其交也以乾坤；乾坤不用，其交也以坎離；坎離之道，曰陰曰陽而盡之。然合而言之，則陰以陽為主，而天地之大德曰生。夫生也者，陽也，奇也，一也，丹也。《易》有萬象，而欲以一字統之者，曰陽而已矣。生死事大，而欲以一字蔽之者，亦曰陽而已矣。雖曰陽為陰偶而乾陽健運，陰為陽基而坤靜常寧；然坤之所以得寧者，何莫非乾陽之所為？

故曰如艮其止，止是靜，所以止之便是動。是以陰性雖狡，未嘗不聽命乎陽，而因其強弱以為進退也。所以元貫四德，春貫四時，而天地之道，陽常盈，陰常虧，以為萬物生生之本，此先天造化之自然也。

惟是陽如君子，陰如小人。君子則光明正大，獨立不倚而留之難；小人則乘釁伺隙，無所不為而進之易。安得春光長不去，君子長不死？惜乎哉！陽盛必變，逝者如斯。故日中則昃，月盈則虧，亦象夫陽一而陰二，反覺陰多於陽，所以治世少而亂世多，君子少而小人多，期頤少而夭折多，此後天人欲之日滋也。是以持滿捧盈，君子懼之。

故聖人作《易》，至於消長之際，淑慝之分，則未嘗不致其扶陽抑陰之意，非故惡夫陰也，亦畏其敗壞陽德，而戕伐乎乾坤之生意耳。以故一陰之生，譬如一賊，履霜堅冰至，貴在謹乎微，此誠醫學之綱領，生命之樞機也。

是以《易》之為書，一言一字，皆藏醫學之指南；一象一爻，皆寓尊生之心鑒，故「聖人立象以盡意，設卦以盡情偽，繫辭焉以盡言，變而通之以盡利，鼓之舞之以盡神」，雖不言醫而義盡其中矣。故天之變化，觀《易》可見；人之情狀，於象可驗；病之陰陽，有法可按。麗於形者，不能無偶；施於色者，不能無辨。是以君子將有為也，察之以理，其應如響，神以知來，知以藏往，參伍以變，錯綜其數，通其變，極其數，寂然不動，感而遂通天下之故，非天下之至精至神，其孰能與於此？與於此者，大其道以合天地，廓其心以合至真，融其氣以生萬物，和其神以接兆民。是謂得天地之綱，知陰陽之房，見精神之窟，搜隱秘之藏。然而易天地之易誠難，未敢曰斡旋造化；易身心之易還易，豈不可變理陰陽？故以《易》之變化參乎醫，則有象莫非醫，醫盡回天之造化；以醫之運用贊乎《易》，則一身都是「易」，《易》真繫我之安危。予故曰《易》具醫之理，醫得《易》之用。

學者不學《易》，必謂醫學無難，如斯而已也，抑孰知目視者有所不見，耳聽者有所不聞，終不免一曲之陋；知《易》不知醫，必謂《易》理深玄，渺茫難用也，又何異畏寒者得裘不衣，胃饑者得羹不食，可惜了錯過此生。然則醫不可以無《易》，《易》不可以無醫，設能兼而有之，則《易》之變化出乎天，醫之運用由乎我。運一尋之木，轉萬斛之舟；撥一寸之機，發千鈞之弩。為虛為實者易之，為寒為熱者易之，為剛為柔者易之，為動為靜者易之。高下者易其升降，表裏者易其浮沉，緩急者易其先後，逆順者易其假真。知機之道者，機觸於目，神應於心，無能見有，實能見虛，前知所向，後知所居。故可以易危為安，易亂為治，易亡為存，易禍為福。致心于玄境，致身於壽域，氣數可以挽回，天地可反覆，固無往而非醫，亦無往而非《易》，《易》之與醫，寧有二哉？

然而用《易》者所用在變，用醫者所用在宜，宜中有變，變即宜也；變中有宜，宜即變也。第恐求宜於變，則千變萬化，孰者為宜？求變於宜，則此宜彼宜，反滋多變。有善求者，能於棼雜中而獨知所歸，千萬中而獨握其一，斯真知醫易之要者矣。然而知歸知一，豈易言哉？余忽於孔子之言，有以得之，曰「知止而後有定也」。夫止即歸之根，一之極也。蓋病之止，止於生；功之止，止于成；惡之止，止於去；善之止，止於積。事之得失也必有際，際即止也；數之利鈍也必有垠，垠即止也。至若一動一靜，一語一默之間，無不皆有「所止」。止之所在，即理之窟也，即化之基也，即不二之門也。能知止所，有不定乎？既定矣，有不靜乎？，既靜矣，有不安乎?既安矣，有不慮乎?既慮矣，有不得乎?所得者何?得諸《易》即得其變，得諸醫即得其宜。

然則得由乎慮，而慮由乎止。所謂止者，意有在而言難達也，姑擬其近似者曰：《易》有不易之「易」，宜有不疑之宜，即所止也。又擬之曰：必先於不搖不動處，立定腳根，然後於無二無三處，認斯真一，亦止所也。夫止為得之本，得是止之末；得之生意萌乎止，止之實效歸於得。觀《孟子》曰：「不動心。」邵堯夫《不語禪》曰：「請觀風急天寒夜，誰是當門定腳人?」此二子之功夫，謂不從止處得來耶?「止」之為義，神哉至矣!是誠醫易之門路也。有能知此，則福胎於禍者，何禍不消?危生於安者，何危不卻?夫是之調養生主，何不可也?夫是之謂醫國手，亦何不可也?又豈特以一匕之濟，足云醫易之義哉!?

嗟呼!聖賢之心，千古一貫；樂吾斯道，仁愛無窮。秘發鬼神，二豎奚從逃遁?玄同天地，六宮焉有西東?醉造化於虛靈，弄壺中之日月；運陰陽於掌握，滴指上之陽春。至精至微，蒙聖人之教誨；其得其失，由自己之惰勤。五十學《易》，詎云已晚?一朝聞道，立證羲黃。即道即心，誰無先覺；余雖不敏，猶企醫王。因爾重中其義曰：不知《易》不足以言太醫，亦冀夫掖斯道之門牆。謹紀夫著論之歲月，則皇明之萬曆，壬子之一陽。

本文選自《類經附翼》，人民衛生出版社，一九六五年出版。（與《類經圖翼》合訂一冊書）

張介賓（一五六三—一六四〇），字會卿，號景岳，別號通一子。浙江會稽（今紹興）人。明代著名醫學家。自幼聰慧，對諸子百家窮研博覽，通《易》理、天文、兵法，尤精於醫術。

張氏精研《內經》，垂三十年，編成《類經》，以《靈樞》啟《素問》之微，《素問》發《靈樞》之秘，以類分門，詳加注釋，條理井然。又撰有《類經圖翼》、《類經附翼》。晚年集前人之大成及畢生之經驗，博採眾說，輯成《景岳全書》。

四《御纂周易折中》卷首三綱

〔清〕李光地

《經》，文王周公所作也。《傳》，孔子所作也。司馬談《論六經要指》引「天下同歸而殊塗，一致而百慮」，謂之「易大傳」。班固謂「孔子晚而學《易》，讀之韋編三絕，而為之《傳》」。《傳》即「十翼」也。前漢《六經》與《傳》皆別行，至後漢諸儒作注，始合經傳為一耳。魏高貴鄉公問博士淳于俊曰：今《彖》、《象》不連經文，而注連之，何也？俊對曰：鄭康成合《彖》、《象》于《易》者，欲使學者尋省易了。孔子恐其與文王相亂，是以不合。則鄭未注《六經》之前，《彖》、《象》不連經文矣。自鄭康成合《彖》、《象》於經，故加「《彖》曰」「《象》曰」以別之，諸卦皆然。

《易》之象似有三樣：有本畫自有之象，如奇畫象陽、偶畫象陰是也；有實取諸物之象，如乾坤六子，以天地雷風之類象之是也；有只是聖人自取象來明是義者，如「白馬翰如」、「載鬼一車」之類是也。

《易》有象辭，有占辭，有象占相渾之辭。

聖人作《易》，本是使人卜筮，以決所行之可否，而因之以教人為善。如嚴君平所謂與人子言依於孝，與人臣言依於忠者。故卦爻之辭，只是因依象類，虛設於此，以待叩而決者。使以所值之辭，決所疑之事。似若假之神明，而亦必有是理而後有是辭。理無不正，故其丁寧告戒之辭，皆依於正。天下之動，所以正夫一，而不謬於所之也。

今人讀《易》，當分為三等。看伏犧之《易》，如未有許多《彖》、《象》、《文言》說話，方見得《易》之本意，只是要作卜筮用。及文王周公分為六十四卦，添入乾「元亨利貞」，坤「元亨利牝馬之貞」，已是文王周公自說出一般道理了，然猶是就人古處說。如占得乾卦，則大亨而利於正耳。及孔子繫《易》，作《彖》、《象》、《文言》，則以「元亨利貞」為乾之四德。

綱領一①

《周禮》：大卜掌三《易》之法，一曰《連山》，二曰《歸藏》，三曰《周易》，其經卦皆八，其別皆六十有四。

陸氏德明曰：宓犧氏之王天下，仰則觀于天文，俯則察於地理，觀鳥獸之文，與地之宜，近取諸身，遠取諸物，始畫八卦。因而重之，為六十四。文王拘於羑里，作卦辭，周公作爻辭。孔子作《彖辭》、《象辭》、《文言》、《繫辭》、《說卦》、

①此篇述作《易》傳《易》之源流。

《序卦》、《雜卦》十翼。班固曰：孔子晚而好《易》，讀之韋編三絕，而為之傳。「傳」即「十翼」也。自魯商瞿子木受易於孔子，以授魯橋庇子庸，子庸授江東馯臂子弓，子弓授燕周醜子家，子家授東武孫虞子乘，子乘授齊田何子莊。及秦燔書，《易》為卜筮之書獨不禁，故傳授者不絕。漢興，田何以齊田徙杜陵，號杜田生，授東武王同子中，及洛陽周王孫，梁人丁寬，齊服生，皆著《易傳》。漢初言《易》者本之田生。同授緇川楊何，寬授同郡碭田王孫，王孫授施讎及孟喜、梁邱賀，由是有施孟梁邱之學焉。施讎傳《易》，授張禹及琅邪魯伯，禹授淮陽彭宣及沛戴崇，伯授太山屯莫如及琅邪邴丹。後漢劉昆受《施氏易》于沛人戴賓其子軼。孟喜父孟卿善為《禮》、《春秋》。孟卿以《禮》經多，《春秋》繁雜，乃使喜從田王孫受《易》。喜為《易章句》，授同郡白光及沛翟牧，後漢窪丹、鮭陽鴻、任安皆傳《孟氏易》。梁邱賀本從太中大夫京房受《易》，後更事田王孫，傳子臨。臨傳五鹿充宗及琅邪王駿，充宗授平陵士孫張及沛鄧彭祖、齊衡咸。後漢苑升傳《梁邱易》，以授京兆楊政。又潁川張興傳《梁邱易》，弟子著錄且萬人。子魴傳其業。京房受《易》梁人焦延壽，延壽云嘗從孟喜問《易》，房以延壽《易》即孟氏學，翟牧、白生不肯，曰非也。房為《易章句》，說長於災異，以授東海段嘉及河東姚平、河南乘弘，皆為郎、博士。由是前漢多京氏學，後漢戴憑、孫期、魏滿並傳之。費直傳《易》，授琅邪王璜，為費氏學，本以古字，號《古文易》。無章句，徒以《彖》、《象》、《繫辭》、《文言》解說《上下經》。

漢成帝時，劉向典校書，考《易說》，以為諸易家說皆祖田何、楊叔元、丁將軍，大義略同，惟京氏為異。向又以中古文《易經》校施、孟、梁邱三家之《易》，《經》或脫去「無咎」、「悔亡」，惟費氏《經》與古文同。范氏《後漢書》云：京兆陳元，扶風馬融，河南鄭眾，北海鄭康成，潁川荀爽，並傳費氏易。沛人高相治《易》，與費直同時，其易亦無章句，專說陰陽災異，自言出丁將軍。傳至相，相授子康及蘭陵毋將永，為高氏學。漢初立《易》楊氏博士，宣帝復立施、孟、梁邱之《易》，元帝又立《京氏易》。費、高二家不得立，民間傳之。後漢費氏興，而高氏遂微。永嘉之亂，施氏、梁邱之《易》亡。孟、京、費之《易》，人無傳者，惟鄭康成、王輔嗣所注行於世，而王氏為世所重。其《繫辭》已下，王不注，相承以韓康伯注續之。

孔氏穎達曰：《繫辭》云「河出圖，洛出書，聖人則之」，故孔安國、馬融、王肅、姚信等並云「伏犧得河圖而作《易》」。是則伏犧雖得河圖，復須仰觀俯察，以相參正，然後畫卦。伏犧初畫八卦，萬物之象，皆在其中。故《繫辭》曰「八卦成列，象在其中矣」是也。雖有萬物之象，其萬物變通之理，猶自未備，故因其八卦而更重之。卦有六爻，遂重為六十四卦也。《繫辭》曰「因而重之，爻在其中矣」是也。然重卦之人，諸儒不同，凡有四說：王輔嗣等以為伏犧重卦，鄭康成之徒以為神農重卦，孫盛以為夏禹重卦，史遷等以為文王重卦。其言夏禹及文王重卦者，案《繫辭》，神農之時，已有「蓋取益與噬嗑」。以此論之，不攻自破。其言神農重卦，亦未為得。今依輔嗣以伏犧既畫八卦，即自重為六十四卦，為得其實。其重卦之意，備在《說卦》，此不具敘。伏犧之時，道尚質素，畫卦重爻，足以垂法。後代澆訛，德不如古，爻象不足以為教，故作《繫辭》以明之。

按《周禮·大卜》：三《易》一曰《連山》，二曰《歸藏》，三曰《周易》。杜子春云：《連山》伏犧，《歸藏》黃帝。鄭康成《易贊》及《易論》云：夏曰《連山》，殷曰《歸藏》，周曰《周易》。鄭康成又釋云：《連山》者，象山之出雲，連連不絕；《歸藏》者，萬物莫不歸藏於其中；《周易》者，言易道周普，無所不備。康成雖有此釋，更無所據之文，先儒因此遂為文質之義，皆繁而無用，今所不取。按《世譜》等群書，神農一曰連山氏，亦曰列山氏，黃帝一曰歸藏氏。既《連山》、《歸藏》並是代號，則《周易》稱周，取岐陽地名，《毛詩》云「周原膴膴」是也。又文王作《易》之時，正在羑里，周德未興，猶是殷世也，故題周別于殷。以此文王所演，故謂之《周易》，猶《周書》、《周禮》題周以別余代也。

其《周易》繫辭，凡有二說，一說卦辭爻辭，並是文王所作。知者按《繫辭》云「《易》之興也，其於中古乎？作《易》者，其有憂患乎？」又曰「《易》之興也，其當殷之末世，周之盛德邪？當文王與紂之事邪？」故史遷云「文王囚而演

《易》」，即是「作《易》者其有憂患乎」。鄭學之徒，並依此說。二以為驗爻辭多是文王後事，按《升卦．六四》「王用亨於岐山」。武王克殷之後，始追號文王為王，若爻辭是文王所制，不應云「王用亨於岐山」。又《明夷．六五》「箕子之明夷」。武王觀兵之後，箕子始被囚奴，文王不宜豫言「箕子之明夷」。又《左傳》韓宣子適魯，見《易象》云：「吾乃知周公之德。」周公被流言之謗，亦得為憂患也。驗此諸說，以為卦辭文王，爻辭周公。馬融、陸績等並同此說，今依而用之。所以只言三聖，不數周公者，以父統子業故也。然則《易》之爻辭，蓋亦是文王本意，故但言文王也。

其《彖》、《象》等十翼之辭，以為孔子所作，先儒更無異論。但數十翼亦有多家。既文王《易經》本分為上下二篇，則區域各別，《彖》、《象》釋卦，亦當隨《經》而分。故一家數十翼云：上《彖》一，下《彖》二，上《象》三，下《象》四，上《繫》五，下《繫》六，《文言》七，《說卦》八，《序卦》九，《雜卦》十。鄭學之徒，並同此說，今亦依之。

晁氏說之曰：漢《藝文志》「《易經》十二篇，施、孟、梁邱三家」。顏師古曰：上下經及十翼，故十二篇。是則《彖》、《象》、《文言》、《繫辭》，始附卦爻而傳於漢與！先儒謂費直專以《彖》、《象》、《文言》參解易爻，以《彖》、《象》、《文言》雜入卦中者，自費氏始。其初費氏不列學官，惟行民間。至漢末陳元、鄭康成之徒學費氏，古十二篇之《易》遂亡。孔穎達又謂輔嗣之意，《彖》本釋經，宜相附近，分爻之《象辭》，各附當爻。則費氏初變亂古制時，猶若今乾卦，《彖》、《象》係卦之末與！古《經》始變於費氏，而卒大亂于王弼，惜哉！奈何後之儒生，尤而效之！杜預分《左氏傳》於《經》，宋衷、范望輩散《太玄》、《贊》與《測》於八十一首之下，是其明比也！揆觀其初，乃如古文《尚書》司馬遷、班固序傳，揚雄《法言》序篇云爾。今民間《法言》列《序》篇於其篇首，與學官書不同，概可見也！唐李鼎祚又取《序卦》冠之卦首，則又效小王之過也！劉牧云：小《象》獨乾不繫於爻辭，尊君也。石守道亦曰：孔子作《彖》、《象》於六爻之前，小《象》係逐爻之下，惟乾悉屬之於後者，讓也。嗚呼！他人尚何責哉？

朱子門人問：伏犧始畫八卦，其六十四者，是文王後來重之邪？抑伏犧已自畫邪？看先天圖，則有八卦便有六十四，疑伏犧已有畫矣。曰：《周禮》言「三《易》經卦皆八，其別皆六十有四」，便見不是文王漸畫。又問：然則六十四卦名，是伏犧元有，抑文王所立？曰：此不可考，子善問，據十三卦所言，恐伏犧時已有。曰：十三卦所謂「蓋取諸離」、「蓋取諸益」者，言結繩而為網罟，有離之象，非觀離而始有此也。

古文《周易》經傳十二篇，東萊呂祖謙伯恭父之所定，而《音訓》一篇，則其門人金華王莘叟所筆受也。某嘗以為《易經》本為卜筮而作，皆因吉凶以示訓戒，故其言雖約，而所包甚廣。夫子作傳，亦略舉其一端以見凡例而已。然自諸儒分經合傳之後，學者便文取義，往往未及玩心全經，而遽執傳之一端以為定說。於是一卦一爻，僅為一事，而《易》之為用，反有所局，而無以通乎天下之故。若是者，某蓋病之。是以三覆伯恭父之書而有發焉，非特為其章句之近古而已也。

呂氏祖謙曰：漢興，言《易》者六家，獨費氏傳古文易，而不立於學官。劉向以中古文《易經》校施、孟、梁邱經，或脫去「無咎」、「悔亡」。惟費氏經與古文同，然則真孔氏遺書也。東京馬融、鄭康成皆為費氏學，其書始盛行。今學官所列王弼《易》，雖宗莊老，其書固鄭氏書也。《費氏易》在漢諸家中最近古，最見排擯，千載之後，巋然獨存，豈非天哉！自康成、輔嗣合《彖》、《象》、《文言》於經，學者遂不見古本。近世嵩山晁氏編古《周易》，將以復於其舊。而其刊補離合之際，覽者或以為未安。祖謙謹因晁氏書參考傳記，復定為十二篇。篇目卷帙，一以古為斷。

文王卦下之辭謂之《彖》，孔子序述其《彖》之意而已，故名其篇曰《彖》。使文王卦下之辭不謂之《彖》，孔子何為言「知者觀其《彖》辭則思過半矣」。爻下辭謂之《象》，爻辭多文王後事，故諸說皆以為爻辭出於周公。《大象》，卦畫是也。天地水火雷風山澤，觀卦畫則見其象也。《大象》之辭，如「天行健，君子以自強不息」之類。《小象》，釋周公之辭，如「潛龍勿用，陽在下也」之類，皆象之傳也。

《經》，文王周公所作也。《傳》，孔子所作也。司馬談《論六經要指》引「天下同歸而殊涂，一致而百慮」，謂之「易大傳」。班固謂「孔子晚而學《易》，讀之韋編三絕，而為之《傳》」。《傳》即「十翼」也。前漢《六經》與《傳》皆別行，至後漢諸儒作注，始合經傳為一耳。魏高貴鄉公問博士淳于俊曰：今《彖》、《象》不連經文，而注連之，何也？俊對曰：鄭康成合《彖》、《象》于《易》者，欲使學者尋省易了。孔子恐其與文王相亂，是以不合。則鄭未注《六經》之前，《彖》、《象》不連經文矣。自鄭康成合《彖》、《象》於經，故加「《彖》曰」「《象》曰」以別之，諸卦皆然。

稅氏與權曰：按呂汲西元豐壬戌、昉刻《周易》古經十二篇于成都學官，景迂晁生建中靖國辛巳並為八篇，號《古周易》，繕寫而藏於家。巽岩李文簡公紹興辛未謂北學各有師授，經名從呂，篇第從晁，而重刻之。逮淳熙壬寅，新安朱文公表出東萊呂成公《古文周易經傳音訓》，乃謂編古易自晁生始。豈二公或不見汲公蜀本與？然成公則議晁生並上下經為非，而文公《易本義》，則篇第與汲公吻合。

王氏應麟曰：《說卦・釋文》引《荀爽九家集解》，得八卦逸象三十有一。隋、唐《志》十卷，惟《釋文序錄》列九家名氏，云不知何人所集，稱荀爽者，以為主故也。其序有荀爽、京房、馬融、鄭康成、宋衷、虞翻、陸績、姚信、翟子玄為《易義》，注內又有張氏、朱氏，並不詳何人。荀悅《漢紀》云：馬融著《易解》，頗生異說。爽著《易傳》，據爻象承應陰陽變化之義，以十篇之文解說經意。由是兗豫言《易》者，咸傳荀氏學，今其說見於李鼎祚《集解》。

綱領二①

司馬氏遷曰：《易》本隱以之顯，《春秋》推見至隱。

班氏固曰：六藝之文，《樂》以和神，《詩》以正言，《禮》以明體，《書》以廣聽，《春秋》以斷事。五者蓋五常之道，相須而備，而《易》為之原，故曰「《易》不可見，則乾坤或幾乎息矣」。言與天地為終始也。

王氏弼曰：夫《彖》者何也？統論一卦之體，明其所由之主者也。故六爻相錯，可舉一以明也。剛柔相乘，可立主以定也。自統而尋之，物雖眾，則知可以執一御也。由本以觀之，義雖博，則知可以一名舉也。故舉卦之名，義有主矣。「觀其彖辭，則思過半矣」。一卦五陽而一陰，則一陰為之主。五陰而一陽，則一陽為之主。夫陰之所求者陽也，陽之所求者陰也。陽苟一焉，五陰何得不同而歸之？陰苟只焉，五陽何得不同而從之？故陰爻雖賤，而為一卦之主者，處其至少之地也。或有遺爻而舉二體者，卦體不由乎爻也。繁而不憂亂，變而不憂惑，約以存博，簡以濟眾，其惟《彖》乎！

①此篇述易道精蘊、經傳義例。

夫爻者何也？言乎變者也。變者何也？情偽之所為也。是故「情偽相感」，遠近相追，「愛惡相攻」，屈伸相推。「非天下之至變，其孰能與於此哉！」是故卦以存時，爻以示變。

夫卦者時也，爻者適時之變者也。時有否泰，故用有行藏。卦有小大，故辭有險易。一時之制，可反而用也。一時之吉，可反而凶也。故卦以反對，而爻亦皆變。尋名以觀其吉凶，舉時以觀其動靜，則一體之變，由斯見矣。夫應者，同志之象也；位者，爻所處之象也；承、乘者，逆順之象也；遠近者，險易之象也；內外者，出處之象也；初上者，終始之象也。故觀變動者存乎應，察安危者存乎位，辨逆順者存乎承乘，明出處者存乎內外。遠近終始，各存其會；辟險尚遠，趣時貴近。比、復好先，乾、壯惡首。吉凶有時，不可犯也。動靜有適，不可過也。犯時之忌，罪不在大。失其所適，過不在深。觀爻思變，變斯盡矣。

夫象者，出意者也；言者，明象者也。盡意莫若象，盡象莫若言。言生於象，故可尋言以觀象。象生於意，故可尋象以觀意。意以象盡，象以言著。故言者所以明象，得象而忘言。象者所以存意，得意而忘象。存言者，非得象者也；存象者，非得意者也。象生於意而存象焉，則所存者乃非其象也。言生於象而存言焉，則所存者乃非其言也。然則忘象者，乃得意者也；忘言者，乃得象者也。爻苟合順，何必坤乃為牛？義苟應健，何必乾乃為馬？而或者定馬於乾，案文責卦，有馬無乾，則偽說滋漫，難可紀矣。互體不足，遂及卦變。變又不足，推致五行。一失其原，巧喻彌甚。縱復或值，義無所取。蓋存象忘意之由也。忘象以求其意，義斯見矣。

按《象》無「初」「上」「得位」「失位」之文，又《繫辭》但論三五、二四同功異位，亦不及「初」「上」，何乎？惟《乾・上九・文言》云「貴而無位」，《需・上六》云「雖不當位」。若以上為陰位邪？則《需・上六》不得云「不當位」也。若以上為陽位邪？則《乾・上九》不得云「貴而無位」也。陰陽處之，皆云非位，而初亦不說「當位」「失位」也。然則「初」「上」者，是事之終始，無陰陽定位也。故乾初謂之「潛」，過五謂之「五位」，未有處其位而云「潛」，有位而云「無」者也。歷觀眾卦，盡亦如之。「初」「上」無陰陽定位，亦以明矣。位者，列貴賤之地，待才用之宅也。爻者，守位分之任，應貴賤之序者也。位有尊卑，爻有陰陽。尊者陽之所處，卑者陰之所履也。故以尊為陽位，卑為陰位。去初上而論位分，則三五各在一卦之上，亦何得不謂之陽位？二四各在一卦之下，亦何得不謂之陰位？初上者，體之終始，事之先後也。故位無常分，事無常所，非可以陰陽定也。尊卑有常序，終始無常主，故《繫辭》但論四爻功位之通例，而不及初上之定位也。然事不可無終始，卦不可無六爻，初上雖無陰陽本位，是終始之地也。統而論之，爻之所處則謂之位。卦以六爻為成，則不得不謂之「六位時成」也。

凡《彖》者，統論一卦之體者也。《象》者，各辯一爻之義者也。故履卦六三為兌之主，以應於乾；成卦之體，在斯一爻。故《彖》敘其應，雖危而亨也。《象》則各言六爻之義，明其吉凶之行。去六三成卦之體，而指說一爻之德，故危不獲亨而見咥咥也。訟之九二，亦同斯義。一卦之體，必由一爻為主，則指明一爻之美，以統一卦之義，大有之類是也。卦體不由乎一爻，則全以二體之義明之，豐卦之類是也。

薛收問一卦六爻之義。王氏通曰：卦也者，著天下之時也。爻也者，效天下之動也。趨時有六動焉，吉凶悔吝所以不同也。收曰：敢問六爻之義。曰：六者非它也，三才之道，誰能過乎？

孔氏穎達曰：易者，變化之總名，改換之殊稱。自天地開闢，陰陽運行，寒暑迭來，日月更出，孚萌庶類，亭毒群品，新新不停，生生相續，莫非資變化之力，換代之功。然變化運行，在陰陽二氣，故聖人初畫八卦，設剛柔兩畫，象二氣也。布以三位，象三才也。謂之為《易》，取變化之義。鄭康成作《易贊》及《易論》云：《易》一名而含三義。易簡，一也；變易，二也；不易，三也。崔覲、劉貞簡等並用此義。云易者，謂生生之德，有義簡之義。不易者，言天地定位，不可相易。變易者，謂生生之道，變而相續。周簡子云：不易者，常體之名；變易者，相變改之名。故今之所用，同鄭康成等。作《易》所以垂教者，孔子曰：「上古之時，人民無別，群物未殊，未有衣食器用之利，伏犧乃仰觀象於天，俯觀法於地，中觀萬物之宜，於是始作八卦，以通神明之德，以類萬物之情。」故《易》者，所以斷天地，理人倫，而明王道。是以畫八卦，建五氣，以立五常之行。象法乾坤，順陰陽，以正君臣父子夫婦之義。度時制宜，作為「罔罟」；「以佃以漁」，以贍民用。於是人民乃治，君親以尊，臣子以順，群生和洽，各安其性。此其作《易》垂教之本意也。

乾、坤者，陰陽之本始，萬物之祖宗，故為上篇之始而尊之也。離為日，坎為月，日月之道，陰陽之經，所以始終萬物，故以坎離為上篇之終也。咸、恒者，男女之始，夫婦之道，人道之興，必由夫婦，所以奉承祖宗，為天地之主，故為下篇之始而貴之也。既濟、未濟為最終者，所以明戒慎而全王道也。①

周子曰：聖人之精，畫卦以示；聖人之組，因卦以發。卦不畫，聖人之精不可得而見；微卦，聖人之縕殆不可悉得而聞。《易》何止五經之原，其天地鬼神之奧乎！

邵子曰：天變而人效之，故「元亨利貞」，《易》之變也。人行而天應之，故「吉凶悔吝」，《易》之應也。以「元亨」為變，則「利貞」為應。以「吉凶」為應，則「悔吝」為變。元則吉，吉則利應之。亨則凶，凶則應之以貞。悔則吉，吝則凶，是以變中有應，應中有變也。變中之應，天道也。故元為變，則亨應之；利為變，則應之以貞。應中之變，人事也。故變則凶，應則吉；變則吝，應則悔也。悔者吉之先，而吝者凶之本，是以君子從天不從人。

《易》有意、象，立意皆所以明象。統下三者，有言象，不擬物而直言以明事；

①以此言之，六十四卦分上下二篇，乃文王所定。

有像象，擬一物以明意；有數象，「七日」「八月」「三年」「十年」之類是也。

張子曰：大《易》不言有無。言有無，諸子之陋也。《易》為君子謀，不為小人謀，故撰德於卦。雖爻有小大，及繫辭其爻，必告以君子之義。

程子曰：有理而後有象，有象而後有數。得其義，則象數在其中矣。必欲窮象之隱微，盡數之毫忽，乃尋流逐末，術家之所尚，非儒者之所務也。管輅、郭璞之學是也。理無形也，故因象以明理。理見乎辭矣，則可由辭以觀象。故曰：得其義，則象數在其中矣。

看《易》且要知時。凡六爻人人有用，聖人自有聖人用，賢人自有賢人用，眾人自有眾人用，學者自有學者用，君有君用，臣有臣用，無所不通。

大抵卦爻始立，義既具，聖人別起義以錯綜之。如《春秋》前既立例，到後來書得全別，一般事便書得別有意思。若依前例觀之，殊失之也。

作《易》者，自天地幽明，至於昆蟲草木之微，無一而不合。

陰之道，非必小人也，其害陽則小人，其助陽成物則君子也。利非不善也，其害義則不善也，其和義則非不善也。

《傳・序》云：易，變易也，隨時變易以從道也。其為書也，廣大悉備，將以順性命之理，通幽明之故，盡事物之情，而示開物成務之道也。聖人之憂患後世，可謂至矣。去古雖遠，遺經尚存。然而前儒失意以傳言，後學誦言而忘味。自秦而下，蓋無傳矣。予生千載之後，悼斯文之湮晦，將俾後人沿流而求源，此《傳》所以作也。「易有聖人之道四焉，以言者尚其辭，以動者尚其變，以制器者尚其象，以卜筮者尚其占。」吉凶消長之理，進退存亡之道備於辭。推辭考卦，可以知變，象與占在其中矣。「君子居則觀其象而玩其辭，動則觀其變而玩其占。」得其辭，不達其意者有矣。未有不得於辭，而能通其意者也。至微者理也，至著者象也，體用一源，顯微無間。觀會通以行其典禮，則辭無所不備，故善學者求言必自近。易於近者，非知言者也。予所傳者辭也。由辭以得其意，則在乎人焉。

《易》之為書，卦爻彖象之義備，而天地萬物之情見，聖人之憂天下來世其至矣。先天下而開其物，後天下而成其務。是故極其數，以定天下之象；著其象，以定天下之吉凶。六十四卦，三百八十四爻，皆所以順性命之理，盡變化之道也。散之在理，則有萬殊；統之在道，則無二致。所以「易有太極，是生兩儀」。「太極」者道也，「兩儀」者陰陽也。「陰陽」一道也，「太極」無極也。萬物之生，「負陰而抱陽」，莫不有太極，莫不有兩儀。絪縕交感，變化不窮，形一受其生，神一發其智，情偽出焉，萬緒起焉，《易》所以定吉凶而生大業。故易者，陰陽之道也；卦者，陰陽之物也；爻者，陰陽之動也。卦雖不同，所同者奇偶。爻雖不同，所同者九六。是以六十四卦為其體，三百八十四爻互為其用。遠在六合之外，近在一身之中。暫於瞬息，微於動靜，莫不有卦之象焉，莫不有爻之義焉。至哉《易》乎！其道至大而無不包，其用至神而無不存。時固未始有一，而卦亦未始有定象。事固未始有窮，而爻亦未始有定位。以一時而索卦，則拘於無變，非易也。以一事而明爻，則窒而不通，非易也。知所謂卦爻彖象之義，而不知有卦爻彖象之用，亦非易也。故得之於精神之運，心術之動，與天地合其德，與日月合其明，與四時合其序，與鬼神合其吉凶，然後可以謂之知《易》也。雖然，《易》之有卦，易之已形者也。卦之有爻，卦之已見者也。已形已見者，可以言知。未形未見者，不可以名求。則所謂易者果何如哉？此學者所當知也。

朱子曰：《漢書》「《易》本隱以之顯，《春秋》推見至隱」。《易》與《春秋》，天人之道也。《易》以形而上者，說出在那形而下者上。《春秋》以形而下者，說上那形而上者去。

問：易有「交易」、「變易」之義如何？曰：「交易」是陽交於陰，陰交於陽，是卦圖上底，如「天地定位，山澤通氣」云云者是也。「變易」是陽變陰，陰變陽，老陽變為少陰，老陰變為少陽，此是占筮之法，如晝夜寒暑屈伸往來者是也。

易是陰陽屈伸，隨時變易。大抵古今有大闔闢，小闔闢，今人說易都無著摸，聖人便於六十四卦，只以陰陽奇偶寫出來。至於所以為陰陽，為古今，乃是此道理。

聖人作《易》之初，蓋是仰觀俯察。見得盈乎天地之間，無非一陰一陽之理。有是理，則有是象。有是象，則其數便自在這裏。非特河圖、洛書為然，而圖、書為特巧而著耳，於是聖人因之而畫卦。卦畫既立，便有吉凶在裏。蓋是陰陽往來交錯於其間，其時則有消長之不同。長者便為主，消者便為客。事則有當否之或異，當者便為善，否者便為惡。即其主客、善惡之辨，而吉凶見矣，故曰「八卦定吉凶」。吉凶既決定而不差，則以之立事，而大業自此生矣。此聖人作《易》，教民占筮，而以開天下之愚，以定天下之志，以成天下之事者如此。自伏犧而下，但有此六畫，而未有文字可傳。到得文王、周公，乃繫之以辭，故曰「聖人設卦觀象繫辭焉而明吉凶」。大率天下之道，只是善惡而已。但所居之位不同，所處之時既異，而其幾甚微。只為天下之人不能曉會，所以聖人因占筮之法以曉人。使人居則觀象玩辭，動則觀變玩占，不迷於是非得失之途。所以是書夏商周皆用之，其所言雖不同，其辭雖不可盡見，然皆大卜之官掌之，以為占筮之用。自伏犧而文王周公，雖自略而詳，所謂占筮之用則一。蓋即占筮之中，而所以處置是事之理，便在裏了。故其法若粗淺，而隨人賢愚皆得其用。雖是有定象，有定辭，皆是虛說此個地頭，合是如此處置，初不粘著物上。故一卦一爻，足以包無窮之事。此所以見《易》之為用，無所不該，無所不遍，但看人如何用之耳。《易》如鏡相似，看甚物來，都能照得。如所謂「潛龍」，只是有個「潛龍」之象。自天子至於庶人，看甚人來都使得。孔子說作龍德而隱，便是就事上指爻說來。然會看底，雖孔子說也活，也無不通。不會看底，雖文王周公說底也死了。須知得他是假託說，是包含說。假託，謂不惹著那事。包含，是說個影像在這裏，無所不包。

《易》之有象，其取之有所從，其推之有所用，非苟為寓言也。然兩漢諸儒，必欲究其所從，則既滯泥而不通。王弼以來，直欲推其所用，則又疏略而無據。二者皆失之一偏，而不能闕其所疑之過也。且以一端論之，乾之為馬，坤之為牛，《說卦》有明文矣。馬之為健，牛之為順，在物有常理矣。至於案文責卦，若屯之有馬而無乾，離之有牛而無坤，乾之六龍，則或疑於震，坤之「牝馬」，則當反為乾，是皆有不可曉者。是以漢儒求之《說卦》而不得，則遂相與創為互體、變卦、五行、納甲、飛伏之法。參互以求，而幸其偶合。其說雖詳，然其不可通者，終不可通。其可通者，又皆傅會穿鑿，而非有自然之勢。惟其一二之適然而無待於巧說者，為若可信。然上無所關於義理之本原，下無所資於人事之訓戒，則又何必苦心極力以求於此，而欲必得之哉！故王弼曰：「義苟應健，何必乾乃為馬；爻苟合順，何必坤乃為牛？」而程子亦曰：「理無形也，故假象以顯義。」此其所以破先儒膠固支離之失，而開後學玩辭玩占之方，則至矣。然觀其意，又似直以《易》之取象，無復有所自來，但如《詩》之比興，孟子之譬喻而已。如此則是《說卦》之作，為無所與于易。而「近取諸身遠取諸物」者，亦剩語矣。故疑其說亦若有未盡者，因竊論之，以為《易》之取象，固必有所自來，而其為說，必已具於大卜之官，顧今不可復考，則姑闕之。而直據辭中之象，以求象中之意，使足以為訓戒，而決吉凶。如王氏、程子與吾《本義》之云者，其亦可矣。固不必深求其象之所自來，然亦不可直謂假設，而遽欲忘之也。

《易》之象似有三樣：有本畫自有之象，如奇畫象陽、偶畫象陰是也；有實取諸物之象，如乾坤六子，以天地雷風之類象之是也；有只是聖人自取象來明是義者，如「白馬翰如」、「載鬼一車」之類是也。

《易》有象辭，有占辭，有象占相渾之辭。

問：王弼說初上無陰陽定位，如何？曰：伊川說陰陽奇偶，豈容無也？《乾・上九》「貴而無位」，《需・上六》「不當位」，乃爵位之位，非陰陽之位。此說最好。

《易》只是為卜筮而作，故《周禮》分明言大卜掌三易：《連山》、《歸藏》、《周易》。古人于卜筮之官，立之凡數人。秦去古未遠，故《周易》亦以卜筮得不焚。今人才說《易》是卜筮之書，便以為辱累了《易》。見夫子說許多義理，便以為《易》只是說道理，殊不知其言吉凶悔吝皆有理，而其教人之意無不在也。今人卻道聖人言理，而其中因有卜筮之說。他說理後，說從那卜筮上來作麼？

上古之時，民心昧然，不知吉凶之所在。故聖人作《易》，教之卜筮，使吉則行之，凶則避之。此是開物成務之道。故《繫辭》云「以通天下之志，以定天下之業，以斷天下之疑」，正謂此也。初但有占而無文，往往如今之環跤相似耳。今人因《火珠林》起課者，但用其爻而不用其辭。則知古者之占，往往不待辭而後見吉凶。①至文王周公，方作彖爻之辭，使人得此爻者，便觀此辭之吉凶。至孔子，又恐人不知其所以然，故又復逐爻解之。謂此爻所以吉者，謂以中正也。此爻所以凶者，謂不當位也。明明言之，使人易曉耳。至如《文言》之類，卻是就上面發明道理，非是聖人作《易》，專為說道理以教人也。須見聖人本意，方可學《易》。

聖人作《易》，本是使人卜筮，以決所行之可否，而因之以教人為善。如嚴君平所謂與人子言依於孝，與人臣言依於忠者。故卦爻之辭，只是因依象類，虛設於此，以待叩而決者。使以所值之辭，決所疑之事。似若假之神明，而亦必有是理而後有是辭。理無不正，故其丁寧告戒之辭，皆依於正。天下之動，所以正夫一，而不謬於所之也。

卦爻之辭，本為卜筮者斷吉凶，而因以訓戒。至《彖》、《象》、《文言》之作，始因其吉凶訓戒之意，而推說其義理以明之。後人但見孔子所說義理，而不復推本文王周公之本意。因鄙卜筮為不足言，而其所以言《易》者，遂遠於日用之實，類皆牽合委曲，偏主一事而言，無復包含該貫曲暢旁通之妙。若但如此，則聖人當時，自可別作一書，明言義理，以詔後世。何用假託卦象，為此艱深隱晦之辭乎？

大抵《易》之書，本為卜筮而作，故其辭必根於象數，而非聖人己意之所為。

①又云：如左氏所載得屯之比，既不用屯之辭，亦不用比之辭，卻自別推一法。

其所勸戒，亦以施諸筮得此卦此爻之人，而非反以戒夫卦爻者。近世言《易》者，殊不知此，所以其說雖有義理，而無情意。雖大儒先生，有所不免。比因玩索，偶幸及此，私竊自慶，以為天啟其衷，而以語人，人亦未見有深曉者。

《易》中都是「貞吉」，不曾有不「貞吉」；都是「利貞」，不曾說利「不貞」。如占得乾卦，固是大亨，下則云「利貞」。蓋正則利，不正則不利。至理之權輿，聖人之至教，寓其間矣。大率是為君子設，非小人盜賊所得竊取而用。

蔡氏元定曰：天下之萬聲，出於一闔一闢。天下之萬理，出於一動一靜。天下之萬數，出於一奇一偶。天下之萬象，出於一方一圓。盡起於乾坤二畫。

許氏衡曰：初，位之下，事之始也。以陽居之，才可以有為矣。或恐其不安於分也，以陰居之，不患其過越矣。或恐其軟弱昏滯，未足以趨時也。大抵柔弱則難濟，剛健則易行。或諸卦柔弱而致凶者，其數居多。若總言之，居初者，易貞。居上者，難貞。易貞者，由其所適之道多。難貞者，以其所處之位極。故六十四卦初爻多得免咎，而上每有不可救者。始終之際，其難易之不同蓋如此。

二與四，皆陰位也。四雖得正，而猶有不中之累，況不得其正乎？二雖不正，而猶有得中之美，況正而得中者乎？四，近君之位也。二，遠君之位也。其勢又不同。此二之所以「多譽」，四之所以「多懼」也。二中位，陰陽處之，皆為得中。中者，不偏不倚、無過不及之謂。其才若此，故於時義為易合。時義既合，則吉可斷矣。

卦爻六位，惟三為難處。蓋上下之交，內外之際，非平易安和之所也。

四之位近君，「多懼」之地也。以柔居之，則有順從之美。以剛居之，則有僭逼之嫌。然又須問，居五者，陰邪陽邪？以陰承陽，則得於君而勢順。以陽承陰，則得於君而勢逆。勢順則無不可也，勢逆則尤忌上行，而凶咎必至。以陽承陽，以陰承陰，皆不得於君也。然陽以不正而有才，陰以得正而無才，故其勢不同。有才而不正，則貴於寡欲。故乾之諸四，多得免咎。無才而得正，則貴乎有應。故艮之諸四，皆以有應為優，無應為劣。「獨坤之諸四，能以柔順處之，雖無應援，亦皆免咎。此又隨時之義也。

五，上卦之中，乃人君之位也。諸爻之德，莫精於此。能首出乎庶物，不問何時，克濟大事。《傳》謂五「多功」者此也。

上，事之終，時之極也。其才之剛柔，內之應否，雖或取義，然終莫及上與終之重也。是故難之將出者，則指其可由之方。事之既成者，則示以可保之道。義之善或不必勸，則直云其吉也。勢之惡或不可解，則但言其凶也。質雖不美，而冀其或改焉，則猶告之。位雖處極，而見其可行焉，則亦諭之。大抵積微而盛，過盛而衰。有不可變者，有不能不變者。《大傳》謂「其上易知」，豈非事之已成乎？

胡氏一桂曰：上下體雖相應，其實陽爻與陰爻應，陰爻與陽爻應。若皆陽皆陰，雖居相應之位，則亦不應矣。然事固多變，動在因時，故有以有應而得者，有以有應而失者，亦有以無應而吉者，有以無應而凶者，斯皆時事之使然，不可執一而定論也。至若比五以剛中，上下五陰應之；大有五以柔中，上下五陽應之；小畜四以柔得位，上下五剛亦應之，又不以六爻之應例論也。

六十四卦皆以五為君位者，此《易》之大略也。此間或有居此位而非君義者，有居他位而有君義者，斯《易》之變，不可滯於常例。

胡氏炳文曰：《易》卦之占，亨多，元亨少。爻之占，吉多，元吉少。元亨，大善而亨。元吉，大善而吉也。人之行事，善百一，大善千一，故以元為貴。然茲事也，請論心之初。善不善，皆自念慮之微處，充之即是。此善之最大處，蓋有一毫之不善，非元也。有一息之不善，非元也。

吳氏澄曰：時之為時，莫備于《易》。程子謂之「隨時變易以從道」。夫子傳六十四《彖》，獨於十二卦發其凡，而贊其時與時義、時用之大。一卦一時，則六十四時不同也。一爻一時，則三百八十四時不同也。始於乾之乾，終於未濟之未濟，則四千九十六時，各有所值。引而伸，觸類而長，時之百千萬變無窮，而吾之所以時其時者，則一而已。

薛氏鍹曰：六十四卦，只是一奇一偶。但因所遇之時，所居之位不同，故有無窮之事變。如人只是一動一靜，但因時位不同，故有無窮之道理。此所以為易也。

蔡氏清曰：乾卦卦辭，只是要人如乾。坤卦卦辭，只是要人如坤。至如蒙、蠱等卦，則又須反其義。此有隨時而順之者，有隨時而制之者。易道只是時，時則有此二義，在學者細察之。

周公之繫爻辭，或取爻德，或取爻位，又或取本卦之時與本爻之時，又或兼取應爻，或取所承、所乘之爻。有承、乘、應與時位兼取者，有僅取其一二節者，又有取一爻為眾爻之主者。大概不出此數端。

綱領二①

王氏通曰：《易》之憂患，業業焉，孜孜焉。其畏天憫人，思及時而動乎！繁師玄曰：遠矣！吾視《易》之道何其難乎！曰：有是夫！「終日乾乾」可也。

劉炫問《易》，曰：「聖人于《易》，沒身而已，況吾儕乎？」炫曰：「吾談之於朝，無我敵者。」不答，退謂門人曰：「默而成之，不言而信，存乎德行。」

北山黃公善醫，先寢食而後針藥。汾陰侯生善筮，先人事而後說卦。

邵子曰：「知《易》者不必引用講解，是為知《易》。孟子之言，未嘗及《易》，其間《易》道存焉，但人見之者鮮耳。」人能用《易》，是為知《易》。如孟子，可謂善用《易》者也。

程子曰：觀《易》須看時，然後觀逐爻之才。一爻之中，常包函數意，聖人常取

①此篇論讀《易》之法及諸家論《易》醇疵。

其重者而為之辭。亦有《易》中言之已多，取其未嘗言者。又有且言其時，不及其爻之才者。皆臨時參考，須先看卦，乃看得辭。

古之學者，皆有傳授。如聖人作經，本欲明道。今人若不先明義理，不可治經，蓋不得傳授之意云爾。如《繫辭》本欲明《易》，若不先求卦義，則看《繫辭》不得。

《易》須是默識心通，只窮文意，徒費力。

朱子曰：看《易》須是看他卦爻未畫以前，是怎模樣。卻就這上見得他許多卦爻象數，是自然如此，不是杜撰。且《詩》則因風俗世變而作，《書》則因帝王政事而作。《易》初未有物，只是懸空說出。當其未有卦畫，則渾然一太極。在人則是喜怒哀樂未發之中。一旦發出，則陰陽吉凶，事事都有在裏面。人須是就至虛靜中，見得這道理周遮通瓏方好。若先靠定一事說，則滯泥不通。所謂「潔靜精微，易之教也」。

經書難讀，而此經為尤難。蓋未開卷時，已有一重象數大概功夫。開卷之後，經文本意，又多被先儒硬說殺了，令人看得意思局促，不見本來「開物成務」活法。

《易》不比《詩》、《書》，他是說盡天下後世無窮無盡底事理。只一兩個字，便是一個道理。人須是經歷天下許多事變，讀《易》方知各有一理，精審端正。今既未盡經歷，非是此心大段虛明寧靜，如何見得？

看《易》若是靠定象去看，便滋味長。若只憑地懸空看，也沒甚意思。又曰：說《易》「得其理，則象數在其中」，固是如此。然泝流以觀，卻須先見象數的當下落，方說得理不走作。不然，事無實證，則虛理易差也。

今人讀《易》，當分為三等。看伏犧之《易》，如未有許多《彖》、《象》、《文言》說話，方見得《易》之本意，只是要作卜筮用。及文王周公分為六十四卦，添入乾「元亨利貞」，坤「元亨利牝馬之貞」，已是文王周公自說出一般道理了，然猶是就人古處說。如占得乾卦，則大亨而利於正耳。及孔子繫《易》，作《彖》、《象》、《文言》，則以「元亨利貞」為乾之四德。①

孔氏穎達曰：「龍出於河，則八卦宣其象。麟傷於澤，則《十翼》彰其用。」業資幾聖，時歷三古。及秦亡金鏡，未墜斯文。漢理珠囊，重興儒雅。其傳《易》者，西都則有丁、孟、京、田，東都則有荀、劉、馬、鄭。大體更相祖述，非有絕倫。惟魏世王輔嗣之注，獨冠古今。所以江左諸儒，並傳其學。河北學者，罕能及之。其江南義疏，十有餘家，皆辭尚虛玄，義多浮誕。原夫《易》理難窮，雖復玄之又玄，至於垂範作則，便是有而教有。若論住內住外之空，就能就所之說。斯乃義涉於釋氏，非為教于孔門也。

程子曰：邵堯夫先生之學，得之于李挺之。挺之得之穆伯長，伯長得之華山希夷陳圖南先生。溯其源流，遠有端緒。今穆李之言，及其行事，概可見矣。而先生淳一不雜，汪洋浩大，乃其所自得者多矣。

---

①以上論讀《易》。以下論諸家說《易》。

尹氏焞曰：伊川先生踐履盡《易》，其作《傳》只是因而寫成。熟讀玩味，即可見矣。

朱子門人問「當期」，曰：《易》卦之位，震東、離南、兌西、坎北者為一說，十二辟卦分屬十二辰者為一說。及焦延壽為卦氣直日之法，乃合二說而一之。既以八卦之震離兌坎二十四爻直四時，又以十二辟卦直十二月。且為分四十八卦為之公侯卿大夫，而六日七分之說生焉。若以八卦為主，則十二卦之乾不當為巳之辟，坤不當為亥之辟，艮不當侯于申酉，巽不當侯於戌亥。若以十二卦為主，則八卦之乾不當在西北，坤不當在西南，艮不當在東北，巽不當在東南。彼此二說，互為矛盾。且其分四十八卦為公侯卿大夫，以附於十二辟卦，初無法象，而直以意言，本已無所據矣。不待論其減去四卦二十四爻，而後可以見其失也。揚雄《太玄》次第，乃是全用焦法。其八十一首，蓋亦去其震離兌坎者，而但擬其六十卦耳。諸家於八十一首，多有作擬震離兌坎者。近世許翰始正其誤。至立畸贏二贊，則正以七百二十九贊，又不足乎六十卦六日七分之數而益之。恐不可反據其說，以正焦氏之說也。

先天圖非某之說，乃康節之說。非康節之說，乃希夷之說。非希夷之說，乃孔子之說。但當日諸儒既失其傳，而方外之流，陰相付授，以為丹灶之術。至希夷康節，乃反之于《易》，而後其說始得複明於世。

問：《伊川易》說理太多。曰：伊川言聖人有聖人用，賢人有賢人用。若一爻只作一事，則三百八十四爻，止作得三百八十四事也。說得極好，然他解，依舊是三百八十四爻，止作得三百八十四事用也。

《詩》、《書》略看訓詁，解釋文義令通而已。卻只玩味本文，其道理只在本文。下面小字盡說，如何會過得他？若《易傳》卻可脫去本文。程子此書平淡地漫漫委曲，說得更無餘蘊。不是那敲磕逼匝出底義理，平鋪地放在面前。只如此等行文，亦自難學。如其他峭拔雄健之文卻可作，若《易傳》淡底文字，如何可及？

問：《易傳》大概將三百八十四爻作人說，恐通未盡否？曰：也是。即是不可裝定作人說，看占得如何。有就事言者，有以位言者。以吉凶言之則為事，以終始言之則為時，以高下言之則為位，隨所作而看皆通。《繫辭》云：「不可為典要，惟變所適。」豈可裝定作人說？

此書近細讀之，恐《程傳》得之已多，但不合全說作義理，不就卜筮上看，故其說有無頓著處耳。今但作卜筮看，而以其說推之，道理自不可易。

自秦漢以來，考象辭者，泥於術數，而不得其弘通簡易之法。談義理者，淪於空寂，而不適乎仁義中正之歸。求其因時立教以承三聖，不同於法而同於道者，則惟伊川先生程氏之書而已。

老蘇說《易》，專得於「愛惡相攻而吉凶生」以下三句。他把這六爻，似那累世相仇相殺底人相似看。這一爻攻那一爻，這一畫克那一畫，全不近人情。東坡見他恁地太粗疏，卻添得些佛老在裏面，其書自作兩樣。

王氏應麟曰：以義理解《易》，自王弼始，何晏非弼比也。清談亡晉，衍也，非弼也。范寧以王弼何晏並言，過矣。

程子言《易》，謂得其義則象數在其中。朱子以為先見象數，方說得理，不然，事無實證，則虛理易差。愚嘗觀顏延之《庭誥》云：馬、陸得其象數，取之於物；荀、王舉其正宗，得之於心。其說以荀、王為長。李泰發亦謂一行明數而不知其義，管輅明象而不通其理。蓋自輔嗣之學行，而象數之說隱。然義理象數，一以貫之，乃為盡善。

據〔清〕李光地《周易折中》，九州出版社，二〇〇二年九月第一版，二〇〇三年十一月第二次印刷。

李光地（一六四二—一七一八），字晉卿，號榕村，又號厚庵，福建安溪人。康熙九年（一六七〇）進士，初授庶起士，後遷翰林院學士。任內閣學士期間，康熙用其言取臺灣，後為直隸巡撫，擢吏部尚書，拜文淵閣大學士。謚文貞。

李光地著述頗多，除奉敕纂修的《周易折中》外，另有《周易通論》、《周易觀象》、《洪範說》、《論語孟子記》、《榕村全集》等。

康熙《御制周易折中序》曰：「深知大學士李光地素學有本，易理精詳，特命修

《周易折中》。上律河洛之本，下及眾儒之考定與通經之不可易者，折中而取之，越二寒暑，甲夜披覽，片字一畫，斟酌無怠，康熙五十四年春告成，而傳之天下後世。能以正學為是者，自有所見歟？」

五　《四庫全書總目・經部・易類》序言

〔清〕紀昀等

故《易》之為書，推天道以明人事者也。

又《易》道廣大，無所不包，旁及天文、地理、樂律、兵法、韻學、算術，以逮方外之爐火，皆可援《易》以為說，而好異者又援以入《易》，故《易》說愈繁。

聖人覺世牖民，大抵因事以寓教：《詩》寓於風謠，《禮》寓於節文，《尚書》、《春秋》寓於史，而《易》則寓於卜筮。故《易》之為書，推天道以明人事者也。《左傳》所記諸占，蓋尤太卜之遺法。漢儒言象數，去古未遠也，一變而為京、焦，入於禨祥，再變而為陳、邵，務窮造化，《易》遂不切於民用。王弼盡黜象數，說以老、莊，一變而胡瑗、程子，始闡明儒理，再變而李光、楊萬里，又參證史事，《易》遂日啟其論端。此兩派六宗，已互相攻駁。又《易》道廣大，無所不包，旁及天文、地理、樂律、兵法、韻學、算術，以逮方外之爐火，皆可援《易》以為說，而好異者又援以入《易》，故《易》說愈繁。夫六十四卦《大象》均有「君子以」字，其爻象則多戒占者，聖人之情見乎詞矣。其餘皆《易》之一端，非其本也。今參校諸家，以因象立教者為宗，而其他「易外別傳」者，亦兼收以盡其變，各為條論。具列于左。

據四庫全書研究所整理《欽定四庫全書總目》（整事本），中華書局一九九七年一月第一版第一次印刷。

紀昀（一七二四～一八〇五），字曉嵐，一字春帆，晚號石雲，道號觀弈道人。直隸河間府（今獻縣）崔爾莊（現行政規劃為河北省滄縣）人。清代著名學者。是乾隆時期公認的文壇領袖。乾隆十九年中進士，為翰林院庶起士，編修。曾任乾隆年間禮部尚書，兵部尚書，左都御史，協辦大學士和《四庫全書》總纂官。謚文達。

著述另有《四庫全書簡明目錄》、《閱微草堂筆記》、《灤陽消夏錄》、《槐西雜誌》、《評〈文心雕龍〉》、《紀文達公遺集》等。

六易教

〔清〕章學誠

六經皆史也。古人不著書，古人未嘗離事而言理，六經皆先王之政典也。

夫懸象設教與治憲授時，天道也；《禮》、《樂》、《詩》、《書》與刑政、教令，人事也。天與人參，王者治世之大權也。

《易》始羲、農而備于成周；歷始黃帝而遞變於後世，上古詳天道而中古以下詳人事之大端也。然卦氣之說，雖創於漢儒，而卦序卦位，則已具函其終始。則疑大撓未造甲子以前，羲、農即以卦畫為曆象，所謂天人合於一也。

《易》與天地準，故能彌綸天地之道，萬事萬物，當其自靜而動，形跡未彰而象見矣。故道不可見，人求道而恍若有見者，皆其象也。

有天地自然之象，有人心營構之象。天地自然之象，《說卦》為天為圜諸條，約略足以盡之；人心營構之象，翰音之登天，意之所至，無不可也。然而心虛用靈，人累於天地之間，不能不受陰陽之消息。心之營構，則情之變易為之也。情之變易，感于人世之接構而乘於陰陽倚伏為之也。是則人心營構之象，亦出天地自然之象也。

一字出入，謹嚴甚於《春秋》。蓋聖人於天人之際，以謂甚可謂也。《易》以天道而切人事，《春秋》以人事而協天道，其義例之見於文辭，聖人有介心焉。

易教上

六經皆史也。古人不著書，古人未嘗離事而言理，六經皆先王之政典也。或曰：《詩》、《書》、《禮》、《樂》、《春秋》，則既聞命矣；《易》以道陰陽，願聞所以為政典而與史同科之義焉。曰：聞諸夫子之言矣：「夫《易》開物成務，冒天下之道。」「知來藏往，吉凶與民同患。」其道蓋包政教典章之所不及矣。象天法地，「是興神物，以前民用」。其教蓋出政教典章之先矣。《周官》太卜掌三易之法，夏曰《連山》，殷曰《歸藏》，周曰《周易》，各有其象與數，各殊其變與占，不相襲也。然三易各有所本，《大傳》所謂庖羲、神農與黃帝、堯、舜是也。《歸藏》本庖羲，《連山》本神農，《周易》本黃帝。由所本而觀之，不特三王不相襲，三皇五帝亦不相沿矣。蓋聖人首出御世，作新視聽，神道設教，以彌綸乎禮樂刑政之所不及者，一本天理之自然；非如後世托之詭異妖祥，讖緯術數，以愚天下也。

夫子曰：「我觀夏道，杞不足征，吾得夏時焉；我觀殷道，宋不足征，吾得坤乾焉。」夫夏時，夏正書也；坤乾，《易》類也。夫子憾夏商之文獻無所征矣，而坤乾乃與夏正之書同為觀于夏、商之所得，則其所以厚民生與利民用者，蓋與治憲明時同為一代之法憲，而非聖人一己之心思，離事物而特著一書，以謂明道也。夫懸象設教與治憲授時，天道也；《禮》、《樂》、《詩》、《書》與刑政、教令，人事也。天與人參，王者治世之大權也。韓宣子之聘魯也，觀書于太史氏，得見《易象》、《春秋》，以為周禮在魯。夫《春秋》乃周公之舊典，謂周禮之在魯可也。《易象》亦稱周禮，其為政教典章，切於民用而非一己空言，自垂昭代而非相沿舊制，則又明矣。夫子曰：「《易》之興也，其於中古乎！作《易》者其有憂患乎！」顧氏炎武嘗謂《連山》、《歸藏》，不名為「易」，太卜所謂「三易」，因《周易》而牽連得名。今觀八卦起於伏羲，《連山》作于夏後，而夫子乃謂《易》興於中古，作《易》之人獨指文王，則《連山》、《歸藏》不名為「易」，又其征矣。或曰：文王拘幽，未嘗得位行道，豈得謂之作《易》以垂政典歟？曰：八卦為三易所同，文王自就八卦而繫之辭。商道之衰，文王與民同其憂患，故反覆於處憂患之道而要於無咎，非創制也。周武既定天下，遂名《周易》而立一代之典教，非文王初意所計及也。夫子生不得位，不能創制立法以前民用，因見《周易》之于道法，美善無可復加，懼其久而失傳，故作《彖》、《象》、《文言》諸傳以申其義蘊，所謂述而不作，非力有所不能，理勢固有所不可也。

後儒擬《易》，則亦妄而不思之甚矣。彼其所謂理與數者，有以出《周易》之外邪？無以出之，而惟變其象數法式，以示與古不相襲焉，此王者宰製天下，作新耳目，殆如漢制所謂色黃數五，事與改正朔而易服色者為一例也。揚雄不知而作，則以九九八十一者變其八八六十四矣。後代大儒，多稱許之，則以其數通於治曆，而蓍揲合其吉凶也。夫數乃古今所共，凡明於曆學者皆可推尋，豈必《太玄》而始合哉！蓍揲合其吉凶，則又陰陽自然之至理，誠之所至，探籌鑽瓦，皆可以知吉凶，何必支離其文，艱深其字，然後可以知吉凶乎！《元包》妄托《歸藏》，不足言也。司馬《潛虛》又以五五更其九九，不免賢者之多事矣。故六經不可擬也，先儒所論，僅謂畏先聖而當知嚴憚耳；此指揚氏《法言》、王氏《中說》，誠為中其弊矣。若夫六經，皆先王得位行道，經緯世宙之跡，而非托於空言，故以夫子之聖，猶且述而不作。如其不知妄作，不特有擬聖之嫌，抑且蹈于僭竊王章之罪也，可不慎歟！

易教中

孔仲達曰：「夫《易》者，變化之總名，改換之殊稱。」先儒之釋《易》義，未有明通若孔氏者也。得其說而進推之，《易》為王者改制之巨典，事與治曆明時相表裏，其義昭然若揭矣。許叔重釋「易」文曰：「蜥易，守宮；象形。秘書說：『日月為易，象陰陽也。』」《周官》太卜，掌三易之法。鄭氏注：「易者揲蓍變易之數可占者也。」朱子以謂「易」有交易變易之義。是皆因文生解，各就一端而言，非當日所以命《易》之旨也。三易之名，雖始于《周官》，而《連山》、《歸藏》可並名《易》；《易》不可附《連山》、《歸藏》而稱為三連、三歸者，誠以《易》

之為義，實該羲、農以來不相沿襲之法數也。易之初見於文字，則《帝典》之「平在朔易」也。孔《傳》謂「歲改易，而周人即取以名揲卦之書」，則王者改制更新之大義，顯而可知矣。《大傳》曰：「生生之謂易。」韓康伯謂「陰陽轉易以成化生」，此即朱子交易變易之義所由出也。三易之文雖不傳，今觀《周官》太卜有其法，左氏記佔有其辭，則《連山》、《歸藏》皆有交易變易之義，是羲、農以來，《易》之名雖未立，而《易》之意已行乎其中矣。上古淳質，文字無多，固有具其實而未著其名者。後人因以定其名，則徹前後而皆以是為主義焉，一若其名之向著者，此亦其一端也。

欽明之為敬也，允塞之為誠也，曆象之為曆也，曆象之曆，作推步解，非曆書之名。皆先具其實而後著之名也。《易．革．象》曰：「澤中有火，君子以治曆明時。」其《彖》曰：「天地革而四時成，湯、武革命，順乎天而應乎人。」曆自黃帝以來，代為更變，而夫子乃為取象於澤火，且以天地改時，湯、武革命為《革》之卦義，則《易》之隨時廢興，道豈有異乎！《易》始羲、農而備于成周；曆始黃帝而遞變於後世，上古詳天道而中古以下詳人事之大端也。然卦氣之說，雖創於漢儒，而卦序卦位，則已具函其終始。則疑大撓未造甲子以前，羲、農即以卦畫為曆象，所謂天人合於一也。《大傳》曰：「古者庖羲氏之王天下也，仰則觀象於天，俯則觀法於地，觀鳥獸之文與地之宜，近取諸身，遠取諸物，於是始作八卦，以通神明之德，以類萬物之情。」此黃帝未作干支之前所創造也。觀於羲和分命，則象法文宜，其道無所不備，皆用以為授人時也。是知上古聖人，開天創制，立法以治天下，作《易》之與造曆，同出一源，未可強分孰先孰後。故《易》曰：「開物成務，冒天下之道。」《書》曰：「平秩敬授，作訛成易。」皆一理也。夫子曰：「加我數年，五十以學《易》，可以無大過矣。」又曰：「吾學周禮，今用之，吾從周。」學《易》者，所以學周禮也。韓宣子見《易象》、《春秋》，以為周禮在魯。夫子學《易》而志《春秋》，所謂學周禮也。

夫子語顏淵曰：「行夏之時，乘殷之輅，服周之冕，樂則《韶》舞。」是斟酌百王，損益四代，為萬世之圭臬也。曆象遞變，而夫子獨取于夏時；筮占不同，而夫子獨取于《周易》；此三代以後，至今循行而不廢者也。然三代以後，曆顯而《易》微，曆存於官守而《易》流於師傳，故儒者敢於擬《易》而不敢造曆也。曆之薄蝕盈虧，有象可驗，而《易》之吉凶悔吝，無跡可拘，是以曆官不能穿鑿于私智，而《易》師各自為說，不勝紛紛也。故學《易》者，不可以不知天。觀此益知《太玄》、《元包》、《潛虛》之屬，乃是萬無可作之理，其故總緣不知為王制也。

易教下

《易》之象也，《詩》之興也，變化而不可方物矣；《禮》之官也，《春秋》之例也，謹嚴而不可假藉矣。夫子曰：「天下同歸而殊途，一致而百慮。」君子之于六藝，一以貫之斯可矣。物相雜而為之文，事得比而有其類。知事物名義之雜出而比處也。非文不足以達之，非類不足以通之。六藝之文，可以一言盡也。夫象歟，興歟，例歟，官歟，風馬牛之不相及也，其辭可謂文矣，其理則不過曰通於類也。故學者之要，貴乎知類。

象之所包廣矣，非徒《易》而已，六藝莫不兼之，蓋道體之將形而未顯者也。雎鳩之於好逑，樛木之於貞淑，甚而熊蛇之於男女，象之通於《詩》也。五行之征五事，箕畢之驗雨風，甚而傅岩之入夢賚，象之通於《書》也。古官之紀雲鳥，《周官》之法天地四時，以至龍翟章衣，熊虎志射，象之通於《禮》也。歌協陰陽，舞分文武，以至磬念封疆，鼓思將帥，象之通於《樂》也。筆削不廢災異，左氏遂廣妖祥，象之通於《春秋》也。《易》與天地準，故能彌綸天地之道，萬事萬物，當其自靜而動，形跡未彰而象見矣。故道不可見，人求道而恍若有見者，皆其象也。

有天地自然之象，有人心營構之象。天地自然之象，《說卦》為天為圜諸條，約略足以盡之；人心營構之象，《睽》車之載鬼，翰音之登天，意之所至，無不可也。然而心虛用靈，人累於天地之間，不能不受陰陽之消息。心之營構，則情之變易為之也。情之變易，感于人世之接構而乘於陰陽倚伏為之也。是則人心營構之象，亦出天地自然之象也。

《易》象雖包六藝，與《詩》之比興，尤為表裏。夫《詩》之流別，盛于戰國人文，所謂長於諷喻，不學《詩》則無以言也。詳《詩教》篇。然戰國之文，深於比興，即其深於取象者也。《莊》、《列》之寓言也，則觸、蠻可以立國，蕉、鹿可以聽訟；《離騷》之抒憤也，則帝闕可上九天，鬼情可察九地。他若縱橫馳說之士，飛箝捭闔之流，徙蛇引虎之營謀，桃梗土偶之問答，愈出愈奇，不可思議。然而指迷從道，固有其功，飾奸售欺，亦受其毒。故人心營構之象，有吉有凶，宜察天地自然之象而衷之以理，此《易》教之所以範天下也。

諸子百家，不衷大道，其所以持之有故而言之成理者，則以本原所出，皆不外于《周官》之典守。其支離而不合道者，師失官守，末流之學，各以私意恣其說爾，非于先王之道全無所得，而自樹一家之學也。至於佛氏之學，來自西域，毋論彼非世官典守之遺，且亦生於中國，言語不通，沒於中國，文字未達也。然其所言與其文字，持之有故而言之成理者，殆較諸子百家為尤盛。反覆審之，而知其本原出於《易》教也。蓋其所謂心性理道，名目有殊，推其義指，初不異於聖人之言；其異於聖人者，惟舍事物而別見有所謂道爾。至於丈六金身，莊嚴色相，以至天堂清明，地獄陰慘，天女散花，夜叉披發，種種詭幻，非人所見，儒者斥之為妄。不知彼以象教，不啻《易》之龍血玄黃，張弧載鬼。是以閻摩變相，皆即人心營構之象而言，非彼造作誑誣以惑世也。至於末流失傳，鑿而實之，夫婦之愚，偶見形於形憑於聲者而附會出之，遂謂光天之下，別有境焉。儒者又不察其本末，攘臂以爭，憤若不共戴天，而不知非其實也。令彼所學，與夫文字所指擬，但切入於人倫之所日用，即聖人之道也。以象為教，非無本也。

《易》象通於《詩》之比興，《易》辭通於《春秋》之例。嚴天澤之分，則二多譽，四多懼焉。謹治亂之際，則陽君子，陰小人也。杜微漸之端，《姤》一陰而已惕女壯，《臨》二陽而即慮八月焉。慎名器之假，五戒陰柔，三多危惕焉；至於四德尊元而無異稱，亨有小亨，利貞有小利貞，貞有貞吉貞凶，吉有元吉，悔有悔亡，咎有無咎，一字出入，謹嚴甚於《春秋》。蓋聖人於天人之際，以謂甚可謂也。《易》以天道而切人事，《春秋》以人事而協天道，其義例之見於文辭，聖人有介心焉。

選自〔清〕章學誠《文史通義》。呂思勉評，李永圻、張耕華導讀整理，世紀出版集團上海古籍出版社二〇〇八年十二月第一版第一次印刷。

章學誠（一七三八—一八〇一），字實齋，號少岩，清浙江省紹興府會稽縣（今紹興市區）人。著名歷史學家，文獻學家。《文史通義》是我國歷史上最重要的史學理論著作，達到了傳統史學理論研究的最高峰。另有《校讎通義》、《史籍考》等著作。

七　《周易》之讀法

錢基博

《易》道廣大，無所不包。漢有焦延壽、京房之推災祥，陰陽家之占驗也。魏有王弼、韓康伯之黜象數，道家之虛無也。宋有陳摶、邵雍之演圖書，方士之修煉也。《易》本為卜筮之書，而孔子推天道以明人事；《易》只有卦爻之畫，而孔子玩爻象而繫之辭。

夫六十四卦大象，皆有「君子以」字以徵驗人事。「君」者群也；「君子」之言善群者也；聖人之情見乎辭矣！然則易之為學，群學也！「群學者何？用科學之律令，察民群之變端，以明既往，測方來也。」（嚴復譯斯賓塞爾《群學肄言》序）吾觀于《易》，彰往而察來，顯微而闡幽，明於天之道而察於民之故。籀乾坤闔闢二例以立天演之本；衍六十四卦以網群治演變之賾。

是故讀《易》者宜先讀《說卦》，次讀《上下繫辭傳》，然後讀《上下經》之《繫辭》、《象》、《彖》、《文言》；則於卦位爻位象義及《彖》、《象》爻之材德，已略有頭緒，以讀經文，自可觸類而通，無虞扞格。而《序卦》則序六十四卦先後相次之義，以見消長之迭倚，《雜卦》則舉六十四卦彼此反對之例，以明剛柔之相雜。錯綜其義，言非一端；是非旁貫全經不能通曉也。當以殿於末焉。

《易》道廣大，無所不包。漢有焦延壽、京房之推災祥，陰陽家之占驗也。魏有王弼、韓康伯之黜象數，道家之虛無也。宋有陳摶、邵雍之演圖書，方士之修煉也。旁及天文、地理、樂律、兵法、韻學、算術以逮方外之煉火，皆可援《易》以為說；而好異者又援以入《易》。語曰：「群言淆亂衷諸聖。」而欲籀明《易》道，莫如折中孔子。《易》本為卜筮之書，而孔子推天道以明人事；《易》只有卦爻之畫，而孔子玩爻象而繫之辭；曰：「我于《易》則彬彬矣。」《易緯通卦驗》云：「蒼牙通靈昌之成！孔演命，明道經。」則是孔子之有大造于《易》也。費直治《易》亡章句，以《彖》、《象》、《繫辭》十篇《文言》解說《上下經》。而荀爽傳費氏學，著《易傳》，據爻象承應陰陽變化之義，以十篇之文解說經意。此千古讀《易》之準的也。姑以鄙意，粗發讀例：

第一　明《易》之學

竊以為善讀《易》者，必祛四蔽明一諦，而後可以闢理障，闡《易》學。何謂四蔽？一曰以陰陽占驗言《易》：《易》之為書，推天道以明人事者也。孔子說《易》見於《論語》者二事：一勉無過，一戒無恒。皆切人事。而戰國《荀子》、《呂覽》

及漢初賈誼《新書》、董子《繁露》、淮南《鴻烈解》諸子書引《易》，亦皆切人事言之，而不主陰陽災變，去古未遠也。一變而為焦、京之陰陽災變，入於禨祥，再變而為陳、邵（陳搏、邵雍）之河圖洛書，務窮造化，《易》遂不切於民用。

遜清學者于陳、邵之圖書，辭而闢之，而復理焦、京納甲卦氣之說；是去一障又生一障；寧必此之為是而彼之為非哉！一曰以老子明《易》。自何晏善譚《易》、《老》，見稱《魏氏春秋》，談者每以《老》、《易》對舉，而王弼注《易》亦雜老氏之旨。不知老子知常；《易》道觀變。老子守歸根之靜，《易》道見天下之動。老子闡旨于重玄以明天之道；《易》道假像於陰陽以察民之故，一無對，一有對，論旨之不同如此，而譚者皮傅枝辭。此孫盛所為譏弼「以附會之辯而欲籠統玄旨，雖有可觀，恐泥大道」者也！（《魏志．鍾會傳》裴松之注引）但漢末《易》道猥雜，卦氣、爻辰、納甲、飛伏、世應之說，紛然並作；弼乘其敝，掃而空之，頗有摧陷廓清之功！而以清言說經，雜以道家之學，漢人樸實說經之體，至此一變。然則弼注之所以可取者，在不取術數而明義理；其所以可議者，在不切人事而雜玄虛。一曰以禪參《易》：宋儒楊簡承其師陸九淵之學，為《易傳》，略象數而談心性，多入於禪。王宗傳與之同時，而作《童溪易傳》，力排象數而不免涉於虛無，大旨與簡相類。遜清《四庫全書提要》錄存其書，見以佛理詁《易》，自二人始；著經學別派之由也。不知以禪參《易》，極盛南朝。

孔穎達論之最為宏通，其序《周易正義》，以為：「江南義疏十有餘家，皆辭尚虛玄，義多浮誕。原夫《易》理難窮，雖復玄之又玄；至於垂範作則，便是有而教有。若論住內住外之空，就能就所之說，斯乃義涉於釋氏，非為教于孔門也！」誠哉是言！茲不復贅。一曰以進化論易：歐通以還，進化論興，而譚《易》者亦以進化為應運。不知「易」而名「周」，只是化而非進。言世運之變同，而所以為言者不同。《周易》之所明者天道，無往而不復；進化之所論者，群治有進而無退。然英哲家赫胥黎論天演，而終之以進化一篇，曰：「萬化周流，有其隆升，則亦有其汙降。宇宙一大年也，自京垓億載以還，世運方趨上行之軌；日中則昃，終當造其極而下移。然則言化者謂世運必日亨，人道必止至善，亦有不必盡然者矣。」則是萬化之循周流，世運之不日亨，赫氏何嘗不鑿鑿言之也。

四蔽既祛，當明一諦。夫六十四卦大象，皆有「君子以」字以徵驗人事。「君」者群也；「君子」之言善群者也；聖人之情見乎辭矣！然則易之為學，群學也！「群學者何？用科學之律令，察民群之變端，以明既往，測方來也。」（嚴復譯斯賓塞爾之《群學肄言》序）福勞特曰：「今世所謂科學者，非但即物窮理已也；於先後因果之間，必有數往知來之公例，而後副名實。」（嚴復譯《群學肄言》引）斯賓塞爾曰：「科學者，所以窮理盡性，而至誠者可以前知。」（《群學肄言．倡學第二》）「群學之事，所重者，不在今日群種治化之已然也；在即其已然，推所必至。天生烝民，德不虛立；于其身有性情才力之可指，於其群即有強弱衰盛之可指；是則群學所以為學而已矣！」（《群學肄言・喻術第三》）吾觀于《易》，彰往而察來，顯微而闡幽，明於天之道而察於民之故。籀乾坤闔闢二例以立天演之本；衍六十四卦以網群治演變之賾。（如屯之言難，蒙之言教，需之言養，師之言眾，皆以一卦言群治之一事，它可類推。）近取諸身，遠取諸物，極天下之賾者存乎卦，鼓天下之動者存乎辭。開物成務，冒天下之道，如斯而已者也。倘有合於所謂「群學者用科學之律令，察民群之變端，以明既往，測方來」者耶。昔司馬遷論《易》本隱而之顯；而侯官嚴復則以為與歐儒外籀之術有合；允矣而未盡也！

《易》有太極，是生兩儀。兩儀生四象。四象生八卦。八卦成列，象在其中矣。因而重之，爻在其中矣。夫易者，陰陽變化之謂。陰陽變化，立爻以效之。皆從乾坤而來。乾生震坎艮三男，坤生巽離兌三女，而為八卦；變而相重，而有六十四卦，三百八十四爻；所謂「推而行之謂之通」也。此易道之外籀也。然傳不云乎：「聖人有以見天下之動而觀其會通。」剛柔相推，變在其中矣。繫辭焉而命之，動在其中矣。吉凶悔吝者，生乎動者也。剛柔者，立本者也。變通者，趣時者也。吉凶者，貞勝者也。天地之道貞觀者也。日月之道貞明者也。

夫乾，確然示人易矣。夫坤，隤然示人簡矣。故曰：「乾坤其易之門耶？」乾以易知，坤以簡能。萬變雖殊而歸於一。此《易》道之內籀也。夫執一衍萬之謂外籀；

會異統同之謂內籀。為術不同而用相資。外籀者，所以盡《易》之變；內籀者，所以窮《易》之蘊。二者，歐儒即物窮理之最要途術也。豈非合於所謂「群學者，用科學之律令，察民群之變端，以明既往，測方來」者耶！吾聞德國學者藍德萊教授之言曰：「譚群學者，有探原立論，謂群治演變，有其大經大法，而俟之百世不惑，放之四海皆準者，謂之哲家之群學。有籀史實以察群治之嬗變至賾，日新又新者，謂之史家之群學。推此而往，群學之所以籀群：有謂群治之演變雖賾，而往復循環，闔闢有常，可以籀其大例者；有謂世變何常，察史可知，一往不復而日進無疆者。」（氏在國立自治學院演講，題曰「社會學研究方法上之爭辨」，有記錄載《東方雜誌》第十卷第二十二號，今檃栝其指以便徵引。）而《易》者，聖人有以見天下之動而觀其會通；原始要終，而籀群治演變之大經大法者也。倘所謂「哲家之群學」非耶？必明乎此而後可與言讀《易》。

第二　讀《易》之序

孔子之于《易》也，《序》、《彖》、《繫》、《象》、《說卦》、《文言》，各自為篇。而王弼注以《彖》、《象》、《文言》分附其卦當爻之下，以解說經意，而明爻象承應陰陽變化之義。或者有改經之譏。然以《彖》、《象》、《繫辭》十篇《文言》解說《上下經》，費直家法如此。今以相合，學者尋省易曉，未為非計也！

唯是不讀《說卦》，無以明八卦之法象德業；猶之讀代數書者不明正負號之用法，讀幾何書者不知點線面之界說，而欲演數作圖，胡可得也。不讀《上下繫辭傳》，無以知一經之全體大例；猶之讀代數書者不熟記公式，讀幾何學者不明白定理，而欲演算作圖，亦不可也。是故讀《易》者宜先讀《說卦》，次讀《上下繫辭傳》，然後讀《上下經》之《繫辭》、《彖》、《象》、《文言》；則於卦位爻位象義及《彖》、《象》爻之材德，已略有頭緒，以讀經文，自可觸類而通，無虞扞格。而《序卦》則序六十四卦先後相次之義，以見消長之迭倚，《雜卦》則舉六十四卦彼此反對之例，以明剛柔之相雜。錯綜其義，言非一端；是非旁貫全經不能通曉也。當以殿於末焉。

第三　籀《易》之例

《易》之發凡起例，盡於《說卦》及《上下繫辭傳》。然而書不盡言，言不盡意。有據辭籀推，可以意會者；有發於他經，不見《易》書者。觀其會通，籀為大例，有畫卦之例，有繫辭之例，有玩占之例：

（甲）畫卦之例

《易》有太極，是生兩儀。兩儀生四象。四象生八卦。八卦成列，象在其中矣。有天道焉，有人道焉，有地道焉。兼三才而兩之，故六。是以立天之道曰陰與陽，立地之道曰柔與剛，立人之道曰仁與義。兼三才而兩之，故《易》六畫而成卦；分陰分陽，迭用柔剛，故《易》六位而成章。然言位者有二義：「列貴賤者存乎位。」二三四五在上位者為貴，在下位者為賤。二四，則四貴而二賤；三五，則五貴而三賤。而初上為無位之爻，初為未仕之人，上則事外之地，皆不當位也。故乾之上曰貴而無位。需之上曰不當位。（王弼注：「需上六曰處，無位之地，不當位者也。」）若以一卦之體言之，則皆謂之位，故曰：「《易》六位而成章。」《易緯乾鑿度》曰：「初為元士。二為大夫。三為三公。四為諸侯。五為天子。上為宗廟。凡此六者，陰陽所以進退，君臣所以升降，萬民所以為象則也。」後來注家多據以為說。然亦有以四為三公，三為諸侯者。如《繫辭下》「二與四同功而異位」。崔憬曰：「二主士大夫位，佐於一國；四主三孤三公牧伯之位，佐于天子；皆同有佐理之功也。二主士大夫，位卑；四孤公牧伯，位尊；故有異也。」又「三與五同功而異位」。崔憬曰：「三諸侯之位；四天子之位；同有理人之功，而君臣之位異也。」則是四為三公。三為諸侯矣！此亦不可不知也。

雖然猶有疑第一位言初，第六位當言終，第六位言上，第一位當言下，所以文不同者：蓋下言初，則上有末義。故《大過彖》云：「棟撓本末弱。」則是上有末義。六言上，則初當言下，故《乾小象》云：「潛龍勿用，陽在下地也。」則是初有下義，互文相通，一也。且第一言初者，欲明萬物積漸，從無入有；所以言初，不言一與下，而六言上者，欲見位居卦上，故不言六與末。二也。此畫卦之大例。然而猶有可論者：

（一）卦爻有主　卦主之說，漢宋之儒皆用之。欲明卦主，宜籀彖辭。而彖辭之繫，蓋統觀六爻以立義者；如屯則以初為侯，蒙則以二為師，師則以二為將，比則以五為君，其義皆先定於彖。爻辭不過因之而隨爻細別耳。其爻之合於卦義者吉，不合於卦義者凶。

（二）爻有當位不當位　凡陽爻居陽位，陰爻居陰位者，曰「當位」。反之而陽爻居陰位，陰爻居陽位，曰「不當位」。而二四為陰位，三五為陽位。六為陰爻，九為陽爻。如《履六三》「履虎尾，咥人凶！」《象》曰：「咥人之凶，位不當也。」《九五》「夬履貞厲」；《象》曰：「夬履貞厲，位正當也。」《臨六四》「至臨無咎」；《象》曰：「至臨無咎，位當也。」《大壯六五》「喪羊于易，無悔」；《象》曰：「喪羊于易，位不當也。」如此之類，大抵當位者吉，不當位者凶。

（三）爻有比應　「應」者，上下體相對應之爻也。「比」者，逐位相比連之爻也。如《師彖》曰「剛中而應」，指九二與六五應。《同人彖》曰「中正而應」，指六五與九二應。此之謂「應」。又如《比六三》「比之匪人」，指三上比六四，下比六二，皆陰柔不正，故以「匪人」為言。《六四》「外比之貞吉」；《象》曰：「外比於賢，以從上也。」孔穎達疏：「外比九五，居中得位，故稱賢也。」此之謂「比」。然陽之所求者陰。陰之所求者陽。比與應，必一陰一陽，乃相求而相得；而六爻之中，唯四與五比，二與五應為最重。蓋以五為尊位，四近而承之，二遠而應之也。然近而承者，則貴乎恭順小心，故剛不如柔之善；遠而應者，則貴乎強毅有為，故柔又不如剛之善。以此例推之：

《易》中以六四承九五者皆吉。以九四承六五者多凶。以九二應六五者皆吉。以六二應九五者不能吉。其他四與初，猶或取相應之義。三與上，則取應義者少矣，五與上，猶或取相比之義。初與二，二與三，三與四，則取比義者少矣。若其爻為卦主，則群爻皆以比之應之為吉凶焉。

（四）卦內為互　凡卦爻二至四、三至五兩體交互各成一卦，謂之互體；權輿左氏莊公二十二年，陳侯筮，遇《觀》之《否》，曰：「風為天於土上，山也。」杜預注：「自二至四有《艮》象（四爻變故），艮為山；」是也。大抵八卦之中，《乾》、《坤》純乎陰陽，故無互體。若《震》、《巽》、《艮》、《兌》分主四時，而《坎》、《離》居中以運之，是以下互《震》而上互《艮》者，《坎》也。下互《巽》而上互《兌》者，《離》也。若《震》、《巽》分《乾》、《坤》之下畫，則上互有《坎》、《離》；《艮》、《兌》分《乾》、《坤》之上畫，則下互有《坎》、《離》；而《震》、《艮》又自相互，《巽》、《兌》又自相互。斯陰陽老少之交相資也。唯《易》書未嘗明言之；而爻辭多有取象互體者：《屯六二》：「女子貞不字。」蓋《屯》二至四互《坤》。《坤》道成女，故稱「女子」。二居《坤》

初，故曰「不字」也。《履六三》：「眇能視跛能履。」蓋《履》二至四互《離》；三至五互《巽》，《離》為目，故能視。《巽》為股，故能《履》。其下卦《兌》也；兌為毀折，故眇且跛也。此其例也。然古人互體之法但於六畫中求兩互，是正例也。漢人說《易》如剝蕉，於是又有從互體以求重卦之法謂之連互。蓋取兩互卦與兩正卦參錯連之，下互連外體，上互連內體，各得一卦；所謂五畫之連互也。下互連內體，上互連外體，又各得一卦；所謂四畫之連互也。虞翻解《豫》曰：「《豫》初至五互體《比》，故利建侯。」是五畫連互之說也。又曰：「三至上互體《師》，故利行師。」是四畫連互之說也。王弼尚名理，譏互體。然注《睽》六三曰：「始雖受困，終獲剛助。」《睽》自初至五成《困》；此用互體也。即卜筮家占法亦用之。宋人或筮取妻，得《小過》，不知其說，質之沙隨。則曰：「大吉。」蓋內卦兼互體為《漸》，《漸》女歸吉。外卦兼互體，則《歸妹》也。是誠曲而中矣。

（五）卦外相之　凡以兩爻交易而得一卦者，謂之之卦；言之卦者亦始左氏。莊二十二年，陳侯筮，遇《觀》之《否》謂遇《觀》卦，以四爻動當變，故以六四變九四，以《巽》變《乾》，而為《觀》之《否》。閔元年畢萬筮遇《屯》之《比》，謂遇《屯》卦，以初爻動當變，故以初九變初六，以《震》變《坤》，而為《屯》之《比》。「之」之為言往也。虞翻說《易》，大抵取之卦者為多焉。

（六）卦無不對　六十四卦之相比者，無不兩兩相對。但有正對，有反對。

《乾》之與《坤》，《坎》之與《離》，《頤》之與《大過》，《中孚》之與《小過》，八卦正對也。正對不變，故反覆觀之，止成八卦。其餘五十六卦，皆反對也。反對者皆變，故反覆觀之，共二十八卦。以正對卦合反對卦觀之，總而為三十六卦。《上經》三十卦；不變卦凡六，《乾》、《坤》、《坎》、《離》、《頤》、《大過》，是也。自《屯》、《蒙》而下二十四卦，反之則為十二；以十二而加六，則十八也。《下經》三十四卦：不變卦凡二，《中孚》、《小過》是也。自《咸》、《恒》而下三十二卦，反之則為十六；以十六加二，亦十八也。上下經之卦數，豈不適相均哉！

（乙）繫辭之例

聖人設卦觀象；卦有小大，象有往來。大抵上卦曰外，下卦曰內。內卦為主，外卦為客。自外曰來，自內稱往。《屯》元亨利貞，勿用有攸往。朱子《本義》：「《震》動在下，《坎》險在上，是能動乎險中；能動雖可以亨；而在險則宜守正而未可遽有所往耳。」《復》朋來無咎。虞翻注：「《兌》為朋，在內稱來。五陰從初，初陽正息而成《兌》；故朋來無咎。」殊為曲說；而曰「在內稱來」，尤乖《易》例。不知同道曰朋。五陰在外，一陽在內；五陰同志來從初陽，故曰「朋來」。陰之所求者陽，何咎之有！《井》，往來井井。虞翻注：「泰初之五也；往謂之五，來謂之初。」此往來之說也。陽卦為大，陰卦為小。《泰》，小往大來。虞翻

《注》：「《坤》陰詘外為小往。《乾》陽信內為大來。」朱子《本義》：「小謂陰；大謂陽；言《坤》往居外，《乾》來居內。」《否》，大往小來。孔穎達疏：「陽氣往而陰氣來，故曰『大往小來』。陽主生息，故稱大。陰主消耗，故稱小。」此小大之說也。

卦有小大，辭有險易。繫辭焉而明吉凶，吉凶者，言乎其失得也。悔吝者，言乎其小疵也。無咎者善補過也。然而不可不知者：一諸卦及爻，亦有不言吉凶者，義有數等：或吉凶據文可知，不須明言吉凶者；若《乾》「元亨利貞」及《九五》「飛龍在天，利見大人」之屬，尋文考義，是吉可知，故不須云吉也。若其《剝》「不利有攸往」，《離》之《九四》「突如其來如，焚如，死如，棄如」之屬，據其文辭，其凶可見；故不言凶也。亦有爻處吉凶之際，吉凶未定，行善則吉，行惡則凶，是吉凶未定，亦不言吉凶；若《乾》之《九三》「君子終日乾乾，夕惕若，厲無咎」；若《屯》之《六二》「屯如邅如，乘馬班如，匪寇婚媾，女子貞不字，十年乃字」；是吉凶未定，亦不言吉凶也。又諸稱「無咎」者，若不有善應則有咎；若有善應，則無咎；此亦不定言吉凶也。諸稱吉凶者，皆嫌其吉凶不明，故言吉凶以明之。

若《坤》之《六五》「黃裳元吉」，以陰居尊位，嫌其不吉，故言吉以明之；推此餘可知也。亦有於事無嫌，吉凶灼然可知，而更明言吉凶者；若《剝》之《初六》「剝床以足，蔑貞凶」，《六二》「剝床以辨，蔑貞凶」；此皆凶狀灼然而言凶也。

或有一卦之內，一爻之中，得失相形，須言吉凶；若《大過九三》「棟撓凶」，《九四》「棟隆吉」；是一卦相形也。《屯九五》「屯其膏，小貞吉，大貞凶」；是一爻相形也。亦有一事相形，終始有異；若《訟卦》「有孚窒，惕中吉，終凶」之類，是也。大略如此。

二言「無咎」者有二：有善補過，故無咎者；亦有禍自己招，無所怨咎，如《節》之《六三》「不節之嗟，又誰咎」者；但如此者少，此據多者言之，故云「無咎者善補過也」。此繫辭之大例，但辭，有卦辭，有爻辭，有釋卦辭爻辭之辭。

(一)卦辭　卦之繫辭，多曰「元亨利貞」，是謂四德；但餘卦四德，有劣於《乾》，故《乾》卦直云「元亨利貞」，餘無所言，欲見四德《乾》所固有；而無所不包。其餘卦則四德之下，更有餘事；以四德狹劣，故以餘事繫之；如《坤》「元亨利牝馬之貞」之類，是也。亦有四德之上，即論餘事；若《革卦》云「巳日乃孚，元亨利貞悔亡」，由「乃孚」之後，「元亨利貞」，乃得「悔亡」也。有四德者，即《乾》、《坤》、《屯》、《臨》、《隨》、《無妄》、《革》七卦，是也。然其中亦有不同：或其卦當時之義，即有四德；如《乾》、《坤》、《屯》、《臨》、《無妄》，此五卦之時，即能四德備具。

亦有其卦非善而有四德者；以其卦凶，故有四德乃可也；如《隨》卦有元亨利貞，乃得無咎；無此四德，則有咎也。與前五卦，其義稍別。其《革》卦「巳日乃孚，元亨利貞」；若不已日乃孚，則無四德；又與《隨》別。然則四德具者其卦未必善也。亦有三德者：即《離》、《咸》、《萃》、《兌》、《渙》、《小過》言「亨利貞」者凡六卦。就三德之中，為文不一。或總稱三德於上，更別陳餘事於下：若《離》「利貞亨，畜牝牛吉」，《咸》「亨利貞，取女吉」之屬，是也。

就三德之中，上下不一。《離》則云「利貞亨」，由利貞乃得亨也。亦有先云「亨」，更陳餘事，乃始云「利貞」者，以有餘事乃得利貞故也。有二德者：《大有》、《蠱》、《升》云「元亨」，《困》云「亨貞」，《大畜》、《漸》、《中孚》云「利貞」，凡七卦。其言二德，或在事上，或係事後，以先有事乃致此二德故也。亦有一德者：若《蒙》、《師》、《小畜》、《履》、《泰》、《謙》、《噬嗑》、《賁》、《復》、《大過》、《震》、《豐》、《節》、《既濟》、《未濟》凡十五卦皆一德，並是亨也。或在事上，或係事後，如《履卦》云「履虎尾不咥人亨」，由有事乃得亨也。以前所論德者，皆於經文挺然特明德者乃言之也。其有因事相連而言德者，則不數之也。若《需卦》云：「需有孚光亨貞吉」，雖有亨貞二德，連事起文，故不數。《遯卦》云：「亨小利貞」，雖有三德，亦不數。其他可以類推也。亦有卦善而德少者，若《泰》與《謙》、《復》之類，雖善唯一德也。亦有全無德者，若《豫》、《觀》、《剝》、《蹇》、《央》、《姤》之屬，是也。亦有卦善而無德者，《井》、《解》之屬，是也。

凡四德者，亨之與貞，其德特行。若元之與利，則配連他事；其意以元配亨，以利配貞。如「乾元亨利貞」，雖係四德；實只兩意。何則？元，始也。亨，通也。利，宜也。貞，正而固也。乾元者，始而亨者也。人能至健，自始即通，然必宜於正固；是只兩意也。但易之中，有言「小亨」者矣；有言「不可貞」者矣。一時之通，其亨則小；唯自始而即亨焉，所謂慎圖之於始者，而後其亨乃可大可久也。是元在亨之先也。硜硜之固，固則非宜，唯有宜者在焉，而後可以固守也。是宜在貞之先也。其在六十四卦者，皆是此理。故其言「元亨」者，合乎此者也。其但言「亨」或曰「小亨」者，次乎此者也。其言「利貞」者，合乎此者也。其言「不可貞」，「勿用永貞」，或曰「貞凶」、「貞厲」、「貞吝」者，反乎此者也。元雖配亨，亦配他事。故《比卦》云「元永貞」，《坤六五》「黃裳元吉」，是也。利亦非獨利貞，亦所利餘事多矣；若「利涉大川」，「利建侯」，「利見大人」，「利君子貞」，如此之屬，連事起文，不數以為德也。此四德，非唯卦下有之，亦於爻下有之；但爻下其事稍少。

（二）釋卦辭　釋卦辭者有彖，有象。

彖者，斷一卦之義，先釋名，後釋辭。其釋名，則雜取諸卦象卦德卦體；有兼取者；有但取其一二者；要皆以傳中首一句之義為重。如《屯》則「剛柔始交而難生」；《蒙》則「山下有險」；皆第一義也。釋辭之體尤為不一：有直據卦名而論其理者；有雜取卦象卦德卦體者。蓋辭生於名，就卦辭觀之，則據卦名而論其理者正也。然名既根於卦，則辭亦不離乎卦：雜而取之，一則所以盡名中之蘊，以見辭義之有所從來；一則以為二體六爻吉凶之斷例，而見辭義之無所不包也。唯《乾》、《坤》、《坎》、《離》、《震》、《艮》、《巽》、《兌》八卦不釋名者，八卦之名，文王無改於伏羲之舊，而其德其象，相傳已久，不待釋也。唯《坎》加習字，有取於重卦之義，故特釋之。其釋辭則亦雜取卦德卦象與其爻位。如釋「乾元亨利貞」之辭，則以天言之者，其卦象也；以九五言之者，其爻位也。釋《坤》辭以地，釋《坎》辭以水，釋《震》辭以雷，則皆卦象也。釋《坎》以「剛中」，釋《離》以「柔中」，釋《艮》曰「上下敵應，不相與也」，釋《巽》曰「剛巽柔順」，釋《兌》曰「剛中柔外」，則皆爻位也。

大抵爻之為卦主者，必見義於彖。而辭例亦不一：有發首則歎美卦者：《乾彖》云「大哉乾元」；《坤彖》云「至哉坤元」；以《乾》、《坤》德大，故先歎美之，乃後詳說其義。或有先疊文解義而後歎者：則《豫彖》之終曰「《豫》之時義大矣哉」之類是也。或有先釋卦名之義，後以卦名結之者：則《同人彖》曰「柔得位得中而應乎乾曰《同人》」，《大有彖》曰「柔得尊位大中而上下應之曰《大有》」之例，是也。或有特疊卦名而稱其卦者：則《同人彖》曰「《同人》曰『同人於野亨』」，王弼注：「《同人》於野亨，利涉大川，非二之所能也，是《乾》之所行，故特曰『《同人》曰』。」此等之屬，為文不同，唯《同人》之《彖》，特稱「《同人》曰」。其餘諸卦之彖或詳或略，或先或從，故上下參差，體例不同。

象者說一卦之象。六十四卦不同：或總舉象之所由，不論象之實體；又總包六爻，不顯上體下體；則《乾》、《坤》二卦，是也。或直舉上下二體者：若云雷《屯》也，天地交《泰》也，天地不交《否》也，雷電《噬嗑》也，雷風《恒》也，雷雨作《解》也，風雷《益》也，雷電皆至《豐》也，洊雷《震》也，隨風《巽》也，習坎《坎》也，明兩作《離》也，兼山《艮》也，麗澤《兌》也；凡此一十四卦，皆總舉兩體而結義也；取兩體俱成。或有直舉兩體，上下相對者：天與水違行《訟》也，上天下澤《離》也，天與火《同人》也，上火下澤《睽》也；凡此四卦，或取兩體相違，或取兩體相合，或取兩體上下相承而為卦也，故兩體相對而俱言也。

雖上下二體，共成一卦，或直指上體而為文者：若云上於天《需》也，風行天上《小畜》也，火在天上《大有》也，雷出地奮《豫》也，風行地上《觀》也，山附於地《剝》也，澤滅木《大過》也，雷在天上《大壯》也，明出地上《晉》也，風自火出《家人》也，澤上於天《夬》也，澤上於地《萃》也，風行水上《渙》也，水在火上《既濟》也，火在水上《未濟》也，凡此十五卦，皆先舉上象而連於下，亦意取上象以立卦名也。

亦有雖意在上象而先舉下象以出上象者：地上有水《比》也，澤上有地《臨》

也，山上有澤《咸》也，山上有火《旅》也，木上有水《井》也，木上有火《鼎》也，山上有木《漸》也，澤上有雷《歸妹》也，山上有水《蹇》也，澤上有水《節》也，澤上有風《中孚》也，山上有雷《小過》也；凡於十二卦，皆先舉下象以出上象，亦意取上象共下象而成卦也。

或先舉上象而出下象，義取下象以成卦義者：山下出泉《蒙》也，地中有水《師》也，山下有風《蠱》也，山下有火《賁》也，天下雷行《無妄》也，山下有雷《頤》也，天下有山《遯》也，山下有澤《損》也，天下有風《姤》也，地中有山《謙》也，澤中有雷《隨》也，地中生木《升》也，澤中有火《革》也，凡此十三卦，皆先舉上體，後明下體也。其上體是天，天與山則稱下也。若上體是地，地與澤則稱中也。或有雖先舉下象，稱在上象之下者：若雷在地中《復》也，天在山中《大畜》也，明入地中《明夷》也，澤無水《困》也，是先舉下象而稱在上象之下，亦義取下象以立卦也。

所稱之象，有實象有假象。實象者：若地上有水《比》也，地中生木《升》也，皆非虛，故言實也。假象者：若天在山中，風自火出，如此之類實無此象，假而為義，故謂之假也。雖有實象假象，皆以義示人，總謂之象也。《彖》釋名，或舉卦象，或舉卦德，或舉卦體。而《象》則專取兩象以立義，而德體不與焉。

（三）爻辭　六爻相雜，唯其時物也。其初難知，其上易知，本末也；初辭擬之，卒成之終。若夫雜物撰德，辨是與非，則非其中爻不備。二與四同功而異位。二多譽，四多懼，近也。柔之為道不利遠者，其要無咎，其用柔中也。三與五同功而異位。三多凶，五多功，貴賤之等也；其柔危，其剛勝耶？大約初上雖無位，而為事之始終。自二至五，則居中而正，為用事之位。其間有為主爻者，則繫之辭曰我：《蒙九二》，《小畜六四》，《觀九五》，《頤初九》，《小過六五》，《中孚九二》也。獨《需三》，《解三》，《鼎三》，《旅四》，以本爻稱我耳。玩辭者擬其初竟其終，參合其物理以辯其是非而求其備，此學易之法也。

（四）釋爻辭　釋爻辭者亦稱「《象》曰」，以別於卦辭下之《象》，謂之小象。唯《乾》、《坤》德大，別繫《文言》。大抵陽爻居陽位，陰爻居陰位，而位與爻相當者稱「正」；如《坤六二文言》曰「直其正也」，《履九五象》曰「位正當也」，《遯九五象》曰「以正志也」，此其例也。凡初爻稱「始」，亦稱「下」：《坤初六象》曰「陰始凝也」，《恒初六象》曰「始求深也」，此稱「始」之例也；《乾初九象》曰「陽在下也」，《屯初九象》曰「以貴下賤」，此稱「下」之例也。所以稱「下」者，蓋初位六爻之下，爻辭多以「足」、「趾」、「履」、「尾」取象；如《剝初六》「剝床以足」，《鼎九四》「鼎折足」，此取象於「足」也；《噬嗑初九》「履校滅趾」，《賁初九》「賁其趾」，此取象於「趾」也；《坤初六》「履霜」，《離初九》「履錯然敬之」，此取象於「履」也；《遁初六》「遯尾厲」，《既濟初九》「濡其尾」，此取象於「尾」也。凡畫卦自初爻始，故初為本，上為末。《大過》中四陽，上下兩陰，有棟撓之象；故《彖》曰「本末弱也」。以畫卦言之，則初始而上終。而以重卦言之，則初卦而上上。《易》例陽稱貴，陰稱賤。《屯》以《初九》下《六二》，故曰「以貴下賤」。其他可以類推也。

凡九居二，六居五者稱「中」，亦稱「中行」。《坤六五象》曰「文在中也」，《小畜九二象》曰「牽復在中」，此稱「中」之例也。《師六五象》曰「以中行也」，《未濟九二象》曰「中以行正也」，此稱「中行」之例也。凡六居二，九居五者稱「中正」，如《需九五象》曰「以中正也」，《豫六二象》曰「以中正也」，是也。亦有稱「正中」者，如《乾九二文言》曰「龍德而正中者也」，但與稱「中正」者微有別。蓋稱「中正」者，二事也；二五為中，陰陽當位為正。稱正中者一事也；但取其正得中位，非以當位言也。

凡三四爻稱「際」，亦稱「疑」。《泰九三象》曰「無往不復，天地際也」，《坎六四象》曰「剛柔際也」，此稱「際」之例也。《乾九四》「或躍在淵」，《文言》曰「或之者，疑之也」，《損六三象》曰「三則疑也」，此稱「疑」之例也。蓋卦以下為內，上為外。而三爻者內卦之終，四爻者外卦之始，故稱際。而疑於進退可否之間；《乾文言之說九四》曰「上下無常」，曰「進退無恒」，故曰「或之者疑之也」；以為六十四卦之發凡起例，而疑之誼起焉。凡上爻稱「終」，亦稱「窮」。

《比上六象》曰「無所終也」，《剝上九象》曰「終不可用也」，此稱「終」之例也。《乾上九文言》曰「窮之災也」，《坤上六象》曰「其道窮也」，此稱「窮」之例也。蓋上位六爻之上，與初居一卦之下者不同。初取象於「足」、「趾」、「尾」以最下體也，故稱「下」，上取象於「首」、「頂」、「角」，以最上體也，故稱「窮」。《比上六》「比之無首」，《離上九》「有嘉折首」，此取象於「首」也。《大過上六》「過涉滅頂」，此取象於「頂」也。《晉上九》「晉其角」，《姤上九》「姤其角」，此取象於「角」也。大抵上戒其不終，初教以防漸；謹小慎微，而貴於中以行正，無過不及；此作《易》之微意也。

（丙）玩占之例

昔有聖人之作《易》也，幽贊於神明而生蓍，（朱子曰：「易只是為卜筮而作，故《周禮》分明言太卜掌三易：《連山》、《歸藏》、《周易》；古人于卜筮之官立之凡數人。秦去古未遠，故《周易》亦以卜筮得不焚。」又曰：「聖人作《易》，本是使人卜筮以決所行之可否，而因之以教人為善。故卦爻之辭，只是因依象類虛設於此。」）參天兩地而倚數。（孔穎達曰：「兩為耦數之始，三為奇數之初，不以一目奇者。」張氏云：「以三中含兩有一，以包兩之義，明天有包地之德，陽有包陰之道。」）以五乘十，大衍之數也，而道據其一，（見《漢書．律曆志》）不用而用以之通，非數而數以之成，斯《易》之太極也。

其用四十有九。分而為二以象兩，天於左手，地於右手。有天地，則人生焉。於是掛一以象三。而掛者，當取左一蓍掛右手之小指；象天施而地生成之也。然後先置右手之蓍於一處，而以右手四四而數左手之蓍；又置左手之蓍，而以左手四四而數右手之蓍；是之謂揲。揲，間而數之也。揲之以四者，象四時也；其左右手交揲者，象天地交泰，而四時序，歲功成也。所揲之餘曰扐，不一則二，不三則四也；扐併合，以掛左手之小指，為一扐；不四則八也。已一扐，復取前過揲之蓍，分而為二，揲之以四如初，而求其所揲之餘，是為再扐。而歸以所掛之一，是謂「歸奇於扐以象閏。」閏，積月之餘日以成月者也。五歲再閏，故再扐而後掛。所得之數，不五則九也；以並於扐而掛左手之小指。又取前過揲之蓍而三揲之如初，而求其扐；左右手併合，仍不四則八，如初扐也；仍以並掛左手之小指，而一爻之陰陽以定。三扐所並之數共十三（即初扐四，再扐五，第三扐四之和）；則存蓍三十六（四十九減十三之餘），以四揲之，適九；老陽也。三扐所並之數共二十五（即初扐八，再扐九，第三扐八之和）；則存蓍二十四（四十九減二十五），以四揲之，適六；老陰也。若三扐之並數二十一（初扐八，再扐九，第三扐四，或初扐四，再扐九，第三扐八，或初扐八，再扐五，第三扐八所並之和）；則存蓍二十八（四十九減二十一），以四揲之，適七；少陽也。並數十七（初扐四，再扐五，第三扐八；或初扐八，再扐五，第三扐四；或初扐四，再扐九，第三扐四之和）；則存蓍三十二（四十九減十七），以四揲之，適八；少陰也。（陽之進者為老，退者為少，故九為老，七為少；陰之退者為老，進者為少，故六為老，八為少。）是故三揲而成爻，十有八揲而成卦。

以動者尚其變。以卜筮者尚其占。爻之老陰老陽者，謂之動爻，皆變也；然一爻動則變，亂動則不變。而考之《春秋左氏傳》載春秋君卿之以《周易》占者：一爻變，則以變爻辭占。《莊二十二年傳》周史有以《周易》見陳侯者。陳侯使筮，遇《觀》之《否》，曰：「是謂觀國之光，利用賓于王。」此《觀六四》爻辭也。《僖十五年傳》晉獻公筮嫁伯姬于秦，遇《歸妹》之《睽》，史蘇占之曰：「不吉！其繇曰『士刲羊』，亦無望也。『女承筐』，亦無貺也。」「士刲羊，女承筐」，《歸妹上六》爻辭也。此其例也。數爻變，則以卦辭占，如六爻皆不變之例。《襄九年傳》：穆姜薨於東宮。始往而筮之，遇《艮》之八。史曰：「是謂《艮》之《隨》，《隨》其出也，君必速出。」（《艮》不能變《隨》，必《艮》之五爻俱變，獨第二不變，則為《隨》。）姜曰：「豈《隨》也哉！必死於此，弗得出矣！」蓋《艮卦》辭曰：「艮其背，不獲其身，行其庭，不見其人。」故曰「必死於此」。而《彖》則曰：「《艮》其止，止其所也。」故曰「弗得出」；是也。

以爻辭占稱九六。以卦辭占稱八。九六皆變而八不變；不變之卦，不云七而云八者，蓋蓍圓而神，七也；卦方以知，八也；六爻易以貢，九六也。七七四十九，蓍之數；八八六十四，卦之數；九六變成三百六十四，爻之數。神以知來，知以藏往。知來為卦之未成者；藏往為卦之已成者；故不曰七而曰八。《春秋內外傳》從無筮得其卦之七者。以七者筮之數，未成卦也。筮之以錢代蓍，出於《火珠林》，猶是漢人遺法；蓋其法亦有所本。《儀禮・士冠禮注》曰：「所卦者，所以畫地記爻。」《疏》云：「所卦者，所以畫地記爻者。筮法，依七八九六之爻而記之。但古用木畫地，今則用錢。以三少為重錢，重錢則九也；三多為交錢，交錢則六也；兩多一少為單錢，單錢則七也；兩少一多為拆錢，拆錢則八也。」

按賈公彥為唐初人；而其疏《儀禮》自稱本於北齊黃慶隨、李孟悊二家；是則齊隨與唐初皆已用錢；重交單拆之名，與今不異也。但古人先揲蓍，而後以錢記之。其後術者漸趨簡易，但以三錢擲之，兩背一面為拆；此即兩少一多，少陰爻也。兩面一背為單；此即兩多一少，少陽爻也。俱面者為交，交者拆之；此即三多，為老陰爻也。俱背者為重，重者單之；此即三少，為老陽爻也。蓋以錢代蓍，一錢當一揲矣。

第四　說《易》之書

說《易》之書，《四庫全書》著錄一百五十八部一千七百五十七卷，附錄八部十二卷；而存目無書者，又不啻三倍焉；可謂夥頤沉沉者矣！大抵漢學明象數，宋儒闡義理。而王弼之注，則掃漢學象數之理障，而開宋儒義理之先河者也。粗舉數家，以備觀覽：

（甲）漢學

《易漢學》八卷　清惠棟撰。兩漢《易》說之存於今者，無一完書。雖有唐李鼎祚採子夏《易傳》以下三十五家之說，然東鱗西爪，初學者苦不能貫串，不如棟此書之明其宗派，得其會通。凡《孟長卿易》二卷，《虞仲翔易》一卷，《京君明易》二卷；乾寶附焉。《鄭康成易》一卷，《荀慈明易》一卷；其末一卷，則棟發明漢《易》之理，以辨正宋儒河圖洛書、先天太極之學。而陳壽熊《讀易漢學私記》舉正其失，語有據依，足為惠氏之諍友！均刊入《皇清經解續編》。

《周易姚氏學》十六卷　清姚配中撰。其書主發揮漢儒之學，不名一家；而詳加以案，精研古義，自出機杼，視惠棟《周易述》，後來居上矣！刊入《皇清經解續編》。

《周易虞氏義》九卷，《消息》二卷　清張惠言撰。唐李鼎祚《周易集解》搜採《漢易》，《虞注》為多；而惠言求其條貫，明其統例，釋其疑滯，補其闕遺，為《虞氏義》九卷；又表其大指，為《消息》二卷；用功至深。漢學專家，存此一線！刊入《皇清經解》。

（乙）宋學

《周易注》十卷　魏王弼撰。其《繫辭》以下，則韓康伯《注》也。漢儒《易》學，皆明象數；至弼究爻位之上下，辨卦德之剛柔，乃發得意忘象之指，黜象數而言義理。程子謂學《易》先看王弼；及為《易傳》，不論象，不論卦變，皆採《弼注》。錄存其書，見以義理說《易》，自斯人始；著經學別派之由也。刊入《四部叢刊》附《略例》。

《周易折中》二十卷　清康熙五十四年，大學士李光地等奉敕撰。其書主發揮宋儒之學；以朱子《周易本義》為主，而《上下經》、《十翼》篇次，一依《本義》。宋儒言《易》學者，邵康節明圖書，程子崇義理，各有所主，而朱子則參程、邵兩家以作《本義》；自謂「所作《本義》簡略，以義理《程傳》既備故」也。是書以《本義》為主，而以《程傳》次其後；其有不合者，則稍為折中其異同之致。《程傳》、《朱義》之外，漢晉唐宋元明諸儒，其有所發明，足以佐程朱所未及者，又參合而研核之，庶幾備宋學之要刪。又以朱子圖書象數之學，備於《啟蒙》；敷暢厥旨而具載書後，為《御纂七經》之一，浙江圖書館有刻本。

（丙）非漢非宋而自名其學

《周易集注》十六卷　明來知德撰。其說《易》非漢非宋，專取《繫辭》「錯綜其卦」之說論易象。每注一卦，先釋象義、字義及錯綜義，然後訓本卦本爻正義；反覆周詳，唯恐讀者之下不解。與貌為艱深、故意令人無從索解者，殊有上下床之別！坊間多有刻本。浙江蕭山來氏宗祠亦尚有存書。

《周易禪解》十卷　僧智旭撰。昔虞翻注《易》，引《參同契》。王弼《易注》，多雜老氏。以道家說《易》，盛于漢魏；而以禪參《易》，則起南朝。孔穎達《周易正義》序稱：「江南義疏十有餘家，義涉釋氏。」書皆不傳，獨傳宋儒楊簡《楊氏易傳》二十卷，王宗傳《童溪易傳》三十卷，簡為陸九淵弟子；宗傳與同時。其說《易》力排象數而不免涉於虛無，若有同契。然是義涉於釋氏，而非詁《易》以禪理也。乃智旭此書，以禪詁《易》，亦以《易》明禪，觸類而通，即禪即《易》；自序曰：「吾所由解《易》者，無他，以禪入儒，務誘儒以知禪耳。」可謂教下之別傳，《易》學之旁通者矣！金陵刻經處有刻本。

（丁）通論

《易通釋》二十卷　清焦循撰。清儒說《易》，張惠言為專門。而焦循則為通學；其說《易》不依傍古人門戶，獨闢町畦，以虞氏之旁通，兼荀氏之升降，意在採漢之長而去其短。所為《易通釋》一書，六通四闢，比例齊同，通於九數；假借轉注，本之六書，立說咸有據依。刊入《皇清經解》。亦有單刻本。

（戊）占筮書

《春秋占筮書》三卷　清毛奇齡撰。其書備採《左氏春秋・內外傳》所載占筮之事，求其條貫，明其統類，以見古人觀象玩占之法。刊入《皇清經解續編》。

《京氏易傳》三卷　漢京房撰。房傳焦氏之學，故言術數者稱焦京；而房之推衍災祥，更甚於延壽。其書凡十四種，今佚十三，唯傳此書。其中飛伏世應、五行順逆之法，春秋占筮之所不言，而為後世賣卜言術數者之所昉焉。刊入《漢魏叢書》、《四部叢刊》。

《火珠林》一卷　無名氏。今賣卜擲錢占卦，盡用此書。坊刻本。

（己）書不涉易而義有相發者

赫胥黎《天演論》　嚴復譯

斯賓塞爾《群學肄言》　嚴復譯

柏格森《創化論》　張東蓀譯

上三書，商務印書館印行，人所知見，茲不贅。

咫聞尺見，差有採獲。揭而布之，庶綿絕學！

源自商務印書館一九三一年十一月初版《周易解題及其讀法》。轉摘自《大家國學・錢基博卷》，傅宏星編，天津人民出版社二〇〇八年一月第一版第一次印刷。

錢基博（一八八七—一九五七），字子泉，別號潛廬，江蘇無錫人，我國近現代傑出的教育家、國學大師。歷任上海聖約翰大學、北京清華大學、無錫國學專修學校、杭州浙江大學、湖南國立師範學院及上海光華大學教授兼國文系主任、文學院長等職。新中國成立後繼任武昌華中師範學院教授。著作還有《國學必讀》、《中國文學史》等。

八　《國學講演錄·經學略說·〈易經〉》

章太炎

文王作《易》之時，在官卜筮之書有《連山》、《歸藏》，文王之《易》與之等列，未必視為獨重。且《周易》亦不止一部。《藝文志》六藝略首列《周易》十二篇；數術略著龜家又有《周易》三十八卷。

蓋《連山》、《歸藏》、《周易》，初同為卜筮之書；上下二篇之《周易》與三十八卷之《周易》，性質相同，亦無高下之分，至孔子贊《易》，乃專取文王所演者耳。

孔子贊《易》之前，人皆以《易》為卜筮之書。

唯《易》之傳授最為清楚：自商瞿一傳至橋庇子庸；二傳至馯臂子弓，三傳至周醜子家，四傳至孫虞子乘，五傳而至田何。其歷史明白如此，篇章亦未有闕脫（《藝文志》：《周易》十二篇，施、孟、梁丘三家）。向來說經者，往往據此疑彼，惟《易》一無可疑。以秦本未焚，漢仍完整也。

如欲窮究《易》理，則不但應取老、莊，即佛亦不得不取。其他九流之說，固無妨並採之矣！

經之由來及今古文之大概既明，須進而分講各經之源流。今先講《易經》。

初造文字，取法獸蹄鳥跡；畫卦亦然。《易・繫辭》云：「古者庖犧氏之王天下也，仰則觀象於天，俯則觀法於地，觀鳥獸之文與地之宜，近取諸身，遠取諸物，於是始作八卦。」今觀乾、坤二卦：乾作☰，坤作☷。《抱朴子》云：「八卦出於鷹隼之所被，六甲出於靈龜之所負。」蓋鳥舒六翮，即成☰象，但取其翮而遺其身，即成☷象。於是或分或合，錯而綜之，則成八卦。此所以言觀鳥獸之文也。抱朴之說，必有所受，然今無可考，施、孟、馬、鄭、荀爽皆未言之。

重卦出於何人，說者紛如。王弼以為伏羲，鄭玄以為神農，孫盛以為夏禹，而太史公則以為文王。伏羲之說，由於《周禮》，太卜掌三易之法：一曰《連山》，二曰《歸藏》，三曰《周易》。三易均六十四卦，杜子春謂《連山》，伏羲；《歸藏》，黃帝。王弼據之，故云重卦出於伏羲。然伏羲作《連山》，黃帝作《歸藏》，語無憑證，故鄭玄不從之也。神農之說，由於《繫辭》稱「神農氏作，斫木為耜，揉木為耒，蓋取諸《益》；日中為市，交易而退，蓋取諸《噬嗑》」二語。以神農氏已有《益》、《噬嗑》，故知重卦出於神農。然《繫辭》所謂「蓋取」，皆想像之辭，烏可據為實事？夏禹之說，從鄭玄之義蛻化而來。鄭玄《易贊》及《易論》云：夏曰《連山》，殷曰《歸藏》，周曰《周易》。孫盛取之，以為夏有《連山》，即兼山之艮，可見重卦始于夏禹。至文王之說，則太史公因「作《易》者其有憂患乎」一語而為是言。要之，上列諸說，雖不可確知其是非，以余觀之，則重卦必不在夏禹之後，短中取長，則孫盛之說為可信耳。

至卦辭、爻辭之作，當是皆出文王。《繫辭》云：「《易》之興也，當文王與紂之事耶？」又云：「作《易》者，其有憂患乎？」太史公據此，謂「西伯拘而演《周易》」。故卦辭、爻辭並是文王被囚而作，或以為周公作爻辭，其說無據。如據韓宣子聘於魯，見《易象》而稱周公之德，以此知《易象》繫于周公，故謂周公作爻辭。然韓宣子並及魯之《春秋》，《春秋》豈周公作耶？

如據「王用亨於岐山」及「箕子之明夷」及「東鄰殺牛不如西鄰之禴祭」諸文，以為岐山之王當是文王。文王被囚之時，猶未受命稱王。箕子之被囚奴，在武王觀兵之後，文王不宜預言明夷，東鄰指紂，西鄰指文王。紂尚南面，文王不宜自稱己德，以此知爻辭非文王作，而為周公作。然《禹貢》「導岍及岐」，是岐為名山，遠在夏後之世。古帝王必祭山川，安知文王以前，竟無王者享於岐山乎？箕子二字，本又讀為荄滋（趙賓說）。且箕子被囚，在觀兵以後，亦無實據。《彖》傳「內文明而外柔順，以蒙大難，文王以之；內難而能正其志，箕子以之」，並未明言箕子之被囚奴，且不必被囚然後謂之明夷也。東鄰、西鄰，不過隨意稱說，安見東鄰之必為紂、西鄰之必為文王哉？

據此三條，固不能謂爻辭必周公作矣。且《繫辭》明言「殷之末世，周之盛德」，而不及周公之時。孔穎達乃謂文王被囚，固為憂患；周公流言，亦屬憂患。此附會之語矣。余謂：據《左傳》，紂囚文王七年，七年之時甚久，卦辭、爻辭，不過五千餘字，以七年之久，作五千餘字，亦未為多，故應依太史公說，謂為文王作，則與《繫辭》相應。

文王作《易》之時，在官卜筮之書有《連山》、《歸藏》，文王之《易》與之等列，未必視為獨重。且《周易》亦不止一部。《藝文志》六藝略首列《周易》十二篇，數術略蓍龜家又有《周易》三十八卷。且《左傳》所載筮辭，不與《周易》同者甚多。成季將生，筮得大有之乾曰：「同復于父，敬如君所。」秦繆伐晉，筮遇蠱，曰：「千乘三去，三去之餘，獲其雄狐。」皆今《周易》所無，解之者疑為《連山》、《歸藏》。然《左傳》明言以《周易》筮之，則非《連山》、《歸藏》也。

余謂此不足疑，三十八卷中或有此耳。今《周易》六十四卦、三百八十四爻，而焦延壽作《易林》，以六十四自乘，得四千九十六條。安知周代無《易林》一類之書，別存于《周易》之外乎？蓋《連山》、《歸藏》、《周易》，初同為卜筮之書；上下二篇之《周易》與三十八卷之《周易》，性質相同，亦無高下之分，至孔子贊《易》，乃專取文王所演者耳。

《易》何以稱《易》，與夫《連山》、《歸藏》何以稱《連山》、《歸藏》，此頗費解。鄭玄注《周禮》曰：《連山》似山出內氣變也；《歸藏》者，萬物莫不歸而藏於中也。皆無可奈何，強為之辭。蓋此二名本不可解。周易二字，周為代名，不必深論；易之名，《連山》、《歸藏》、《周易》之所共。《周禮》，太卜掌三易之法，《連山》、《歸藏》均稱為《易》。然易之義不可解。鄭玄謂易有三義：易簡，一也；變易，二也；不易，三也。易簡之說，頗近牽強，然古人說《易》，多以易簡為言。《左傳》：南蒯將叛，以《周易》占之，子服惠伯曰：「《易》不可以占險。」則易有平易之意，且直讀為易（去聲）矣。

易者變動不居，周流六虛，不可為典要，唯變所適，則變易之義，最為易之確詁，惟不易之義，恐為附會，既曰易，如何又謂之不易哉？又《繫辭》云：生生之謂易。此義在變易、易簡之外，然與字義不甚相關。故今日說《易》，但取變易、易簡二義，至當時究何所取義而稱之曰《易》，則不可知矣。

孔子贊《易》之前，人皆以《易》為卜筮之書。卜筮之書，後多有之。如東方朔《靈棋經》之類是。古人之視《周易》，亦如後人之視《靈棋經》耳。贊《易》之後，《易》之範圍益大，而價值亦高。《繫辭》曰：「夫《易》何為者也？夫《易》開物成務、冒天下之大道，如斯而已者也。」孔子之言如此。蓋發展社會、創造事業，俱為《易》義所包矣。此孔子之獨識也。

文王作《易》，付之太卜一流。卜筮之徒，不知文王深意，至高子乃視為窮高極遠，於是《周易》遂為六經之一。秦皇焚書，以《易》為卜筮之書，未之焚也。故自孔子傳商瞿之後，直至田何，中間未嘗斷絕；不如《尚書》經孔子刪定之後傳授不明，至伏生，突然以傳《書》著稱；亦不如《詩經》刪定之後，傳授不明，至轅固生、韓嬰等突然以傳《詩》著稱也——《魯詩》雖云浮丘伯受于荀卿，而荀卿之前不可知；《毛詩》雖云傳自子夏，然其事不見於《藝文志》，亦不見於《漢書·儒林傳》。唯《易》之傳授最為清楚：自商瞿一傳至橋庇子庸；二傳至馯臂子弓，三傳至周醜子家，四傳至孫虞子乘，五傳而至田何。其歷史明白如此，篇章亦未有闕脫（《藝文志》：《周易》十二篇，施、孟、梁丘三家）。向來說經者，往往據此疑彼，惟《易》一無可疑。以秦本未焚，漢仍完整也。

歐陽修經學疏淺，首疑《繫辭》非孔子作，以為《繫辭》中有子曰字，決非孔子自道。然《史記》自稱太史公曰，太史公下腐刑時，已非太史令矣，而《報任少卿書》，猶自稱太史公；即歐陽修作《秋聲賦》亦自稱歐陽子，安得謂《史記》非太史公作、《秋聲賦》非歐陽修作哉？商瞿受《易》之時，或與孔子問答，退而題子曰字，事未可知，安得逕謂非孔子作哉？歐陽修無謂之疑，猶不足怪，後人亦無尊信之者。近皮錫瑞經學頗有功夫，亦疑《易》非文王作，以為卦辭、爻辭皆孔子作，夫以卦辭、爻辭為孔子作，則《繫辭》當非孔子作矣。然則《繫辭》誰作之哉？皮氏於此未能明言。夫《易》自商瞿至田何，十二篇師師相傳，並未有人增損。晉人發塚，得

《周易》上下經，無十翼。此不足怪，或當時但錄經文，不錄十翼耳。《繫辭》明言「易之興也，其當殷之末世，周之盛德邪？當文王與紂之事邪？」如上下經為孔子作，則不得不推翻此二語。且田何所傳，已有《繫辭》，田何上去孔子，不及三百年，亦如今之去顧亭林耳。人縱疏於考證，必不至誤認顧亭林書為唐宋人書也。又，文言二字，亦有異解。梁武帝謂文言者，文王之言也。今按：「元者，善之長也；亨者，嘉之會也；利者，義之和也；貞者，事之幹也。君子體仁，足以長人；嘉會足以合禮；利物足以和義；貞固足以幹事」，此五十字為穆姜語，唯體仁作體信略異。穆姜在孔子前，故梁武帝謂為文王之言。然文王既作卦辭曰「元、亨、利、貞」，而又自作文言以解之，恐涉詞費，由今思之，或文王以後，孔子以前說《易》者發為是言、而孔子採之耳。所以題曰文言者，蓋解釋文王之言。

《史記・孔子世家》：「孔子晚而喜《易》，讀《易》韋編三絕。」如孔子以前，但有六十四卦之名，亦何須數數披覽、至於韋編三絕耶？必已有五千餘字，孔子披覽之勤，故韋編三絕也。陳希夷輩意欲超過孔子，創先天八卦之說，不知八卦成列由觀象於天、觀法於地而來，其方位見於《說卦》傳（即陳希夷輩所謂後天八卦）。當時所觀之天，為全世界共見之天，所觀之地，則中國之地也。今以全地球言之，中國位東半球之東部，八卦方位，就中國所見而定。乾在西北者，中國之西北也；坤在西南者，中國之西南也。古人以北極標天，以崑崙標地。就中國之地而觀之，北極在中國西北，故乾位西北。崑崙在中國西南，故坤位西南。正南之離為火，即赤道，正北之坎為水，即翰海。

觀象、觀法，以中國之地為本，故八卦方位如此，後之先天八卦，乾在南而坤在北，與天文、地理全不相應。作先天八卦者，但知乾為高明之象，以之標陽；坤為沉潛之象，以之標陰。遂謂坤應在北，乾應在南。不知仰觀俯察，非言陰陽，乃言方位耳。《周禮》：「圜丘祭天，方澤祭地。」鄭玄注：祭天謂祭北極、祭地謂祭崑崙。人以北極崑崙，分標天地，於此可見先天八卦為無知妄作矣。

《漢書・五行志》劉歆曰：「伏羲氏繼天而王，受《河圖》而則畫之，八卦是也；禹治洪水，賜《洛書》，法而陳之，《洪範》是也。」然不知所謂《圖》、《書》者何物也。至宋劉牧以《乾鑿度》九宮之法為《河圖》，又以生數、就成數依五方圖之，以為《洛書》，更有《洞極經》亦言《河圖》、《洛書》，則如劉牧之說而互易之，以五方者為圖，九宮者為書。然鄭氏、虞氏說《易》，並不以九宮、五方為圖、書。桓譚《新論》曰：「河圖、洛書，但有朕兆而不可知。」是漢人雖說《河圖》、《洛書》，卻未言圖、書為何象，宋人說《易》，創為河洛及先天八卦圖。朱晦庵《易本義》亦列此圖。其實先天圖書荒唐悠謬，要當以左道視之，等之天師一流可矣。

其餘說《易》者，漢儒主象數，王弼入清談。拘牽象數，固非至當；流入清談，亦非了義（《乾》、《坤》二卦，以及《既濟》、《未濟》，以清談釋之，說亦可通。然其他六十卦，恐非清談所能了也）。《繫辭》云：「夫《易》開物成務，冒天下之道。」謂「冒天下之道」，則佛法自亦在內。李鼎祚《集解序》云：「權輿三數，鈐鍵九流。」詳李氏此說，非但佛法在內，墨、道、名、法，均入《易》之範圍矣。然李氏雖作此說，亦不能有所發明。孔穎達云：「《易》理難窮。雖復玄之又玄，至於垂範作則，便是有而教有，若論住內、住外之空，就能、就所之說，斯乃義涉於釋氏，非為教于孔門。」然《正義》依王、韓為說，往往雜以清談。後之解者，因清談而入佛法。雖為孔氏所不敢，然《易》理亦自包含佛法。論說經之正，則非不但佛法不可引用，即《老子》「玄之又玄」之語，亦不應取。如欲窮究《易》理，則不但應取老、莊，即佛亦不得不取。其他九流之說，固無妨並採之矣！

《禮記‧經解》曰：「《易》之失，賊。」此至言也。尚清談者，猶不致賊。如以施之人事，則必用機械之心；用機械之心太過，既不自覺為賊矣！蓋作《易》者本有憂患，故曰「其辭危」。危者使平，易者使傾，若之何其不賊也。若蔡澤以亢龍說范睢，取范睢之位而代之，此真可謂賊矣。夫蔡澤猶淺言之耳。當文王被囚七年，使四友獻寶，紂見寶而喜，曰：譖西伯者，乃崇侯虎也。則文王亦何嘗諱賊哉！論其大者、遠者，所謂「開物成務，冒天下之道」是矣。「冒天下之道」者，權輿三教也；「開物成務」者，鈐鍵九流也。然不用權謀，則不能開物成務；不極玄妙，則不能冒天下之道。管輅謂善《易》者不言《易》。然則真傳《易》者，正恐不肯輕道陰陽也。以上講《周易》大概。

據章太炎《國學講演錄》，華東師範大學出版社一九九五年十二月第一版一九九六年三月第二次印刷。

章太炎（一八六九～一九三六），名炳麟，字枚叔，初名學乘，後改名絳，號太炎。漢族，浙江餘杭人，清末民初民主革命家、思想家，同盟會和辛亥革命的重要領袖之一，中國近代著名國學大師。同時他還是成就卓著的中醫文獻學家。一九一七年始在蘇州設章氏國學講習會，以講學為業。晚年主編《制言》雜誌。研究範圍涉及小學、歷史、哲學、政治、醫學等，著述甚豐，主要有《國故論衡》、《國學概論》、《章炳麟論學集》、《章太炎政論選集》、《章太炎醫論》、《章太炎說文解字授課筆記》等。其論著陸續編入《章氏叢書》、《章氏叢書續編》、《章氏叢書三編》。著述收入《章太炎全集》。

九　《經子解題・論讀經之法・〈易經〉》

呂思勉

言《易》之書，不外理數兩派。漢之今文家，言理者也。今文別派京氏，及東漢傳古文諸家，言數者也。晉王弼之學，亦出漢古文家，然捨數而言理。宋邵雍、劉牧之徒，則又捨理而求諸數。唯程頤言理不言數。古今易學之大別，如此而已。

清儒治漢易者，以元和惠氏為開山，武進張氏為後勁。江都焦氏，則為異軍蒼頭。初學讀《易》者，即從此三家入手可也。

予謂三家書中，惠氏之《明堂大道錄》，及其《周易》述中所附之《易微言》，及焦氏之《易通釋》三種，尤須先讀。《明堂大道錄》，舉凡古代哲學，與術數有關之事，悉集為一編；可作古代宗教哲學史讀，讀一過，則於此學與古代社會，究有何等關係，已可了然。《易微言》將《易經》中哲學名詞，一一逐條抄出，更附以他種古書，深得屬辭比事之法。《易通釋》則統合全書，求其條例，皆治學最善之法也。學者循其門徑，不第可以讀《易》，並可讀古代一切哲學書矣。

言《易》之書，不外理數兩派。漢之今文家，言理者也。今文別派京氏，及東漢傳古文諸家，言數者也。晉王弼之學，亦出漢古文家，然捨數而言理。宋邵雍、劉牧之徒，則又捨理而求諸數。唯程頤言理不言數。古今易學之大別，如此而已。

漢今文《易》立於學官者四家，施、孟、梁丘及京氏是也。《漢書・儒林傳》謂「要言《易》者，本之田何」。據傳所載：田何傳王同、周王孫、丁寬、齊服生，王同傳楊何。（即司馬談所從受《易》者，見《太史公自序》）丁寬傳田王孫，田王孫傳施讎、孟喜、梁丘賀。授受分明，本無異派也。然《傳》又云：「丁寬至洛陽，復從周王孫受古誼。」周王孫與寬，同學于田何，安所別得古誼，而寬從受之，已不免矛盾矣。《賀傳》又云：「從京房受《易》。房者，楊何弟子也。房出為齊郡太守，賀更事田王孫。」《房傳》云：「受《易》梁人焦延壽。焦延壽云：嘗從孟喜『問《易》。房以為延壽《易》即孟氏學。翟牧白生（孟喜授《易》者）不肯，皆曰：非也。』」則糾紛彌甚。

按《喜傳》：「得《易》家《候陰陽災變書》，詐言師田生且死時，枕喜膝獨傳喜。同門梁邱賀，疏通證明之，曰：田生絕于施讎手中，時喜歸東海，安得此事？博士缺，眾人共薦喜，上聞喜改師法，遂不用喜。」則喜蓋首為異說，以變亂師法者。然《京房傳》言：「成帝時劉向校書，考《易》說，以為諸家皆祖田何。楊叔、丁將軍，大誼略同；唯京氏為異黨。延壽獨得隱士之說，托之孟氏，不相與同。」則又似孟氏之學，本無異說，而為京房所依託者。今按京氏易學，專言災異，實出於中葉以後；丁寬當景帝時，安得有此？劉向謂為偽託，說蓋可信。

梁邱賀初學於京氏，丁寬更問于田王孫，蓋亦造作之詞也。漢古文《易》傳於後者為費氏，《傳》云：「費氏易無章句，徒以彖、象、繫辭十篇、文言解說上下經。」則其學亦應舉大誼，不雜術數。然鄭玄、荀爽，皆傳《費氏易》者，其學顧多言象數，實與京氏為同黨。何哉？蓋古文《易》又有高氏。高氏亦無章句，而傳言其專言陰陽災異，正與京氏同。蓋漢初《易》家，皆僅舉大誼，不但今文如此，即初出之《費氏古文》，亦尚如此。其後術數之學浸盛，乃一切附會經義。不徒今文之京氏然，即古文之高氏亦然矣。東漢傳《費氏易》者，蓋特用其古文之經。（《漢志》云：「劉向以中古文《易經》校施、孟、梁丘經，或脫去『無咎』、『悔亡』，唯費氏經與古文同。」當時蓋有費氏經優於施、孟、梁丘經之說。）至其說，則久非費氏之舊。此所以王弼亦治《費氏易》，而其說顧與鄭、荀諸家，判然不同也。《孟易》嫡傳，厥唯虞氏。然《三國志．虞翻傳注》載翻奏：謂「前人通講，多玩章句；雖有秘說，於經疏闊。」此實虞氏叛孟氏之明證。今所傳孟氏易說，蓋亦非孟氏之舊矣。

東漢易學，至王弼而一變。弼學亦出費氏，然與鄭、荀等大異。能舉漢人象數之說，一掃而空之。蓋還費氏以彖、象、繫辭說經之舊，不可謂無廓清摧陷之功也。自是以後，鄭、王之學並行，大抵河北主鄭，江南行王。至唐修《五經正義》用王氏，而《鄭易》亦亡。唐李鼎祚作《周易集解》，獨不宗王，而取漢人象數之說。所搜輯者三十餘家。後人得以考見《漢易》者，獨賴此書之存而已。

至於宋代，則異說又興，宋儒言《易》，附會圖、書。其學實出陳摶，而又分二派：（一）為劉牧之《易數鉤隱》，以九為《河圖》，十為《洛書》。（二）為邵雍，說正相反，後邵說盛行，而劉說則宗之者頗希。程頤獨指邵說為《易》外別傳。所著《易傳》，專於言理。朱子學出於頤，所作《易》本義，亦不涉圖學。而卷首顧附以《九圖》。王懋竑謂考諸《文集》、《語類》，多相抵牾，疑為後人依附。然自此圖附於《本義》後，圖、書之學，又因之盛行者數百年。至於明末，疑之者乃漸多。至清胡渭作《易圖明辨》，而圖、書為道家之物，說乃大明。（疑圖、書者始於元陳應潤。應潤著《爻變義蘊》，始指先天諸圖為道家修煉之術。明、清之際，黃宗羲著《易學象數論》，宗羲弟宗炎著《圖書辨惑》，毛奇齡著《圖書原舛編》，而要以胡氏書為最詳核。以此書與惠棟之《明堂大道錄》並讀，頗可考見古今術數之學之大略也。）自此以後，《漢易》大興，捨宋人之象數，而言漢人之象數矣。

從來治《易》之家，言理者則詆言數者為誣罔，言數者則詆言理者為落空。平心論之，皆非也。漢儒《易》說，其初蓋實止傳大義；陰陽災異之說，不論今古文，皆為後起；已述如前。

宋人之圖，實出道家；在儒家並無授受。經清儒考證，亦已明白。然謂漢初本無象數之說，圖、書亦無授受之徵，則可；謂其說皆與《易》不合，則不可。西諺云：「算賬只怕數目字。」漢、宋象數之說，果皆與《易》無關，何以能推之而皆合乎？（參看論《淮南子》）蓋古代哲學，導源宗教，與數、術本屬一家。其後孔門言《易》，庸或止取大義。然為三代卜筮之書之《易》，則固未嘗不通於數術。吾儕今日，原不必執言但考孔門之《易》，而不考三代卜筮之舊《易》，且亦不能斷言孔門之《易》，決不雜象數之談；即謂孔門之《易》，不雜象數，而數顯易徵，理藏難見；今者《易》義既隱，亦或因數而易明也。然則象數之說，在易學雖非正傳，固亦足資參證矣。唯此為專門之學，非深研古代哲學者，可以不必深究。

《易》為誰作，及其分篇若何，頗有異說。《漢志》：「《易經》十二篇，施、孟、梁丘三家。」師古曰：「《上下經》及《十翼》，故十二篇。」《十翼》者：《易正義》云：「《上下彖》、《上下象》、《上下繫》、《文言》、《說卦》、《序卦》、《雜卦》」是也。然《法言・問神》，謂「《易》損其一」；《論衡・正說》，謂孝宣時河內女子得《逸易》一篇；《隋志》亦述其事，而又云得三篇。按今《繫辭》中屢有「繫辭」字，皆指《卦辭》、《爻辭》言之。《太史公自序》引今《繫辭》之文，謂之《易大傳》，據《釋文》、《王肅本繫辭》實有傳字。今《繫辭》中多有「子曰」字，明係後學所為，《王肅本》是也。《說卦》、《序卦》、《雜卦》，蓋亦非漢初所有，故《隋志》以為三篇後得。然則今本以卦、爻辭及彖、象合為上下二篇，蓋實漢師相傳舊本。《漢志》謂施、孟、梁丘經即十二篇，其說蓋誤。志載各家《易傳》皆二篇，（唯丁氏八篇，亦與十二篇不合）施、孟、梁丘《章句》，亦皆二篇，亦其一證也。然自東漢以後，皆以分十二篇者為古本。（《三國志・高貴鄉公紀》：博士淳于俊謂鄭氏合彖、象于經）宋呂祖謙如其說，重定之。朱子作《本義》，即用其本。明時修《五經大全》，以《本義》析入《程傳》。後士子厭《程傳》之繁，就其本刊去《程傳》，遂失《本義》原次。清修《周易折中》，用宋咸淳吳革刻本，仍分為十二篇焉。

伏羲「畫卦」，見於《繫辭》，故無異說。至「重卦」，則說者紛紛。王弼以為伏羲自重，鄭玄以為神農，孫盛以為夏禹，史遷以為文王；《卦辭》、《爻辭》，鄭學之徒，以為文王作；馬融、陸績之徒，以《卦辭》為文王、《爻辭》為周公作。至《十翼》則並以為孔子作，無異論。（並見《正義八論》）今按《繫辭》為傳，《說卦》等三篇後得，已見前。既云後得，則必不出孔子。《史記・孔子世家》云：「孔子晚而喜《易》，序《彖》、《繫象》、《說卦》、《文言》。」序之云者，次序之謂。猶上文所謂「序書傳」。初不以為自作。《漢志》乃云：「孔氏為之《彖》、《象》、《繫辭》、《文言》、《序卦》之屬十篇。」與以《卦辭》、《爻辭》為文王、周公作者，同一無確據而已。要之《易》本卜筮之書，其辭必沿之自古，縱經孔子刪訂，亦不必出於自為；疑事無質，不必鑿言撰造之人可也。《周禮》：「大卜三易：一曰《連山》，二曰《歸藏》，三曰《周易》。」杜子春以《連山》為伏羲，《歸藏》為黃帝。鄭玄則謂：「夏曰《連山》，殷曰《歸藏》，周曰《周易》，然鄭以卦、爻辭並為文王作，則不以《連山》、《歸藏》為有辭也。」

讀《易》之法，可分精粗二者言之。若求略通易義，可但觀《王注》、《程傳》，以《易》本文與周、秦諸子，互相鉤考。（可用惠氏《易微言》之法）若求深造，則象數之說，亦不可不通。說已見前。唯仍須與哲學之義不背，不可墜入魔障耳。清儒治漢易者，以元和惠氏為開山，武進張氏為後勁。江都焦氏，則為異軍蒼頭。初學讀《易》者，即從此三家入手可也。漢儒易學，自唐修《五經正義》後久微。惠氏乃以李鼎祚《集解》為主，參以他種古書，一一輯出；其書有《周易述》二十一卷，《易漢學》八卷，《易例》二卷。《九經古義》中，涉《易》者亦不少。《明堂大道錄》一書，實亦為《易》而作；《書目答問》，入之禮家，非也。（惠氏書多未成，《周易》述一種，其弟子江藩有補四卷）漢儒易學，各有家法。惠氏搜輯雖勤，于此初未能分別。至張氏乃更有進。

張氏之書，有《周易虞氏義》九卷，《虞氏消息》二卷，《易禮》二卷，《易事》二卷，《易言》二卷，《易候》一卷，又有《周易鄭氏義》二卷，《荀氏九家義》一卷，《易義別錄》十四卷，始分別諸家，明其條貫，而于虞氏尤詳；亦以《集解》存諸家說，本有詳略之不同也。焦氏書曰《周易章句》十二卷，《易通釋》十二卷，《易圖略》八卷；焦氏不墨守漢人成說，且於漢儒說之誤者，能加以駁正；

《通釋》一書，自求條例于《易》，立說亦極精密，誠精心之作也。予謂三家書中，惠氏之《明堂大道錄》，及其《周易》述中所附之《易微言》，及焦氏之《易通釋》三種，尤須先讀。《明堂大道錄》，舉凡古代哲學，與術數有關之事，悉集為一編；可作古代宗教哲學史讀，讀一過，則於此學與古代社會，究有何等關係，已可了然。《易微言》將《易經》中哲學名詞，一一逐條抄出，更附以他種古書，深得屬辭比事之法。《易通釋》則統合全書，求其條例，皆治學最善之法也。學者循其門徑，不第可以讀《易》，並可讀古代一切哲學書矣。

據呂思勉著《經子解題》，中國書籍出版社，二〇〇六年六月第一版第一次印刷。

呂思勉（一八八四～一九五七），字誠之。江蘇常州人。少年自學古史典籍。一九〇五年起，先後在蘇州東吳大學、江蘇省立第一師範專修科等校任教。一九二六年起，任上海光華大學國文系、歷史系教授兼系主任。抗戰期間，歸鄉閉戶著書。抗戰勝利後，重返光華大學。一九四九年後，任華東師範大學歷史系教授。著作有《白話本國史》、《呂著中國通史》、《先秦學術概論》、《理學綱要》《中國民族史》《中國制度史》《文字學四種》《經子題解》《呂思勉遺文集》《三國史話》等。著述多收入《呂思勉文集》。

十《經典常談‧周易》

朱自清

講五行的經典，現在有《尚書‧洪範》；講八卦的便是《周易》。那時卜筮官將這些卦爻辭按著卦爻的順序編輯起來，便成了《周易》這部書。《周易》現在已經變成了儒家經典的第一部；但早期的儒家還沒注意這部書。《周易》的經傳都出於聖人之手，所以和儒家所謂道統關係特別深切；這成了他們一部傳道的書。所以到了漢代，便已跳到《六經》之首了。儒家的《周易》是哲學化了的；民眾的《周易〉倒是巫術的本來面目。

在人家門頭上，在小孩的帽飾上，我們常見到八卦那種東西。八卦是聖物；放在門頭上，放在帽飾裏，是可以辟邪的。辟邪還只是它的小神通；它的大神通在能夠因往知來，預言吉凶。算命的，看相的，卜課的，都用得著它。他們普通只用五行生尅的道理就夠了，但要詳細推算，就得用陰陽和八卦的道理。八卦及陰陽五行和我們非常熟習；這些道理直到現在還是我們大部分人的信仰；我們大部分人的日常生活不知不覺之中教這些道理支配著。行人不至，謀事未成，財運欠通，婚姻待決，子息不旺，乃至種種疾病疑難，許多人都會去求籤問卜，算命看相，可見影響之大。講五行的經典，現在有《尚書・洪範》；講八卦的便是《周易》。

八卦相傳是伏羲氏畫的。另一個傳說卻說不是他自出心裁畫的。那時候有匹龍馬從黃河裏出來，背著一幅圖，上面便是八卦，伏羲只照著描下來罷了。但這因為伏羲是聖人，那時代是聖世，天才派了龍馬賜給他這件聖物。所謂「河圖」，便是這個。那講五行的洪範，據說也是大禹治水時在洛水中從一隻神龜背上得著的，也出於天賜。所謂「洛書」，便是那個。但這些神怪的故事顯然是八卦和五行的宣傳家造出來抬高這兩種學說的地位的。伏羲氏恐怕壓根兒就沒有這個人，他只是秦漢間儒家假託的聖王。

至於八卦，大概是有了筮法以後才有的。商民族是用龜的腹甲或牛的胛骨卜吉凶，他們先在甲骨上鑽一下，再用火灼；甲骨經火，有裂痕，便是兆象，卜官細看兆象，斷定吉凶；然後便將卜的人、卜的日子、卜的問句等用刀筆刻在甲骨上。這便是卜辭。卜辭裏並沒有陰陽的觀念，也沒有八卦的痕跡。

卜法用牛骨最多，用龜甲是很少的。商代農業剛起頭，遊獵和畜牧還是主要的生活方式。那時牛骨頭不缺少，到了周代，漸漸脫離遊牧時代，進到農業社會了。牛骨頭便沒有那麼容易得了。這時候卻有了筮法，作為卜法的輔助。

筮法只用些蓍草，那是不難得的。蓍草是一種長壽草，古人覺得這草和老年人一樣，閱歷多了，知道的也就多了，所以用它來占吉凶。筮的時候用它的杆子；方法已不能詳知，大概是數的。取一把蓍草，數一下看是什麼數目，看是奇數還是偶數，也許這便可以斷定吉凶。古代人看見數目整齊而又有變化，認為是神秘的東西。數目的連續、循環以及奇偶，都引起人們的驚奇。那時候相信數目是有魔力的，所以巫術裏用得著它。——我們一般人直到現在，還嫌惡奇數，喜歡偶數，該是那些巫術的遺跡。那時候又相信數目是有道理的，所以哲學裏用得著它。我們現在還說，凡事都有定數，這就是前定的意思；這是很古的信仰了。

人生有數，世界也有數，數是算好了的一筆賬；用現在的話說，便是機械的。數又是宇宙的架子，如說太極生兩儀，兩儀生四象，就是一生二、二生四的意思。筮法可以說是一種巫術，是靠了數目來判斷吉凶的。

八卦的基礎便是一二三的數目。整畫「⚊」是一；斷畫「⚋」是二；三畫疊而成卦是三。這樣配出八個卦，便是☰、☱、☲、☳、☶、☵、☴、☷；乾、兌、離、震、艮、坎、巽、坤，是這些卦的名字。那整畫斷畫的排列，也許是在排列著蓍草時觸悟出來的。八卦到底太簡單了，後來便將這些卦重起來，兩卦重作一個，按照算學裏錯列與組合的必然，成了六十四卦，就是《周易》裏的卦數。蓍草的應用，也許起於民間；但八卦的創制，六十四卦的推演，巫與蓍官大約是重要的腳色。

古代巫與卜官同時也就是史官，一切的記載，一切的檔案，都掌管在他們手裏。

他們是當時知識的權威，參加創卦或重卦的工作是可能的。筮法比卜法簡便得多，但起初人們並不十分信任它。直到春秋時候，還有「筮短龜長」的話。②那些時代，大概小事才用筮，大事還得用卜的。筮法襲用卜法的地方不少。卜法裏的兆象，據說有一百二十體，每一體都有十條斷定吉凶的「頌」辭。③這些是現成的辭。但兆象是自然灼出來的，有時不能湊合到那一百二十體裏去，便得另造新辭。筮法裏的六十四卦，就相當於一百二十體的兆象。那斷定吉凶的辭，原叫做繇辭，「繇」是抽出來的意思。《周易》裏一卦有六畫，每畫叫作一爻——六爻的次序是由下向上數的。繇辭是屬於卦的總體的，有屬於各爻的；所以後來分稱為卦辭和爻辭。這種卦爻辭也是卜筮官的占筮紀錄，但和甲骨卜辭的性質不一樣。

從卦爻辭裏的歷史故事和風俗制度看，我們知道這些是西周初葉的紀錄，紀錄裏好些是不連貫的，大概是幾次筮辭並列在一起的緣故。那時卜筮官將這些卦爻辭按著卦爻的順序編輯起來，便成了《周易》這部書。「易」是「簡易」的意思，是說筮法比卜法簡易的意思。本來呢，卦數既然是一定的，每卦每爻的辭又是一定的，檢查起來，引申推論起來，自然就「簡易」了。不過這只在當時的卜筮官如此。他們熟習當時的背景，卦爻辭雖「簡」，他們卻覺得「易」。到了後世就不然了，筮法久已失傳，有些卦爻辭簡直就看不懂了。《周易》原只是當時一部切用的筮書。

《周易》現在已經變成了儒家經典的第一部；但早期的儒家還沒注意這部書。

孔子是不講怪、力、亂、神的。《論語》裏雖有「五十以學《易》，可以無大過矣」的話，但另一個本子作「五十以學，亦可以無大過矣」④；所以這句話是很可疑的。孔子只教學生讀《詩》《書》和《春秋》，確沒有教讀《周易》。《孟子》稱引《詩》、《書》，也沒說到《周易》。

《周易》變成儒家的經典，是在戰國末期。那時候陰陽家的學說盛行，儒家大約受了他們的影響，才研究起這部書來。那時候道家的學說也盛行，也從另一面影響了儒家。儒家就在這兩家學說的影響之下，給《周易》的卦爻辭作了種種新解釋。這些新解釋並非在忠實的確切的解釋卦爻辭，其實倒是借著卦爻辭發揮他們的哲學。這種新解釋存下來的，便是所謂《易傳》。

《易傳》中間較有系統的是彖辭和象辭。彖辭斷定一卦的涵義——「彖」就是「斷」的意思。象辭推演卦和爻的象，這個「象」字相當於現在所謂「觀念」。這個字後來成為解釋《周易》的專門名詞。但彖辭斷定的涵義，象辭推演的觀念，其實不是真正從卦爻裏探究出來的；那些只是作傳的人附會在卦爻上面的。這裏面包含著多量的儒家倫理思想和政治哲學；象辭的話更有許多和《論語》相近的。但說到「天」的時候，不當做有人格的上帝，而只當做自然的道，卻是道家的色彩了。這兩種傳似乎是編纂起來的，並非一人所作。此外有《文言》和《繫辭》。《文言》解釋乾坤兩卦；《繫辭》發殘守缺，彙集眾說而成。到了漢代，又新發現了《說卦》、《序卦》、《雜卦》三種傳。《說卦》推演卦象，說明某卦的觀念象徵著自然界和人世間的某些事物，譬如乾卦象徵著天，又象徵著父之類。《序卦》說明六十四卦排列先後的道理。《雜卦》比較各卦意義的同異之處。這三種傳據說是河內一個女子在什麼地方找著的，後來稱為《逸易》；其實也許就是漢代人作的。

八卦原只是數目的巫術，這時候卻變成數目的哲學了。那整畫「⚊」是奇數，代表天，那斷畫「⚋」是偶數，代表地。奇數是陽數，偶數是陰數；陰陽的觀念是從男女來的。有天地，不能沒有萬物，正和有男女就有子息一樣，所以三畫才能成一卦。卦是表示陰陽變化的；《周易》的「易」，也便是變化的意思。

為什麼要八個卦呢？這原是算學裏錯列與組合的必然，但這時候卻想著是萬象的分類。乾是天，是父等；坤是地，是母等；震是雷，是長子等；巽是風，是長女等；坎是水，是心病等；離是火，是中女等；艮是山，是太監等；兌是澤，是少女等。這樣，八卦便象徵著也支配著整個的大自然，整個的人間世了。八卦重為六十四卦，卦是複合的，卦象也是複合的，作用便更複雜更具體了。據說伏羲神農黃帝堯舜一班聖人看了六十四卦的象，悟出了種種道理，這才製造了器物，建立了制度、耒耜以及文字等等東西，「日中為市」等等制度，都是他們從六十四卦推演出來的。

這個觀象制器的故事，見於《繫辭》。《繫辭》是最重要的一部《易傳》。這傳裏借著八卦和卦爻辭發揮著的融合儒道的哲學，和觀象制器的故事，都大大的增加了《周易》的價值，抬高了它的地位。《周易》的地位抬高了，關於它的傳說也就多了。《繫辭》裏只說伏羲作八卦；後來的傳說卻將重卦的，作卦爻辭的，作《易傳》的人，都補出來了。但這些傳說都比較晚，所以有些參差，不能盡像「伏羲畫卦說」那樣成為定論。重卦的人，有說是伏羲的，有說是神農的，有說是文王的。卦爻辭有說全是文王作的；有說爻辭是周公作的；有說全是孔子作的。《易傳》卻都說是孔子作的。這些都是聖人。《周易》的經傳都出於聖人之手，所以和儒家所謂道統關係特別深切；這成了他們一部傳道的書。所以到了漢代，便已跳到《六經》之首了。⑤但另一面陰陽八卦與五行結合起來，三位一體的演變出後來醫葡星相種種迷信，種種花樣，支配著一般民眾，勢力也非常雄厚。這裏面儒家的影響卻很少了，大部分還是《周易》原來的卜筮傳統的力量。儒家的《周易》是哲學化了的，民眾的《周易》倒是巫術的本來面目。

【注釋：】

①二語見《易·繫辭》。太極是混沌的元氣，兩儀是天地，四像是日月星辰。

②《左傳·僖公四年》。

③《周禮·春官·太卜》。

④《古論語》作「易」，《魯論語》作「亦」。

⑤《莊子·天運篇》和《天下篇》所說《六經》的次序是。《詩》、《書》、

《禮》、《樂》、《易》、《春秋》，到了《漢書・藝文志》，便成了《易》、《書》、《詩》、《禮》、《樂》、《春秋》了。

【參考資料：】

顧頡剛，《周易卦爻辭中的故事》（《古史辨》第三冊上）。

李鏡池，《易傳探原》（同上）。

余永梁，《易卦爻辭的時代及其作者》（同上）。

據朱自清《經典常談》，上海古籍出版社一九九九年十二月第一版，二〇〇六年十月第四次印刷。

朱自清（一八九八〜一九四八），字佩弦，號秋實，筆名余捷、柏香、白水、知白等；原名朱自華。原籍浙江紹興，生於江蘇東海（今連雲港市海州區），現代著名散文家、語文教育家，文學家，詩人、學者、民主戰士。其散文以樸素縝密，清雋沉鬱、語言洗練，文筆清麗著稱，極富有真情實感。代表作《荷塘月色》、《背影》、《槳聲燈影裏的秦淮河》等。

一九二〇年畢業於北京大學，後來到清華大學任教。作為學者，他在詩歌理論、古典文學、新文學史和語文教育諸方面研究上都有實績。論著有《新詩雜話》、《詩言志辨》、《經典常談》、《國文教學》（與葉聖陶合著）和講義《中國新文學研究綱要》等。著述收入《朱自清全集》。

參考書目

①（唐）孔穎達《周易正義》，中華書局據世界書局影印清阮元校刻《十三經注疏》本影印，一九八〇年九月第一版，一九八七年八月第四次印刷。

②（唐）孔穎達《周易正義》，劉玉建導讀本，齊魯書社，二〇〇五年十二月第一版第一次印刷。

③（唐）李鼎祚《周易集解》，張文智、汪啟明整理本，巴蜀書社，二〇〇四年五月第一版第一次印刷。

④（宋）朱熹《周易本義》，中國書店據一九二二年商務印書館影印九江吳革刻本影印，一九八七年十月第一版，一九八九年八月第二次印刷。（據《四庫全書總目・經部・易類》介紹，其所收《原本周易本義》即此吳革刻本。）

⑤（宋）朱熹《周易本義》，蕭漢明校注，巴蜀書社，二〇〇三年十月。

⑥（宋）朱熹《周易本義》，李一忻點校，九州出版社，二〇〇四年一月。

⑦（清）李道平《周易集解纂疏》，中華書局，一九九四年三月第一版，二〇〇六年二月第四次印刷。

⑧（清）李光地《周易折中》，李一忻點校，九州出版社二〇〇二年九月第一版，二〇〇三年十一月第二次印刷。

⑨徐芹庭《細說易經六十四卦》，中國書店，一九九九年二月第一版，二〇〇二年八月第三次印刷。

⑩韓仲民《帛易說略》，北京師範大學出版社，一九九二年十月第一版第一次印刷。

⑪周振甫《周易譯注》，中華書局，一九九一年四月第一版，一九九四年十二月北京第二次印刷。

⑫高亨《周易大傳今注》，齊魯書社，一九九八年四月第一版，二〇〇八年四月第六次印刷。

⑬李申主編《周易經傳譯注》，湖南教育出版社，二〇〇四年四月第一版第一次印刷。

⑭傅佩榮《傅佩榮解讀易經》，線裝書局，二〇〇六年八月第一版第一次印刷。

⑮楊維傑《周易精解》，臺灣志遠書局，二〇〇二年三月初版。

⑯張其成《易道主幹》，中國書店，一九九九年一月第一版，二〇〇一年一月第二次印刷。

⑰尚秉和《周易尚氏學》，常秉義點校，光明日報出版社，二〇〇六年一月第一版第一次印刷。

⑱張其成《易經感悟》，廣西科技出版社，二〇〇七年七月第一版第一次印刷。

⑲徐山《周易詞義與結構分析》，中國書店，二〇〇七年一月第一版第一次印刷。

⑳歐陽維誠《周易新解》，中國書店，二〇〇九年一月第一版第一次印刷。

㉑（東漢）許慎《說文解字》，（清）段玉裁注本（即《說文解字注》），中州古籍出版社據經韻樓本影印，二〇〇六年十月第一版第一次印刷。

㉒（漢）佚名《爾雅》，中華書局據世界書局影印清阮元校刻《十三經注疏》本影印，一九八〇年九月第一版，一九八七年八月第四次印刷。

㉓（唐）陸德明《經典釋文》，《欽定四庫全書薈要》本，吉林出版集團有限責任公司影印，二〇〇五年五月第一版第一次印刷。

㉔徐復等編《古漢語大詞典》，上海古籍出版社，二〇〇〇年一月第一版，二〇〇六年三月第十次印刷。

㉕（魏）王弼著，（唐）邢瑧注，（明）范欽編訂，《天一閣藏范氏奇書・周易略例》，線裝書局，二〇〇七年據天一閣藏原版仿真影印。

㉖（明）張介賓《類經圖翼・類經附翼》，人民衛生出版社，一九六五年第一版第一次印刷。

㉗（清）紀昀等撰，四庫全書研究所整理，《欽定四庫全書總目》（整理本），中華書局，一九九七年一月第一版第一次印刷。

㉘〔清〕章學誠《文史通義》。呂思勉評，李永圻、張耕華導讀整理，世紀出版集團上海古籍出版社，二〇〇八年十二月一版第一次印刷。

㉙錢基博著，傅宏星編，《大家國學・錢基博卷》，天津人民出版社，二〇〇八年一月第一版第一次印刷。

㉚章太炎《國學講演錄》，華東師範大學出版社，一九九五年十二月第一版，一九九六年三月第二次印刷。

㉛呂思勉《經子解題》，中國書籍出版社，二〇〇六年六月第一版第一次印刷。

㉜朱自清《經典常談》，上海古籍出版社，一九九九年十二月第一版，二〇〇六年十月第四次印刷。

後記

編注這本《周易注釋與解讀》，是我從事編輯職業工作的副產品，是我十多年來編輯易學圖書、研讀國學文獻的結晶。

我從中醫學院五年制本科畢業，在中醫院當了兩年門診大夫，又讀了三年醫古文專業的碩士研究生，然後到古籍專業出版社從事圖書編輯工作。中國古代氣化陰陽、三才五行等概念和中醫的陰陽平衡、五行生尅等理論，便潛移默化到自己的頭腦之中，甚至化為了自己的思維趨向。從事編輯工作時，出版社的古籍出版物中，無論是舊版新刷線裝古籍還是影印、排印的精平裝古籍，脫不開是那些古代的經史子集，其中有不少《易經》方面的圖書；而作者投稿的古籍整理、研究類書稿，也有不少涉及《易經》方面的內容。

我剛從事編輯工作，正是二十世紀九十年代，中國出版業正處在由計劃經濟向市場經濟轉型的階段，當時出版屆不滿足於被動選擇投稿的舊習慣，主張自主策劃選題的新做法。就在這時，一九九六年前後，我陸續接觸到多種單本零碎的易學研究方面書稿，於是產生了組織編輯一套易學方面系列圖書的想法，並提出叢書取名為《易學文化叢書》。從此開始，我的編輯生涯便和《易經》結下了不解之緣。到二〇〇八年我調到另一家以國學圖書為重要出版內容的出版社為止，《易學文化叢書》出版了十六種。二〇〇八年該叢書中的《易緯文化揭秘》出版時，我用手機短信寫了一首藏頭詩向作者蕭洪恩教授祝賀「易緯文化揭秘成書」：

易學源泉匯大河，緯潮湧動漢朝波。
文明化宇文明盛，化境仁寰化境多。
揭去蒙塵呈異彩，秘宣密碼步天歌。
成篇巨著崇文獻，書使人生志不磨。

其間，二〇〇一年，我又有幸得到東方國際易學研究院組織的《易學智慧叢書》續輯八種書的出版權，加上其他零星單本的易學圖書，十二三年間經手編輯、審稿的有關易學類書稿有三十多種。這些書不僅出版了簡體字本，其中十五種書還陸續在臺灣出版了繁體字版本。這十五種書中有三種是作者自己聯繫臺灣志遠書局出版的繁體字版，其餘十二種書都是經我聯繫洽談而出讓繁體字版權的。大約二〇〇一年九月初，北京國際圖書博覽會上，臺灣大展出版社蔡森明社長看上了《易學文化叢書》已出版的前幾種書，在展會上和我談了版權貿易初步意向。後來通過電話、傳真和電子郵件以及郵局通信進一步洽談。蔡社長每年一次來北京參加國際圖書博覽會時我們都要面晤，除了洽談版權貿易，我們也要談談彼此的圖書編輯情況，包括簡體字、繁體字的轉化問題等，還有對於圖書博覽會的印象，甚至彼此的生活和讀書諸多話題，無所不談。在二〇〇六年的北京國際圖書博覽會上，將新近再版的十年前自己主編的一套舊書贈送蔡社長時，我在書前空白頁上臨時寫了幾句打油詩記錄我們的版貿活動和友誼：

冬去春來夏到秋，時光常恨不回流。
書緣牽渡海峽近，版貿多年情意綢。

就在這年中秋之夜，電視螢幕上播放中秋晚會，我即興擬小詩短信發朋友賀節，特別發給海峽彼岸的蔡森明先生：

天涼好個秋，遍野菊花綢。
今夜魂牽月，海峽不用愁。

當即得到蔡社長回復短信：「北京之行未能與您長談，深感遺憾！希望下次有機會再相聚，祝中秋佳節愉快！」我們通過中國遠古而猶新的易學文化的出版傳播而結成的友誼是不平常的，也是令人難忘的。

通過易學圖書的出版活動，我結識了易學界的很多學者朋友，還有幸參與並目睹了有關的全國性和國際性的學術會議活動。其中最值得記錄的是二〇〇三年由國家領導親自過問批准的國際易學聯合會，二〇〇四年四月在北京釣魚臺國賓館、香山飯店舉行了成立大會暨第一屆國際易學與現代文明學術會議；二〇〇八年十一月在北京西山飯店舉行了國際易學聯合會第二屆理事會的換屆選舉會議暨第四屆國際易學與現代文明學術會議。這兩次會議我均有幸參加。在二〇〇八年會上有幸結識了香港大學的周錫韍教授，並在會上拜讀了他二〇〇四年春天會後所寫的《香山絕句》四首。二〇〇八年會後才幾天，又從電子郵件讀到周教授從香港發來的《西山絕句》四首，收到郵件第二天，我乘興回和了八首絕句，命題為《西山八詠》。周教授原詩，電子郵件照錄如下：

國際易學聯合會二次大會，賦贈台灣中華易學會暨海內外與會諸同仁

（一）

有朋自遠蒞京華，四海心連共一家。＊
易道周流通六合，晴天朗日燦如花。

＊見〇八奧運主題歌《我和你》。

（二）

健兒驚世建奇功，想像憑虛各御風。
水立方前留倩影，鳥巢遙襯萬山紅。

（三）

執手相逢定有緣，研幾探賾孰為先？
群生善養中和氣，海嘯波平月在天。

（四）

此去西山又北山，不題紅葉不思還。

前盟已踐新盟在，致遠何愁路蹇難。＊

＊甲申（二〇〇四）之春，國際易聯首次盛會於香山，余有詩曰：「直上巍峰鬼見愁，楓丹露白最宜秋；他時好趁登高節，再約西山縱遠眸。」（『鬼見愁』為香山最高峰。）今二次大會於本年十一月七日至十日在北京西山飯店舉行，恰逢賞楓佳節，於時於地均契合如此，令人嘆詫。

周錫䪖　吟艸　二〇〇八　十一　十八

〔附〕香山絕句（四首）

二〇〇四年四月二十三—二十五日，國際易學聯合會於北京香山舉行成立大會。群賢畢至，余亦躬逢其盛。永日清和，花光照眼，舊地重遊，感而成詠。

（一）

不見香山二十年，重來依舊草芊芊；

松森柏翠春難老，風暖桃花欲放顛。

（二）

碧雲寺畔牡丹叢，共沐乾坤雨露中。

我自拈花成一笑：色原非妄妄非空。

（三）

蘭薰菊醉鬱金香，倚石疏篁自在涼；

燕瘦環肥皆麗色，五洲仙樂並悠揚。

(四)

直上巍峰鬼見愁,楓丹露白最宜秋;

他時好趁登高節,再約西山縱遠眸。

*『鬼見愁』,香山最高峰。『香山紅葉』為燕京八景之一。

周錫馥　吟艸二〇〇四年五月一日

拙作和詩亦予附錄周教授大作末尾:

西山八詠

二〇〇八年十一月上旬,國際易學聯合會於北京西山飯店舉行第二次會員大會、第二屆理事會第一次全體會議暨第四屆國際易學與現代文明學術大會。會上喜讀香港大學周錫馥教授四年前參加北京香山飯店舉行的國際易學聯合會學術大會後所詠《香山絕句(四首)》。昨天又從郵件讀到周教授為本次會議所寫的絕句四首。兩次活動我均有幸躬逢其盛,與會無前,因步周教授詩韻而成《香山絕句》《西山絕句》各四首,合題為《西山八詠》,錄呈周教授和海內外易學同仁哂正。

(一)

記得香山四載前,和春明景卉爭妍。

群賢雅集多高論,易學文明譜巨篇。

（二）

疊嶂京西楓樹叢，秋丹春翠變幻中。

一年一度風霜勁，歲歲循環運不窮。

（三）

春到西山百卉芳，雙清別墅萃修篁。

高山仰止從民意，闢地開天賴大方。

（四）

水復山重歲月稠，花明柳暗景清幽。

前行不必疑無路，睿智東方有遠謀。

（以上為《香山絕句》，下四首《西山絕句》）

（五）

經天日月發光華，麗地江山共一家。

氣化陰陽成宇宙，晦明冷暖代無涯。

（六）

與會今朝百歲功，京華飄卷五環風。

文明聖火千秋燦，闊海長天躍巨龍。

（七）

萬物人靈或有緣，先民避患創卜占。

字元文獻由茲始，人事彰明道在天。

（八）

樓外高樓山外山，易聯國際共登攀。

前賢同攜新生力，致遠相期破萬難。

二〇〇八年十一月二十五日趙安民於北京後海東岸

後來國際易學聯合會丘亮輝秘書長編印二〇〇九年第一期《國際易學聯合會會訊》時，將周教授的八首絕句和我的和詩八首一併編錄其中，從一個側面反映當今易學學術文化活動的發展情況。謹將周教授大作特載敝編小書，拙詩附驥其尾，借此詩國傳統方式，記錄當今有關易學學術活動的花絮並闡釋其文化意義。

我注釋《易經》，是緣於著名詩人、資深編輯出版家易行先生的信任，他把自己策劃、主編的《國學十三經》中《易經》的注釋任務交給我。利用二〇〇八年夏到二〇〇九年春將近一年的大部分業餘時間，我把《周易》經傳注釋了一遍。本書上篇就是在其基礎上加以修改而成。

注釋時利用中華書局影印阮元校刻本《十三經注疏》，看到葉聖陶先生一九三四年在為該書編纂《十三經索引》所寫的《自序》中談到編纂緣起，乃是他「始業編輯」時，有感「採錄注釋」時查檢古籍之不便，「一語弗悉其源，則攤書尋檢，目光馳騁於紙面，如牧人之偵亡畜，久乃得之，甚矣其憊」。他是有苦於編輯工作中對於《十三經》原文查檢之不便，因編此索引以免「攤書尋檢」之麻煩。而今我注《周易》，對此「攤書尋檢」四字體會尤深——以《說文解字》等古文字工具書為基礎，在古今眾多《周易》注本中尋檢對比往哲時賢的注釋，擇其自以為優勝者，或最終自擬新注，雖然尚有不周與錯誤遺存，但是限於學力與精力，在我已然深感「折中」之不易。三百年前李光地奉康熙敕命編注《周易》，書名《周易折中》，原來別有深意，吾今對此「折中」二字同感殊深。對此曾經有詩為記：

夏去秋來又逾冬，攤書尋檢一年功。
陽臺窗日晨昏就，注易傳經費折中。

本書下篇緣起更早。我國於世紀之交、千年之交興起一股至今尤盛的國學熱，作為古籍圖書編輯，自己一方面為之興奮，一方面關注國學圖書出版情況，翻閱過不少古代經典和近現代談國學、談經典的文字。我二〇〇五年以一位學者譯引的一句歐洲名言為首聯續寫而成的一首《讀書詩》，多少反映一些這方面資訊：

君聞新書出，開卷讀舊書。
神遊八面景，意訪百家儒。

故紙留香遠，華章載道初。
千年承古訓，萬里步新途。

這首詩連同一段談國學經典閱讀的短文，於二〇〇六年為《光明日報》剛創辦的《國學》專版發表了。我那時閱讀朱自清寫的《經典常談》和中華書局編的《經書淺談》等書，其內容是國學經典的介紹文章，對初學者瞭解國學經典很有幫助，於國學經典啟蒙、傳統文化傳播很有意義。受其啟發，我當時想到策劃、組織一套《國學經典大家談》叢書，每種經典選集其歷代名家的介紹性導讀文字，書名叫做《〈某某書〉大家談》，比如《〈周易〉大家談》《〈論語〉大家談》等等。我自己想先編其中的《〈周易〉大家談》，時常留意搜集有關資料。本書下篇的十種文字即是從中精選出來的內容。那套「國學經典大家談」系列圖書至今尚未成功實施，我搜集的關於《易經》的資料總算派上了一些用場。

這本小書的編注，雖然只是「述而不作」，但也耗費不少精力，並且得到很多師友、同事的支持與幫助。恩師錢超塵教授是章黃（章太炎、黃侃）學派傳人、訓詁學大師陸宗達先生的高足，錢先生對從學弟子精心指導，尤其重視學術師承，反覆強調所傳承的清代樸學直至章黃學派以來的治學精神與方法，注重訓詁學的基礎訓練，安排弟子們用影印本《說文解字注》（東漢許慎撰、清段玉裁注）進行點讀學習。這次注釋《周易》，還無形中享用當年恩師賜教之嘉惠。（注釋中出現的差錯當然是弟子學業荒疏所至，與老師無關，這是特別需要說明的）人民出版社原副總編輯、中國出版工作者協會學術委員會原主任委員、《出版史料》執行主編吳道弘編審，對本書書名、結構，直至前言、後記的撰寫，提出許多寶貴實用的指導意見。詩人出版家、中華詩詞學會副會長、線裝書局總經理總編輯易行編審，他將自己主編的《國學十三經簡注》中《易經》的注釋任務交我承擔，為我注釋《周易》提供了重要契機；還有我的編輯同事初仁、程俊蓉、王賀，他們為本書的編校工作付出辛勞多多。臺灣大展出版社社長蔡森明先生欣然接受本書的出版，是他的慨然支持才使本書首先得以繁體漢字版本出版面世。我的夫人姜允蘭，在當今市場經濟社會注重經濟效益的環境下，對於我經常在家做這種經濟效益低下、「吃力不討好」的事情，予以理解和支持。在此小書出版之時，我不能免俗，要特別向他們表示由衷的感謝！當然還要感謝我們中華民族的先民，是他們留給我們值得永久傳承的寶貴的國學經典；還有眾多往哲時賢對於經典的注釋和解讀所付出的心力智慧（包括本書《參考書目》中列出和未列出的古今學者們）；也要感謝選擇本書的讀者，感謝他們對於國學經典和本書的認可，也希望他們對本書謬誤不吝指出，有以教我，相互交流，不亦樂乎！

趙安民　記於北京南城

二〇一〇年十一月二十六日

國家圖書館出版品預行編目資料

周易注解／趙安民編注
－初版－臺北市，大展，2011［民100.02］
面；21公分－（易學智慧；21）
ISBN 978-957-468-792-3（平裝）
1.易經　2.注釋

121.12　　99024586

周易注解

編　　注／趙 安 民
發 行 人／蔡 森 明
出 版 者／大展出版社有限公司
社　　址／台北市北投區（石牌）致遠一路2段12巷1號
電　　話／(02) 28236031・28236033・28233123
傳　　真／(02) 28272069
郵政劃撥／01669551
網　　址／www.dah-jaan.com.tw
E-mail／service@dah-jaan.com.tw
登 記 證／局版臺業字第2171號
承 印 者／傳興印刷有限公司
裝　　訂／建鑫裝訂有限公司
排 版 者／千兵企業有限公司
初版1刷／2011年（民100年）2月

定　價／330元

大展好書　好書大展
品嘗好書　冠群可期